キクタン TOEIC® L&Rテスト SCORE 800

一杉武史 編著

英語は聞いて覚える！
アルク・キクタンシリーズ

「読む」だけでは、言葉は決して身につきません。私たちが日本語を習得できたのは、赤ちゃんのころから日本語を繰り返し「聞いて」きたから──『キクタン』シリーズは、この「当たり前のこと」にこだわり抜いた単語集・熟語集です。「読んでは忘れ、忘れては読む」──そんな悪循環とはもうサヨナラです。「聞いて覚える」、そして「読んで理解する」、さらに「使って磨く」──英語習得の「新しい1歩」が、この1冊から必ず始まります！

Preface

「キクタン」は「聞いて覚える英単語」800点突破に必要な単語・熟語力に加えリスニング力も同時に身につきます!

センテンス部に日本語音声を追加！800点超えの語彙力を1日わずか16見出し、10週間で完全マスター!

本書は、2016年刊行の『改訂版キクタン TOEIC® TEST SCORE 800』の新装版です。旧版からの最大の変更点の1つは、センテンス部への日本語音声の追加です。これにより、日本語音声⇒英語音声の順で、耳から学習ができるようになりました。

本書では、これまでのTOEIC本試験のデータに加え、TOEICの公式問題・模擬試験データを徹底的に分析。さらに、出題傾向に合わせて、見出し語を頻度順に並べているので、800点に必要な語彙力が必修順に学べます。

こうして選ばれた見出し語の実用性と、見出し順の有効性を裏づけるのが、膨大な数の書き言葉と話し言葉を集めたデータベース、「コーパス」です。本書では、TOEICの本試験・公式問題・模擬試験に加え、コーパスデータの分析結果も参考にしていますので、800点突破に必要な語彙を、ムリなく・ムダなく身につけることができます。

米英2カ国発音のチャンツ、米英加豪の4カ国発音のセンテンス部が、音声ダウンロード形式化でさらに手軽に学習できる!

旧版からのもう1つの大きな変更点は、音声ダウンロード形式化です。パソコンまたはスマートフォンで手軽に学習することができます。

TOEICのリスニングセクションでは、2006年の改訂以降、アメリカ英語だけでなく、イギリス、カナダ、オーストラリア各国の英語も使われています。本書では、これら4カ国の英語を収録することで、語彙力だけでなく、リスニング力も同時に身につけることを目指しています。

音楽のリズムに乗りながら語彙学習ができる「チャンツ」では、アメリカ英語とイギリス英語が一緒に収録されています。また、センテンス部の英語音声として、アメリカ、イギリス、カナダ、オーストラリアの4カ国発音を収録。聞き流すうちに各国英語に慣れていきますので、本試験のリスニング対策にもなります。本書で身につけた語彙力・リスニング力を基に、皆さんが世界に羽ばたいていくことを、心から祈っています。

Contents

1日16単語・熟語×10週間で
TOEIC800点突破の1120単語・熟語をマスター！

Chapter 4

名詞：必修192

Chapter 5

動詞：必修96

Chapter 6

形容詞：必修96

Chapter 7

副詞：必修48

Contents

Chapter 8

動詞句

【記号説明】

- 》MP3-001：「ダウンロード音声のトラック1を呼び出してください」という意味です。
- 発音記号横のイ：イギリス英語の発音を表します。米英で発音が大きく異なる語についています。
- 名動形副前接間：順に、名詞、動詞、形容詞、副詞、前置詞、接続詞、間投詞を表します。
- 見出し中の［　］：言い換え可能を表します。
- 見出し中の（　）：省略可能を表します。
- 見出し中のA、B：語句（主に名詞・代名詞）が入ることを表します。
- 見出し中のbe：be動詞が入ることを表します。be動詞は主語の人称・時制によって変化します。
- 見出し中のdo：動詞が入ることを表します。
- 見出し中のdoing：動名詞が入ることを表します。
- 見出し中のoneself：再帰代名詞が入ることを表します。主語によって再帰代名詞は異なります。
- 見出し中のone's：名詞・代名詞の所有格が入ることを表します。
- 見出し中の「～」：節（主語＋動詞）が入ることを表します。
- 見出し下の「Part ～」：該当するTOEICのPartで登場する可能性が高い単語・熟語を表します。
- 定義中の（　）：補足説明を表します。
- 定義中の［　］：言い換えを表します。
- ❶：発音、アクセント、定義に注意すべき単語についています。
- ➕：補足説明を表します。
- ≒：同意・類義語［熟語］を表します。
- ⇔：反意・反対語［熟語］を表します。

だから「ゼッタイに覚えられる」！
本書の4大特長

1

本試験・公式問題
さらにコーパスデータを
徹底分析！

TOEICに出る！
日常生活で使える！

TOEICのための単語・熟語集である限り、「TOEICに出る」のは当然――。本書の目標は、そこから「実用英語」に対応できる単語・熟語力をいかに身につけてもらうかにあります。見出し語・熟語の選定にあたっては、TOEICの本試験・公式問題・模擬試験のデータに加え、最新の語彙研究から生まれたコーパス*のデータを徹底的に分析。目標スコアに到達するだけでなく、将来英語を使って世界で活躍するための土台となる単語・熟語が選ばれています。

＊コーパス：実際に話されたり書かれたりした言葉を大量に収集した「言語テキスト・データベース」のこと。コーパスを分析すると、どんな単語・熟語がどのくらいの頻度で使われるのか、といったことを客観的に調べられるので、辞書の編さんの際などに活用されている。

2

「目」だけでなく
「耳」と「口」までも
フル活用して覚える！

「聞く単（キクタン）」！
しっかり身につく！

「読む」だけでは、言葉は決して身につきません。私たちが日本語を習得できたのは、小さいころから日本語を繰り返し「聞いて・口に出して」きたから――この「当たり前のこと」を忘れてはいけません。本書では、音楽のリズムに乗りながら単語・熟語の学習ができる「チャンツ」を用意。「目」と「耳」から同時に単語・熟語をインプットし、さらに「口」に出していきますので、「覚えられない」不安を一発解消。読解・聴解力もダブルアップします。

『キクタンTOEIC L&Rテスト SCORE 800』では、TOEICの本試験・公式問題・模擬試験データと最新の語彙研究の成果であるコーパスを基に収録単語・熟語を厳選していますので、「TOEICに出る」「日常生活で使える」ものばかりです。その上で「いかに効率的に単語・熟語を定着させるか」――このことを本書は最も重視しました。ここでは、なぜ「出る・使える」のか、そしてなぜ「覚えられる」のかに関して、本書の特長をご紹介します。

3

1日16見出し×10週間、10のチャプターの「スケジュール学習」！

だから

ムリなくマスターできる！

「継続は力なり」、とは分かっていても、続けるのは大変なことです。では、なぜ「大変」なのか？　それは、覚えきれないほどの量の単語や熟語をムリに詰め込もうとするからです。本書では、「ゼッタイに覚える」ことを前提に、1日の学習量をあえて16見出しに抑えています。さらに、単語は品詞ごとに「頻度順」に、熟語は「表現型別」に、計10のチャプターに分けていますので、効率的・効果的に学習単語・熟語をマスターできます。

4

1日最短2分、最長でも8分の3つの「モード学習」！

挫折することなく最後まで続けられる！

今まで単語集や熟語集を手にしたときに、「1日でどこからどこまでやればいいのだろう？」と思ったことはありませんか？　見出し語・熟語、フレーズ、例文……1度に目を通すのは、忙しいときには難しいものです。本書は、Check 1（単語・熟語＋定義）→Check 2（フレーズ）→Check 3（センテンス）と、3つのポイントごとに学習できる「モード学習」を用意。生活スタイルやその日の忙しさに合わせて学習量を調整できます。

生活スタイルに合わせて選べる
Check 1▸2▸3の「モード学習」

本書とダウンロード音声の利用法

Check 1

該当のトラックを呼び出して、「アメリカ英語→日本語→イギリス英語」の順に収録されている「チャンツ音楽」で見出し語・熟語とその意味をチェック。時間に余裕がある人は、太字以外の定義も押さえておきましょう。

▸

Check 2

Check 1で「見出し語・熟語→定義」を押さえたら、その単語・熟語が含まれているフレーズをチェック。フレーズレベルで使用例を確認することで、単語・熟語の定着度が高まります（センテンスが入っているDayもあります）。

▸

Check 3

Check 2のフレーズから、Check 3ではセンテンスへ、仕事などですぐに使える実践的な例で学びます。該当のトラックで音声をチェックすれば、定着度はさらにアップします。音声は「日本語→英語」の順で、英語は米→加→英→豪英語の順で収録されています(一部を除く)。

見出し語・熟語

1日の学習単語・熟語数は16です。見開きの左側に単語・熟語が掲載されています。チャンツでは上から順に単語・熟語が登場します。最初の8つが流れたら、ページをめくって次の8つに進みましょう。

チェックシート

本書に付属のチェックシートは復習用に活用してください。Check 1では見出し語・熟語の定義が身についているか、Check 2と3では訳を参照しながらチェックシートで隠されている単語・熟語がすぐに浮かんでくるかを確認しましょう。

定義

見出し語・熟語の定義が掲載されています。単語・熟語によっては複数の意味があるので、第1義以外の定義もなるべく覚えるようにしましょう。

Quick Review

前日に学習した単語・熟語のチェックリストです。左ページに日本語、右ページに英語が掲載されています。時間に余裕があるときは、該当のトラックでチャンツも聞いておきましょう。

1日の学習量は4ページ、学習単語・熟語数は16となっています。1つの見出し語・熟語につき、定義を学ぶ「Check 1」、フレーズ中で単語・熟語を学ぶ「Check 2」、センテンス中で学ぶ「Check 3」の3つの「モード学習」が用意されています。まずは、該当のトラックを呼び出して、「チャンツ音楽」のリズムに乗りながら見出し語・熟語と定義を「耳」と「目」で押さえましょう。時間に余裕がある人は、Check 2とCheck 3にもトライ！

こんなアナタにオススメ！
3つの「学習モード」

仕事にも恋にも、
英語学習にも忙しいAさんには！

1

聞くだけモード
Check 1

学習時間の目安：1日2分

とにかく忙しくて、できれば単語・熟語学習は短時間で済ませたい人にオススメなのが、Check 1だけの「聞くだけモード」。該当のトラックで「チャンツ音楽」を聞き流すだけでもOK。でも、時間があるときはCheck 2とCheck 3で復習も忘れずに！

将来は海外勤務を
目指すBさんには！

しっかりモード
Check 1▸Check 2

学習時間の目安：1日4分

そこそこ英語はできるけど、さらなる英語力アップが必要だと感じている人にオススメなのが、Check 1とCheck 2を学習する「しっかりモード」。声に出してフレーズを「音読」をすれば、定着度もさらにアップするはず。

2

自他ともに認める
完ぺき主義のCさんには！

かんぺきモード
Check 1▸Check 2▸Check 3

学習時間の目安：1日8分

やるからには完ぺきにしなければ気が済まない人には「かんぺきモード」がオススメ。ここまでやっても学習時間の目安はたったの8分。できればみんな「かんぺきモード」でパーフェクトを目指そう！

3

＊学習時間はあくまでも目安です。時間に余裕があるときは、チャンツ音楽を繰り返し聞いたり、フレーズやセンテンスの音読を重ねたりして、なるべく多く学習単語・熟語に触れるように心がけましょう。

音声ダウンロードのご案内

本書の音声はパソコンまたはスマートフォンでのダウンロードが可能です（どちらも無料です）。

パソコンをご利用の場合

以下のウェブサイトから、音声のデータ（mp3ファイル／zip圧縮済み）をダウンロードしてください。

アルク「ダウンロードセンター」

https://www.alc.co.jp/dl/

ダウンロードセンターで本書を探す際は、
商品コード「**7020011**」を利用すると便利です。

スマートフォンをご利用の場合

スマホで音声の再生ができるアプリ「英語学習booco」をご利用ください。アプリ「英語学習booco」のインストール方法は表紙カバー袖でご案内しています。
なお、「ダウンロードセンター」およびアプリ「英語学習booco」のサービス内容は、予告なく変更する場合がございます。あらかじめご了承ください。

本書の音声について

- 本書では、各Dayの「チャンツ」「センテンス」のダウンロード音声を、トラック「001」であれば「🔊MP3-001」のように表示しています。
- 各Dayの「センテンス」英語のみの音声、Chapter 1～6のChapter Reviewのチャンツも、「ダウンロードセンター」およびアプリ「英語学習booco」からダウンロードすることができます。

CHAPTER 1

名詞：超必修192

Chapter 1のスタートです！このChapterでは、TOEIC「超必修」の名詞192をマスターしていきます。先はまだまだ長いけれど、焦らず急がず学習を進めていきましょう。

TOEIC的格言

One is never too old to learn.
学ぶのに遅すぎるということはない。

Day 1 名詞1

Check 1 Chants 》MP3-001

□ 0001 **budget** /bʌ́dʒit/ Part 2, 3	名❶**予算**(案) ❷経費 動(～の)予算を立てる(for ～)
□ 0002 **candidate** /kǽndidət/ Part 7	名(～への)**候補者**、志願者(for ～) 名candidacy:(～への)立候補(for ～)
□ 0003 **facility** /fəsíləti/ Part 4	名(しばしば～ies)**施設**、設備 動facilitate:～を促進[助成]する、～を容易にする
□ 0004 **admission** /ædmíʃən/ Part 2, 3	名❶(～への)**入場**[入学、入社]**許可**(to [into] ～) ❷入場料 ❸(罪などの)自白、告白(of ～) 動admit:❶～を認める ❷(admit doingで)～したことを認める ❸(admit A to [into] Bで)AにBへの入場[入会、入学]を認める
□ 0005 **banquet** /bǽŋkwit/ Part 2, 3	名(公式の)**宴会**、祝宴(≒feast)
□ 0006 **estimate** /éstəmət/ ❗発音注意 Part 7	名**見積もり**、概算 動(/éstəmèit/)❶～を見積もる ❷～を評価する 名estimation:❶評価、判断 ❷見積もり 形estimated:見積もりの、概算の
□ 0007 **representative** /rèprizéntətiv/ Part 4	名❶**代理人**、代表者 ❷代議士、(R～)米国下院議員 ➕「上院議員」はsenator 名representation:❶代表 ❷表現、描写 動represent:❶(団体など)を代表する、～の代理をする ❷～を表す、象徴する
□ 0008 **solution** /səlúːʃən/ Part 4	名(～の)**解決策**、解答(to ～) 動solve:❶(困難など)を解決する ❷(問題など)を解く

continued ▼

いよいよDay 1のスタート！　今日から12日間は「超必修」の名詞192をチェック。まずは、チャンツを聞いてみよう！

□ 聞くだけモード　Check 1
□ しっかりモード　Check 1 ▸ 2
□ かんぺきモード　Check 1 ▸ 2 ▸ 3

Check 2　Phrase		Check 3　Sentence 》MP3-002
□ be over [under] budget（予算を上回って[下回って]いる） □ budget deficit（予算の赤字、財政赤字）	▸	□ The company has drawn up a budget for the next fiscal year.（その会社は次期会計年度の予算案を作成した）
□ a candidate for mayor（市長候補者） □ the prime candidate（最有力候補者）	▸	□ There are five candidates standing in the election.（その選挙には5人の候補者が出馬している）
□ research facilities（研究施設）	▸	□ The money will be used to build a new sports facility.（その金は新しいスポーツ施設を建設するために使われる予定だ）
□ gain admission to ～（～に入る許可を得る） □ Admission Free.（[掲示で]入場無料）	▸	□ Admission to the party was by invitation only.（そのパーティーへの入場は招待によるものだけだった）
□ give [hold] a banquet（宴会を催す）	▸	□ He was asked to make a speech at the banquet.（彼はその宴会でスピーチをするよう依頼された）
□ a rough estimate（大ざっぱな見積もり）	▸	□ According to a government estimate, the unemployment figure is about 10 million.（政府の見積もりによると、失業者数は約1000万人だ）
□ a sales representative（販売代理人） □ the House of Representatives（[日本の]衆議院、[米国の]下院）	▸	□ Our company has 10 representatives in Europe.（当社にはヨーロッパ駐在の代理人が10人いる）
□ solutions to the problem of unemployment（失業問題の解決策） □ the solution to the crossword puzzle（そのクロスワードパズルの答え）	▸	□ The government has been seeking solutions to the financial crisis.（政府は金融危機の解決策を探し求めている）

continued
▼

Check 1　Chants 》MP3-001

□ 0009 **headquarters** /hédkwɔ̀ːrtərz/ Part 4	名 **本社**(≒head office)(⇔branch:支店)、本部、本署 ➕略語はHQ
□ 0010 **reservation** /rèzərvéiʃən/ Part 2, 3	名 ❶(ホテルなどの)**予約**(≒booking) ❷(野生動物の)保護区 ❸(〜についての)懸念(about 〜) 名reserve:❶(〜の)蓄え(of 〜) ❷遠慮 動reserve:❶〜を予約する ❷(reserve A for Bで)AをBのために取っておく
□ 0011 **destination** /dèstənéiʃən/ Part 2, 3	名 **目的地**、行き先 形destined:❶(be destined to doで)〜する運命にある ❷(be destined forで)〜を受ける運命にある
□ 0012 **procedure** /prəsíːdʒər/ Part 5, 6	名 ❶(〜の)**手順**、順序、方法(for 〜) ❷(法律などの)(正式な)手続き 名proceed:(〜s)収益、売上高 動proceed:❶(proceed toで)〜へ進む、向かう ❷(proceed withで)〜を続ける
□ 0013 **colleague** /kɑ́liːg/ Part 2, 3	名 **同僚**(≒coworker, associate)
□ 0014 **survey** /sə́ːrvei/ ❗アクセント注意 Part 4	名 **調査** 動(/sərvéi/)〜を調査する 名surveillance:監視、査察
□ 0015 **accounting** /əkáuntiŋ/ Part 7	名 **会計**(学)、経理 名account:❶(銀行)口座 ❷(金銭の)計算書 ❸得意先 動account:(account forで)❶(ある割合)を占める ❷〜(の原因・理由)を説明する 名accountant:会計士
□ 0016 **architect** /ɑ́ːrkətèkt/ Part 2, 3	名 **建築家**[士] 名architecture:❶建築様式 ❷建築、建築学[術] 形architectural:建築上の、建築学[術]の

Check 2 Phrase

Check 3 Sentence 》MP3-002

□ the headquarters of Toyota（トヨタ社の本社）

▸ □ The company's headquarters is located in Osaka.（その会社の本社は大阪にある）

□ make a hotel reservation（ホテルの予約をする）

□ a wildlife reservation（野生生物保護区）

▸ □ Have you confirmed your flight reservation?（飛行機の予約の確認はしましたか？）

□ a popular tourist destination（人気の観光地）

▸ □ We arrived at our destination two hours late.（私たちは目的地に2時間遅れで到着した）

□ follow correct procedure（正しい手順に従う）

□ legal procedure（法的手続き）

▸ □ What's the regular procedure for screening applicants?（求職者を選別する通常の方法は何ですか？）

□ colleagues at the office（職場の同僚）

▸ □ He gets along with his colleagues.（彼は同僚たちと仲よくやっている）

□ conduct [carry out] a survey（調査を行う）

▸ □ A recent survey showed that 55 percent of Americans are overweight.（最近の調査では、アメリカ人の55パーセントは肥満であることが明らかになった）

□ major in accounting（会計学を専攻する）

▸ □ She has a good working knowledge of accounting.（彼女は実用的な会計知識を十分に身につけている）

□ a competent architect（有能な建築家）

▸ □ Frank Lloyd Wright was one of the greatest architects of the 20th century.（フランク・ロイド・ライトは20世紀の最も偉大な建築家の1人だった）

Day 2 名詞2

Check 1 Chants 》MP3-003

☐ 0017
construction
/kənstrʌ́kʃən/
Part 1

名❶**建設**(⇔destruction：破壊)、建築工事 ❷構造
動construct：～を(…で)建設する(of [from] . . .)
名constructor：建設[建造]業者
形constructive：(考えなどが)建設的な

☐ 0018
deposit
/dipɑ́zit/
Part 2, 3

名❶**預金** ❷(～の)手付金、頭金(on ～) ❸(石油などの)鉱床
動(金)を(銀行・口座に)預金する(in . . .)(⇔withdraw：[預金]を引き出す)

☐ 0019
transportation
/trӕnspərtéiʃən/
Part 2, 3

名**輸送**、運送、交通[輸送]機関
動transport：～を(…へ)輸送[運送]する(to . . .)

☐ 0020
résumé
/rézəmèi/
❗発音注意
Part 2, 3

名❶**履歴書**(≒curriculum vitae) ❷要約、概要、レジュメ ➕resume(/rizúːm/)は「～を再開する」

☐ 0021
conference
/kɑ́nfərəns/
Part 2, 3

名(通例年1回開催の)**会議**(≒convention)
動confer：(～と／…について)話し合う、協議する(with ～/about [on] . . .)

☐ 0022
donation
/dounéiʃən/
Part 4

名❶(～への)**寄付**、寄贈(to ～) ❷(～への)寄付金、寄贈品(to ～)(≒contribution)
動donate：(donate A to Bで)AをBに寄付[寄贈]する

☐ 0023
retail
/ríːteil/
Part 4

名**小売り**(⇔wholesale：卸売り)
動(～の値で)小売りされる(for [at] ～)
副小売(価格)で
名retailer：小売業者

☐ 0024
revenue
/révənjùː/
Part 4

名❶(会社の)**総収益**、総利益 ❷(国などの)歳入(⇔expenditure：支出)、(個人などの)収入(≒income)

continued ▼

チャンツを聞く際には、見出し語が4つ続けて含まれる部分で、自分も声に出して読んでみよう。定着度が倍増するはず！

□ 聞くだけモード　Check 1
□ しっかりモード　Check 1 ▸ 2
□ かんぺきモード　Check 1 ▸ 2 ▸ 3

Check 2 Phrase		Check 3 Sentence 》MP3-004
□ under construction（建設中で） □ a building of lightweight construction（軽量構造の建物）	▸	□ They are working at the construction site.（彼らは建設現場で働いている）
□ make a deposit in ～（～に預金する） □ put a deposit on ～（～の手付金を支払う）	▸	□ You must make a minimum deposit of $100 to open an account.（口座を開くには最低100ドルを預金しなければならない）
□ a means of transportation（交通［輸送］手段） □ public transportation（公共交通機関）	▸	□ The city's transportation system is inefficient.（その都市の交通システムは非効率的だ）
□ a 10-page résumé（10ページの履歴書） □ a résumé of the project（そのプロジェクトの概要）	▸	□ He sent his résumé to 20 companies.（彼は履歴書を20社に送った）
□ have [hold] a conference（会議を開く） □ an international conference（国際会議）	▸	□ Who will attend the conference next week?（来週の会議には誰が出席するのですか？）
□ make a donation to ～（～に寄付する） □ beg for donations（寄付金を請う）	▸	□ She made a donation of $200,000 to the local hospital.（彼女は地元の病院に20万ドルを寄付した）
□ retail trade（小売業） □ a retail outlet（小売店）	▸	□ Retail sales have been slow this year.（今年は小売りの売上高が不振だ）
□ generate revenue（収益を上げる） □ revenue and expenditure（収支）	▸	□ The company's estimated revenue totals $300 million worldwide.（その会社の概算の総収益は世界中で総計3億ドルになる）

continued ▼

Check 1　Chants 》MP3-003

□ 0025
strategy
/strǽtədʒi/
Part 2, 3

名(～の／…するための)**戦略**、戦術(for ～/to do)
名strategist：戦略家
形strategic：戦略的な
副strategically：戦略上

□ 0026
accommodation
/əkɑ̀mədéiʃən/
Part 5, 6

名(通例～s)**宿泊設備**
動accommodate：❶(建物などが)(人)を収容できる　❷(要求など)を受け入れる

□ 0027
departure
/dipɑ́ːrtʃər/
Part 4

名(～からの／…へ向けての)**出発**(from ～/for . . .)(⇔arrival)
動depart：(～から／…へ向けて)出発する(from ～/for . . .)

□ 0028
executive
/igzékjutiv/
❗発音注意
Part 4

名**重役**、経営幹部
形❶実施[事務]の　❷重役の
名execution：❶実行、実施　❷死刑執行
動execute：❶(計画など)を実行する　❷～を死刑にする

□ 0029
exhibit
/igzíbit/
❗発音注意
Part 1

名**展示**[陳列]**品**
動❶～を展示する　❷～を(感情などに)表す
名exhibition：❶(～の)展覧[展示]会(of ～)　❷(～の)展示(of ～)

□ 0030
forecast
/fɔ́ːrkæ̀st/　イ/fɔ́ːrkɑ̀ːst/
Part 7

名**予想**、予測、予報
動～を予想[予測、予報]する(≒predict, foretell)

□ 0031
inquiry
/inkwáiəri/
Part 4

名❶(～についての)**問い合わせ**、質問(about ～)(≒question)　❷(事件などの)調査(into ～)(≒investigation)
動inquire：(inquire aboutで)～について尋ねる、問い合わせる

□ 0032
prescription
/priskrípʃən/
Part 2, 3

名**処方箋**、処方薬
動prescribe：(prescribe A for Bで)A(薬など)をB(病気)に対して処方する

Day 1 》MP3-001
Quick Review
答えは右ページ下

□ 予算　□ 候補者　□ 施設　□ 入場許可
□ 宴会　□ 見積もり　□ 代理人　□ 解決策
□ 本社　□ 予約　□ 目的地　□ 手順
□ 同僚　□ 調査　□ 会計　□ 建築家

Check 2 Phrase	Check 3 Sentence 》MP3-004
□ a marketing strategy（販売戦略）	□ The CEO refused to give specifics of the company's strategy.（そのCEOは会社の戦略を詳細に述べることを拒んだ）
□ cheap accommodation（安い宿泊施設）	□ The hotel has accommodations for 500 guests.（そのホテルは500人の客が宿泊できる）
□ the departure lounge（［空港の］出発待合室）	□ Our departure was delayed because of a snowstorm.（私たちの出発は吹雪のため遅れた）
□ a senior executive（上級管理職）	□ Mr. Smith earned over $100,000 last year as a sales executive.（スミス氏は販売担当重役として昨年10万ドル以上を得た）
□ a sculpture exhibit（彫刻の展示品）	□ The exhibits are arranged on the table.（展示品が机に並べられている）
□ a sales forecast（販売予想）	□ According to the weather forecast, it is going to rain later today.（天気予報によると、今日はこれから雨が降るということだ）
□ make inquiries about flights（飛行機の便について問い合わせる） □ an inquiry into the fraud（その詐欺事件の調査）	□ For further inquiries, please contact us at the number below.（ほかにご質問がありましたら、下記の電話番号までご連絡ください）
□ get a prescription filled（処方薬を調合してもらう）	□ This drug is only available by prescription.（この薬は処方箋によってのみ入手できる）

Day 1 》MP3-001
Quick Review
答えは左ページ下

□ budget	□ banquet	□ headquarters	□ colleague
□ candidate	□ estimate	□ reservation	□ survey
□ facility	□ representative	□ destination	□ accounting
□ admission	□ solution	□ procedure	□ architect

Day 3 名詞3

Check 1 Chants 》MP3-005

□ 0033 **replacement** /ripléismənt/ Part 5, 6	名(～の)**後任**[後継]**者**、取り換え品(for ～) 動replace：❶～を(…と)取り換える(with . . .)　❷(…として)～に取って代わる、～の後任になる(as . . .)
□ 0034 **award** /əwɔ́:rd/ Part 2, 3	名(～に対する)**賞**、賞品、賞金(for ～)(≒prize) 動(賞など)を(人に)授与する(to . . .)
□ 0035 **caution** /kɔ́:ʃən/ Part 5, 6	名❶**用心**、注意、警戒　❷警告(≒warning) 動❶(caution A about [against] Bで)AにBを警告する　❷(caution A to doで)Aに～するよう忠告する 形cautious：(be cautious about [of]で)～に注意[用心]深い、慎重である
□ 0036 **certificate** /sərtífikət/ ❗発音注意 Part 7	名❶**証明書**　❷(課程の)修了証、免許状 動(/sərtífikèit/)～に証明書[免状]を与える 動certify：❶～を証明[保証]する　❷～に免許状[証明書]を与える 形certified：❶公認の、有資格者の　❷保証された
□ 0037 **consumer** /kənsjú:mər/ Part 7	名**消費者**(⇔producer) 名consumption：消費、消費量[高] 動consume：❶～を消費する　❷～を摂取する
□ 0038 **registration** /rèdʒistréiʃən/ Part 2, 3	名**登録**、登記、記録 名register：登録[記録](簿) 動register：❶～を(…として)登録[記録]する(as . . .)　❷(郵便物)を書留にする　❸(register forで)～の入学[受講]手続きをする
□ 0039 **spectator** /spékteitər/　㋑/spektéitər/ ❗アクセント注意 Part 1	名(スポーツなどの)**観客**、見物人　➕映画・コンサートなどの「観客」はaudience
□ 0040 **extension** /iksténʃən/ Part 2, 3	名❶(電話の)**内線**　❷延期、延長　❸拡張、拡大 動extend：❶～を延長する　❷～を拡張する 形extensive：❶(調査などが)広範囲にわたる　❷(損害などが)大規模な、甚だしい 副extensively：広範囲に、広く

continued ▼

見出し番号0039の㋑マークはイギリス英語の発音のこと。チャンツで初めに読まれるアメリカ英語との発音の違いをチェックしておこう。

□ 聞くだけモード Check 1
□ しっかりモード Check 1 ▸ 2
□ かんぺきモード Check 1 ▸ 2 ▸ 3

Check 2 Phrase	Check 3 Sentence ») MP3-006
□ a replacement for the secretary(その秘書の後任者) □ ship a replacement(取り換え品を送る)	□ The company has to find Mr. White's replacement as CEO.(その会社はホワイト氏の後継者のCEOを見つけなければならない)
□ awards ceremony(授賞式) □ receive an award of $10,000(1万ドルの賞金をもらう)	□ He is another possible for the award.(彼はその賞のもう1人の有力候補者だ)
□ exercise [use] caution(用心する) □ a word [note] of caution(注意書き、警告の言葉)	□ Climbers on the mountain should use extreme caution.(その山の登山者は細心の注意を払わなければならない)
□ a birth [marriage] certificate(出生[結婚]証明書) □ a teaching certificate(教員免許状)	□ You need to submit a medical certificate to your supervisor to take long sick leave.(長期の病気休暇を取るには、診断書を上司に提出する必要がある)
□ consumer demand [spending](消費者需要[支出])	□ The new law is meant to protect consumers.(その新しい法律は消費者を守るためにある)
□ voter registration(選挙人登録)	□ The registration fee is $100.(登録[登記]料は100ドルだ)
□ cheering spectators(声援を送っている観客たち)	□ There are a lot of spectators in the stadium.(スタジアムには多くの観客がいる)
□ an extension number(内線番号) □ the extension of the airport(空港の拡張)	□ I'd like Extension 2426, please.(内線2426をお願いします)

continued ▼

Check 1　Chants 》MP3-005

□ 0041
ingredient
/ingríːdiənt/
Part 5, 6
▶
名(料理などの)**材料**、成分、要素
▶

□ 0042
hospitality
/hɑ̀spətǽləti/
Part 5, 6
▶
名**親切なもてなし**、歓待
名hospital：病院
形hospitable：❶(客などを)親切に[手厚く]もてなす　❷(環境などが)快適な
▶

□ 0043
summary
/sʌ́məri/
Part 4
▶
名(～の)**要約**、概略(of ～)
形❶略式の、即決の　❷要約した、手短な
動summarize：～を要約する
▶

□ 0044
editor
/édətər/
Part 2, 3
▶
名**編集者**
動edit：❶～を編集する　❷～を校訂する
名edition：(本などの)版
名editorial：(新聞などの)社説、論説
形editorial：❶編集(上)の　❷社説[論説]の
▶

□ 0045
transaction
/trænzǽkʃən/
Part 7
▶
名❶**取引**　❷(業務の)処理
動transact：❶(～と)取引[業務]を行う(with ～)　❷(取引・業務など)を行う
▶

□ 0046
accountant
/əkáuntənt/
Part 2, 3
▶
名**会計士**
名account：❶(銀行)口座　❷(金銭の)計算書　❸得意先
動account：(account forで)❶(ある割合)を占める　❷～(の原因・理由)を説明する
名accounting：会計(学)、経理
▶

□ 0047
grocery
/gróusəri/
Part 1
▶
名(～ies)**食料雑貨類**
▶

□ 0048
personnel
/pə̀ːrsənél/
❶発音注意
Part 2, 3
▶
名❶**人事部**[課](≒human resources)、(形容詞的に)人事[職員]の　❷(集合的に)(会社などの)人員(≒staff)
➕personal(個人的な /pə́ːrsənl/)と混同しないように注意
▶

Day 2　》MP3-003
Quick Review
答えは右ページ下

□ 建設	□ 会議	□ 戦略	□ 展示品
□ 預金	□ 寄付	□ 宿泊設備	□ 予想
□ 輸送	□ 小売り	□ 出発	□ 問い合わせ
□ 履歴書	□ 総収益	□ 重役	□ 処方箋

Check 2 Phrase

□ a list of ingredients([食品などの]成分リスト)
□ a vital ingredient of success(成功に不可欠な要素)

□ give hospitality to guests(客を親切にもてなす)

□ in summary(要約すると)

□ an editor of a men's magazine(男性誌の編集者)
□ the editor in chief(編集長)

□ real estate transactions(不動産取引)
□ the transaction of business(業務の処理)

□ certified public accountant(公認会計士)➕略語はCPA

□ a grocery store(食料雑貨店)

□ a personnel manager(人事部長)
□ cut in personnel(人員削減)

Check 3 Sentence 》MP3-006

□ The chef always uses the best and freshest ingredients.(そのシェフは最高品質で最も新鮮な材料を常に使っている)

□ Thank you so much for your hospitality.(ご歓待いただき、どうもありがとうございます)

□ Can you give me a brief summary of yesterday's meeting?(昨日の会議の概要を簡単に教えてくれますか?)

□ My dream is to be an editor of a fashion magazine.(私の夢はファッション誌の編集者になることだ)

□ The bank offers secure transactions over the Internet.(その銀行はインターネット上での安全な取引を提供している)

□ My dream is to be an accountant.(私の夢は会計士になることだ)

□ The woman is carrying groceries.(女性は食料雑貨類を運んでいる)

□ Susie works in the personnel division of the company.(スージーはその会社の人事部に勤務している)

Day 2 》MP3-003
Quick Review
答えは左ページ下

□ construction □ deposit □ transportation □ résumé
□ conference □ donation □ retail □ revenue
□ strategy □ accommodation □ departure □ executive
□ exhibit □ forecast □ inquiry □ prescription

Day 4 名詞4

Check 1 Chants 》MP3-007

□ 0049
refreshment
/rifréʃmənt/
Part 1

名（通例～s）（会合などで出される）**軽食**
動refresh：❶～の気分をさわやかにする、～を元気づける　❷（記憶）を新たにする

□ 0050
exhibition
/èksəbíʃən/
❗発音注意
Part 4

名❶（～の）**展覧**［展示］**会**（of ～）　❷（～の）展示（of ～）
名exhibit：展示［陳列］品
動exhibit：❶～を展示する　❷～を（感情などに）表す

□ 0051
laboratory
/lǽbərətɔ̀:ri/　㋑/ləbɔ́rətəri/
❗アクセント注意
Part 2, 3

名**実験室**［所］、研究室［所］　➕短縮形はlab

□ 0052
compromise
/kɑ́mprəmàiz/
❗アクセント注意
Part 5, 6

名**妥協**、歩み寄り
動（～のことで／…と）妥協する（on ～/with . . .）

□ 0053
deadline
/dédlàin/
Part 2, 3

名（～の）**締め切り**（時間）、最終期限（for ～）

□ 0054
manufacturer
/mæ̀njufǽktʃərər/
Part 7

名**製造会社**、メーカー
名manufacture：❶製造、生産　❷（通例～s）製品
動manufacture：（機械で大規模に）～を製造［生産］する

□ 0055
negotiation
/nigòuʃiéiʃən/
Part 5, 6

名（～に関する）**交渉**、話し合い（on [over] ～）
動negotiate：❶（～と／…のことで）交渉する（with ～/for [about, over] . . .）　❷（契約など）を（…と）取り決める（with . . .）
形negotiable：交渉の余地がある

□ 0056
routine
/ru:tí:n/
Part 2, 3

名❶**決まりきった仕事**、日課　❷いつもの手順
形いつもの、日常の
副routinely：いつものように、定期的に

continued ▼

「細切れ時間」を有効活用してる？『キクタン』は2分でも学習可能。いつでもどこでもテキストと音声を持ち歩いて単語・熟語に触れよう！

□ 聞くだけモード Check 1
□ しっかりモード Check 1 ▸ 2
□ かんぺきモード Check 1 ▸ 2 ▸ 3

Check 2 Phrase		Check 3 Sentence ››› MP3-008
□ light refreshments（茶菓子）	▸	□ The guests are having refreshments.（来客たちは軽食を取っている）
□ an exhibition of Picasso's paintings（ピカソの絵画の展覧会） □ on exhibition（展示［公開］されて）	▸	□ There will be an exhibition of medieval art at the city gallery next month.（来月、中世芸術の展覧会が市立美術館で開催される）
□ a sterile laboratory（無菌実験室） □ a language laboratory（語学ラボ）	▸	□ You need permission to enter the laboratory.（その実験室に入るには許可が必要だ）
□ reach a compromise with ～（～と妥協に至る） □ a compromise between management and a union（経営陣と組合間の歩み寄り）	▸	□ There will be no compromise with terrorism.（テロとの妥協はあり得ない）
□ meet [miss] the deadline（締め切りに間に合う［遅れる］）	▸	□ What is the deadline for submission of application forms?（申込用紙の提出期限はいつですか？）
□ a computer manufacturer（コンピューター製造会社）	▸	□ The car manufacturer announced its sales figures for the third quarter.（その自動車メーカーは第3四半期の売上高を発表した）
□ enter into negotiations（交渉を始める） □ diplomatic negotiations（外交交渉）	▸	□ Contract negotiations proceeded smoothly.（契約交渉は順調に進んだ）
□ a daily routine（日課） □ according to routine（いつもの手順に従って）	▸	□ I'm getting tired of the routines at work.（私は職場での決まりきった仕事に飽き始めている）

continued
▼

Check 1　Chants 》MP3-007

□ 0057
workshop
/wə́ːrkʃɑ̀p/
Part 2, 3

名❶**研修**［研究、講習］**会**、セミナー　❷作業場

□ 0058
consent
/kənsént/
Part 7

名（～に対する）**同意**（≒agreement）、許可（≒permission）（to ～）
動（consent toで）～に同意する、～を承諾［許可］する
名consensus：❶合意　❷（意見などの）一致、コンセンサス

□ 0059
obligation
/ɑ̀bləgéiʃən/
Part 5, 6

名（～に対する／…する）（道徳的・法律的な）**義務**、責任（to ～/to do）（≒duty）
動oblige：（be obliged to doで）～せざるを得ない
形obligatory：（～にとって）義務［強制］的な（for [on] ～）、必須の

□ 0060
precaution
/prikɔ́ːʃən/
Part 7

名（～に対する）**予防策**［措置］、警戒、用心（against ～）

□ 0061
reputation
/rèpjutéiʃən/
Part 7

名❶（～という／…としての）**評判**（for ～/as . . .）　❷名声（≒fame）
形reputable：評判のよい、尊敬すべき

□ 0062
resident
/rézədənt/
Part 2, 3

名**居住者**、在住者（≒inhabitant）（⇔visitor）
形居住［在住］している
名residence：❶居住、滞在　❷邸宅、住宅
形residential：住宅［居住］の

□ 0063
mechanic
/mikǽnik/
Part 2, 3

名**整備士**、修理工（≒repairman）
形mechanical：機械（上）の

□ 0064
neighborhood
/néibərhùd/
Part 2, 3

名❶（ある特定の）**地域**　❷近所、近隣　❸（集合的に）近所の人々　❹（the ～）（～に）近いこと（of ～）
名neighbor：近所の人、隣国
形neighboring：近所の、近隣の

Day 3 》MP3-005
Quick Review
答えは右ページ下

□ 後任者
□ 賞
□ 用心
□ 証明書
□ 消費者
□ 登録
□ 観客
□ 内線
□ 材料
□ 親切なもてなし
□ 要約
□ 編集者
□ 取引
□ 会計士
□ 食料雑貨類
□ 人事部

Check 2 Phrase

☐ a management workshop(経営管理セミナー)

☐ give one's consent to ～(～に同意する)
☐ without parental consent(親の許可なしに)

☐ be under no obligation to do ～(～する義務はない)
☐ a sense of obligation(責任感)

☐ take the precaution of doing ～(～するという予防策を取る)
☐ as a precaution(用心のため)

☐ a good [bad] reputation(好評[悪評])
☐ earn [gain, win] a reputation(名声を得る)

☐ a resident of Australia(オーストラリア在住者)

☐ a car mechanic(自動車整備士)

☐ a dangerous neighborhood(危険地域)
☐ live in the neighborhood of ～(～の近くに住んでいる)

Check 3 Sentence 》MP3-008

☐ There will be a workshop for students interested in graduate schools tomorrow.(明日、大学院に興味がある学生向けの講習会が開かれる予定だ)

☐ By common consent, Mr. Foster was chosen as chairman.(全会一致でフォスター氏は議長に選ばれた)

☐ Parents have an obligation to their children.(親は子どもに対する責任がある)

☐ All the workers must follow safety precautions.(全作業員は安全対策に従わなければならない)

☐ He has a reputation for being strict.(彼は厳しいという評判だ)

☐ The residents of the city protested the closure of the city hospital.(その市の住民は市立病院の閉鎖に抗議した)

☐ He is a highly experienced mechanic.(彼は非常に経験豊富な整備士だ)

☐ This is a safe and quiet neighborhood.(ここは安全で閑静な地域だ)

Day 3 》MP3-005
Quick Review
答えは左ページ下

☐ replacement ☐ award ☐ caution ☐ certificate
☐ consumer ☐ registration ☐ spectator ☐ extension
☐ ingredient ☐ hospitality ☐ summary ☐ editor
☐ transaction ☐ accountant ☐ grocery ☐ personnel

Day 5 名詞5

Check 1 Chants 》MP3-009

□ 0065 **masterpiece** /mǽstərpìːs/ Part 4	名(最高)**傑作**、代表作(≒masterwork)
□ 0066 **blueprint** /blúːprìnt/ Part 2, 3	名❶(建築物・機械などの)**設計図**、図面 ❷(～の)(詳細な)計画(for ～)
□ 0067 **assignment** /əsáinmənt/ Part 7	名❶**任務**、(仕事などの)割り当て ❷宿題、研究課題 動assign：❶(assign A to Bで)AをB(地位など)に任命する、AをBに割り当てる ❷(assign A to doで)Aを～する任務[仕事]に就かせる、Aを～するように選任する
□ 0068 **promotion** /prəmóuʃən/ Part 2, 3	名❶(～への)**昇進**(to ～)(⇔demotion：降格) ❷販売促進 動promote：❶～を(…に)昇進させる(to . . .) ❷～の販売を促進する、～の宣伝活動をする 形promotional：宣伝[プロモーション](用)の
□ 0069 **dispute** /dispjúːt/ Part 2, 3	名(～間の／…についての)**論争**、紛争(between ～/over [about] . . .)(≒argument, controversy) 動❶～に反論[反対]する ❷(～と／…について)論争[口論]する(with ～/about [on, over] . . .)
□ 0070 **excursion** /ikskə́ːrʒən/ イ/ikskə́ːrʃən/ ❶発音注意 Part 7	名(～への)**遠足**、小旅行(to ～)(≒trip)
□ 0071 **expansion** /ikspǽnʃən/ Part 5, 6	名**拡大**、拡張 動expand：❶～を拡大[拡張]する ❷拡大[拡張]する
□ 0072 **storage** /stɔ́ːridʒ/ Part 7	名❶**保管**、貯蔵 ❷保管[貯蔵]量 ❸保管[貯蔵]所 名store：❶(しばしば～s)蓄え ❷店 動store：❶～をしまい込む ❷～を(…に備えて)蓄える(for . . .)

continued ▼

Quick Reviewは使ってる？ 昨日覚えた単語でも、記憶に残っているとは限らない。学習の合間に軽くチェックするだけでも効果は抜群！

□ 聞くだけモード Check 1
□ しっかりモード Check 1 ▸ 2
□ かんぺきモード Check 1 ▸ 2 ▸ 3

Check 2 Phrase	Check 3 Sentence 》MP3-010
□ a masterpiece of Picasso's "blue period"（ピカソの「青の時代」の代表作）	□ Beethoven's Ninth Symphony is regarded as one of his masterpieces.（ベートーベンの交響曲第9番は彼の傑作の1つと見なされている）
□ a blueprint of the new city hall（新しい市庁舎の設計図） □ a blueprint for success（成功への計画）	□ The architect showed us a blueprint of our new house.（その建築家は新居の設計図を私たちに見せた）
□ assignment of the tasks（仕事の割り当て） □ a math assignment（数学の宿題）	□ I was given a tough assignment by my boss.（私は上司から難しい任務を与えられた）
□ get [gain] (a) promotion（昇進する） □ a promotion campaign（販売促進運動）	□ The company announced the promotion of Mr. Baker to vice president.（その会社はベーカー氏の副社長への昇進を発表した）
□ a dispute over working conditions（労働条件に関する論争） □ a border dispute（国境紛争）	□ They will go on strike tomorrow if there is no resolution to the labor dispute.（労働争議が解決しない場合、彼らは明日ストライキに突入するつもりだ）
□ go on an excursion（遠足に行く）	□ There will be a whole school excursion on April 8.（4月8日に全校遠足が行われる予定だ）
□ the expansion of the Internet（インターネットの拡大） □ the expansion of the freeway（高速道路の拡張）	□ Our boss is always talking about business expansion.（私たちの上司はいつも事業の拡大のことを話している）
□ keep food in storage（食料を保管している） □ data storage（[コンピューターの]データ保存量）	□ The storage of radioactive material is done with extreme care.（放射性物質の保管は細心の注意を払って行われる）

continued
▼

Check 1 Chants 》MP3-009

□ 0073
belonging
/bilɔ́:ŋiŋ/
Part 7

名(～s)(運ぶことのできる)**所持品**、所有物 ➕家・土地・金銭などは含まない
動belong:(belong toで)❶～に所属する、～の一員である ❷～のものである

□ 0074
evaluation
/ivæljuéiʃən/
Part 5, 6

名**評価**、査定(≒assessment, appraisal)
動evaluate:～を評価する

□ 0075
household
/háushòuld/
Part 7

名**世帯**、家庭、(集合的に)家族
形家庭用の、家族[家庭]の

□ 0076
investment
/invéstmənt/
Part 4

名(～への)**投資**、出資(in ～)
名investor:投資家、投資者
動invest:(invest A in Bで)A(金など)をBに投資する

□ 0077
reception
/risépʃən/
Part 2, 3

名❶**歓迎会**、宴会 ❷受け入れること ❸(会社などの)受付、フロント
名receptionist:(会社・ホテルなどの)受付係
動receive:❶～を(…から)受け取る(from . . .) ❷(意見など)を受け入れる

□ 0078
receptionist
/risépʃənist/
Part 2, 3

名(会社・ホテルなどの)**受付係**
名reception:❶歓迎会、宴会 ❷受け入れること ❸(会社などの)受付、フロント
動receive:❶～を(…から)受け取る(from . . .) ❷(意見など)を受け入れる

□ 0079
region
/rí:dʒən/
Part 4

名**地域**、地方(≒area, district)
形regional:地域の、地方の

□ 0080
site
/sáit/
Part 1

名❶(建物などの)**場所**、位置、(～の)用地(for ～) ❷(事件などの)現場 ❸(インターネットの)サイト
動(be sited inで)(建物などが)～に位置する(≒be located in)

Day 4 》MP3-007
Quick Review
答えは右ページ下

□ 軽食
□ 展覧会
□ 実験室
□ 妥協
□ 締め切り
□ 製造会社
□ 交渉
□ 決まりきった仕事
□ 研修会
□ 同意
□ 義務
□ 予防策
□ 評判
□ 居住者
□ 整備士
□ 地域

Check 2 Phrase

Check 3 Sentence MP3-010

□ personal belongings（私物）
▶ □ Always keep your belongings in sight.（常に所持品から目を離さないでください）

□ job evaluation（勤務評価）
▶ □ He received positive evaluations from his supervisor.（彼は上司からよい評価を受けた）

□ a general household（一般世帯）
□ the head of household（世帯主）
▶ □ Most households have at least one computer.（ほとんどの世帯には少なくとも1台コンピューターがある）

□ a long-term [short-term] investment（長期［短期］投資）
□ capital investment（資本投資）
▶ □ My financial adviser warned me against such a risky investment.（私の投資顧問はそのような危険な投資には注意するよう私に言った）

□ a wedding reception（結婚披露宴）
□ receive a warm [cool] reception（温かく［冷たく］迎えられる）
▶ □ There will be a reception for new students from 4 to 6 p.m. today in the gymnasium.（今日の午後4時から6時まで、体育館で新入生の歓迎会がある）

□ a hotel receptionist（ホテルの受付係）
▶ □ Lisa got a job as a receptionist.（リーサは受付係の仕事に就いた）

□ desert [mountain] regions（砂漠［山岳］地域）
▶ □ Emergency supplies were sent to the disaster-stricken region.（緊急物資がその被災地域に送られた）

□ the site for the new mall（新しいショッピングセンターの用地）
□ the site of the accident（その事故の現場）
▶ □ The men are working at the building site.（男たちは建設現場で働いている）

Day 4 MP3-007
Quick Review
答えは左ページ下

□ refreshment	□ deadline	□ workshop	□ reputation
□ exhibition	□ manufacturer	□ consent	□ resident
□ laboratory	□ negotiation	□ obligation	□ mechanic
□ compromise	□ routine	□ precaution	□ neighborhood

Day 6 名詞6

Check 1 Chants MP3-011

□ 0081 **capacity** /kəpǽsəti/ Part 4	名❶**生産能力**、収容能力 ❷容量 ❸能力 名capability：(〜する)能力、才能(to do [of doing]) 形capable：❶(be capable ofで)〜の能力[才能]がある ❷有能[敏腕]な
□ 0082 **convention** /kənvénʃən/ Part 2, 3	名❶**代表者会議**[大会](≒conference) ❷慣習、慣例 形conventional：❶従来の、慣例[慣習]の ❷月並みな、平凡な
□ 0083 **draft** /drǽft/ Part 2, 3	名❶**草稿**、下書き ❷為替手形、小切手 ❸すきま風
□ 0084 **quantity** /kwάntəti/ Part 5, 6	名❶**数量**、分量(⇔quality：質) ❷多量、多数 形quantitative：量的な、量の
□ 0085 **achievement** /ətʃíːvmənt/ Part 7	名❶**業績**(≒accomplishment) ❷達成 動achieve：(目的など)を達成する、成し遂げる
□ 0086 **consequence** /kάnsəkwèns/ ❗アクセント注意 Part 5, 6	名(通例〜s)(〜の)**結果**、影響(of 〜)(≒result, outcome, effect) 形consequent：(〜の)結果として起こる(on [upon, to] 〜) 副consequently：その結果、従って
□ 0087 **premise** /prémis/ Part 7	名❶(〜s)(建物を含む)**敷地**、土地、構内 ❷(〜という)前提、仮定(that節 〜)
□ 0088 **priority** /praiɔ́ːrəti/ Part 4	名❶**優先事項** ❷優先(権) 形prior：❶(prior toで)〜より前に、〜に先立って ❷前の、先の ❸(〜に)優先する、(〜より)重要な(to 〜)

continued ▼

名詞と前置詞の結びつきを確認してる？ a defect in ～(～の欠陥)のように名詞の後ろにつく前置詞にも注意していこう。

□ 聞くだけモード Check 1
□ しっかりモード Check 1 ▸ 2
□ かんぺきモード Check 1 ▸ 2 ▸ 3

Check 2 Phrase	Check 3 Sentence 》MP3-012
□ at full capacity(フル操業で) □ a seating capacity of 1,000(1000人分の座席)	□ The factory has the capacity to manufacture 500 cars a day.(その工場は1日に500台の車を作る生産能力がある)
□ an annual convention(年次大会) □ by convention(慣例に従って)	□ The Democratic Party convention will be held in Chicago next month.(来月、民主党の党大会がシカゴで開催される)
□ the first draft(第一草稿、最初の下書き) □ a bank draft(銀行為替手形)	□ I asked my teacher to check the draft of my speech.(私はスピーチの草稿をチェックしてくれるよう先生に頼んだ)
□ quantity of purchase(購買数) □ in quantity(大量[多量]に)	□ The price varies depending on the quantity you order.(価格は注文する数によって変わる)
□ a remarkable achievement(注目すべき業績) □ a sense of achievement(達成感)	□ You should highlight your achievements and skills in your résumé.(あなたは自分の業績と技能を履歴書の中で強調したほうがいい)
□ the consequences of the mismanagement(経営ミスの結果) □ as a consequence of ～(～の結果として)	□ You should take responsibility for the consequences of your actions.(あなたは自分が取った行動の結果に対して責任を取るべきだ)
□ on [off] the premises(敷地内[外]で) □ on the premise that ～(～という前提で)	□ Smoking is not permitted on the premises.(敷地内では喫煙は認められていない)
□ establish priorities(優先事項を設ける) □ have [take, get] priority over ～(～に優先する)	□ The government's first priority now is to stimulate the domestic economy.(政府の今の最優先事項は国内経済を刺激することだ)

continued
▼

Check 1 Chants ›› MP3-011

□ 0089 **assessment** /əsésmənt/ Part 7	名❶**評価**(≒evaluation, appraisal) ❷査定 動assess：❶～を評価する ❷～を(…と)査定する(at . . .)
□ 0090 **architecture** /ɑ́:rkətèktʃər/ Part 7	名❶**建築様式** ❷建築、建築学[術] 名architect：建築家[士] 形architectural：建築上の、建築学[術]の
□ 0091 **electrician** /ilektríʃən/ Part 2, 3	名**電気技師**、電気工 名electricity：❶電気 ❷電力 形electric：❶電気の ❷電動の ❸わくわくさせる 形electrical：電気に関する、電気関係の
□ 0092 **asset** /ǽset/ Part 7	名(通例～s)**資産**、財産(≒property, estate)(⇔liability：負債)
□ 0093 **retirement** /ritáiərmənt/ Part 4	名**退職**、引退 名retiree：退職者 動retire：(～を)退職[引退]する(from ～) 形retired：退職[引退]した
□ 0094 **aisle** /áil/ ❶発音注意 Part 2, 3	名(座席間の)**通路**
□ 0095 **defect** /dí:fekt/ Part 4	名(～の)**欠陥**、欠点(in ～)(≒fault) 形defective：欠陥[欠点]のある
□ 0096 **physician** /fizíʃən/ Part 5, 6	名**医者**(≒doctor)、内科医 ➕「外科医」はsurgeon 名physical：身体[健康]検査 形physical：❶身体[肉体]の ❷物質[物理]的な

Day 5 ›› MP3-009
Quick Review
答えは右ページ下

□ 傑作	□ 論争	□ 所持品	□ 歓迎会
□ 設計図	□ 遠足	□ 評価	□ 受付係
□ 任務	□ 拡大	□ 世帯	□ 地域
□ 昇進	□ 保管	□ 投資	□ 場所

Check 2 Phrase

Check 3 Sentence 》MP3-012

□ environmental assessment（環境アセスメント、環境影響評価）
□ a tax assessment（税額の査定）
▶ □ His assessment of the situation was fairly accurate.（彼の状況評価はまあまあ正確だった）

□ modern architecture（現代の建築様式）
□ study architecture（建築学を学ぶ）
▶ □ She is interested in the Islamic architecture.（彼女はイスラムの建築様式に関心を持っている）

□ a skilled electrician（腕のよい電気技師）
▶ □ Two electricians are coming to rewire the office tomorrow.（明日、2人の電気技師が事務所の配線変更工事に来る予定だ）

□ liquid [fixed] assets（流動［固定］資産）
▶ □ The company has $2.5 billion in assets.（その会社は25億ドルの資産を持っている）

□ take early retirement（早期退職する）
▶ □ Mr. Suzuki has five years to go before retirement.（スズキさんは退職まであと5年ある）

□ the middle aisle of the church（教会の中央通路）
▶ □ Would you like an aisle or a window seat?（通路側と窓側のどちらの席がよろしいですか？）

□ a defect in the engine（エンジンの欠陥）
▶ □ All the products are tested for defects before they are shipped.（すべての製品は出荷される前に欠陥がないか検査される）

□ consult a physician（医者に診てもらう）
▶ □ She is a physician by profession.（彼女の職業は医者だ）

Day 5 》MP3-009
Quick Review
答えは左ページ下

□ masterpiece	□ dispute	□ belonging	□ reception
□ blueprint	□ excursion	□ evaluation	□ receptionist
□ assignment	□ expansion	□ household	□ region
□ promotion	□ storage	□ investment	□ site

Day 7 名詞7

Check 1 Chants 》MP3-013

□ 0097
prospect
/práspekt/
Part 5, 6

名(通例～s)(成功などの)**見込み**、可能性(of [for] ～)
形prospective：見込みのある、予想される

□ 0098
administration
/ædmìnəstréiʃən/
Part 4

名❶**管理**、経営 ❷行政、(しばしばthe A～)政府、内閣
動administer：❶～を管理[運営]する ❷～を治める ❸(処罰など)を執行する
名administrator：管理者、経営者
形administrative：❶管理の、経営上の ❷行政上の

□ 0099
anniversary
/ænəvə́ːrsəri/
Part 4

名(～の)**記念日**(of ～)

□ 0100
debate
/dibéit/
Part 7

名(～に関する)**議論**、討論(on [over, about] ～)(≒discussion)
動～を議論[討論]する(≒discuss)

□ 0101
portion
/pɔ́ːrʃən/
Part 5, 6

名❶(～の)**一部**、部分(of ～)(≒part) ❷(食べ物の)1人前(of ～)(≒share)

□ 0102
source
/sɔ́ːrs/
Part 5, 6

名❶**源** ❷原因(≒cause)

□ 0103
statistics
/stətístiks/
Part 2, 3

名**統計**、統計学
名statistician：統計学者
形statistical：統計(上)の

□ 0104
status
/stǽtəs, stéitəs/
❶発音注意
Part 2, 3

名❶**状態**、状況(≒state, condition, situation) ❷地位、身分(≒position)

continued ▼

今日で『キクタンTOEIC L&Rテスト SCORE 800』は1週間が終了！ 残りはまだまだ長いけど、急がず焦らず学習を進めていこう。

□ 聞くだけモード Check 1
□ しっかりモード Check 1 ▸ 2
□ かんぺきモード Check 1 ▸ 2 ▸ 3

Check 2 Phrase	Check 3 Sentence 》MP3-014
□ prospects of promotion（昇進の見込み） □ in prospect（予想されて）	□ Is there any prospect of economic recovery next year?（来年、景気が回復する見込みはありますか？）
□ business administration（企業経営） □ the Obama administration（オバマ政権）	□ He has 30 years' extensive experience in administration.（彼には30年にわたる幅広い管理の経験がある）
□ the 100th anniversary of the revolution（革命100周年記念日）	□ We celebrated our 10th wedding anniversary yesterday.（私たちは昨日、私たちの結婚10周年の記念日を祝った）
□ debate on global warming（地球温暖化に関する議論） □ be under debate（論争中である）	□ There has been a heated debate on the issue.（その問題に関しては白熱した議論が交わされてきた）
□ the first portion of the movie（その映画の最初の部分） □ four portions of chips（4人前のチップス）	□ A large portion of the workforce in the country is made up of immigrants.（その国の労働力の大部分は移民で構成されている）
□ a source of energy [information]（エネルギー［情報］源） □ the source of the problem（その問題の原因）	□ Fruit is a very good source of vitamin C.（果物は非常に優れたビタミンC源だ）
□ crime [demographic] statistics（犯罪［人口］統計）	□ Statistics show that unemployment rates increased significantly over the past two months.（統計では、この2カ月で失業率が著しく上昇したことが明らかになっている）
□ the future status of the world（将来の世界情勢） □ social status（社会的地位）	□ He didn't comment on the status of negotiations.（彼は交渉状況についてコメントしなかった）

continued ▼

Check 1　Chants 》MP3-013

□ 0105
critic
/krítik/
Part 5, 6

名**評論**[批評]**家**(≒reviewer)
名criticism：批評、評論
動criticize：❶～のあら探しをする　❷～を批評[評論]する
形critical：❶重大な　❷批判[批評]的な

□ 0106
garment
/gáːrmənt/
Part 7

名**衣服**、(～s)衣類(≒clothes, clothing, wear, apparel)

□ 0107
qualification
/kwɑ̀ləfikéiʃən/
Part 2, 3

名❶(～する)**資格**(to do)　❷(～の)適性、資質(for ～)
動qualify：❶(qualify as [for]で)～の資格を得る、～として適任である　❷(be qualified forで)～の資格[免許]がある

□ 0108
reference
/réfərəns/
Part 4

名❶(～への)**言及**(to ～)(≒mention)　❷参照　❸(履歴書などの)推薦状
動refer：❶(refer toで)～を参照する、～に言及する　❷(refer to A as Bで)AをBと呼ぶ、言う

□ 0109
session
/séʃən/
Part 7

名❶**会合**、会議　❷(議会の)会期　❸学期(≒term)

□ 0110
stain
/stéin/
Part 2, 3

名❶**染み**、汚れ(≒blot)　❷(～の)汚点(on [upon] ～)
動～を(…で)汚す(with . . .)、～に染みをつける
形stainless：ステンレス製の

□ 0111
substitute
/sʌ́bstətjùːt/
Part 7

名**代わりの人**、代用品
動❶(substitute A for Bで)AをBの代わりに用いる　❷(substitute forで)～の代わりをする
形代理[代用]の
名substitution：❶代理、代用　❷代理人、代用品

□ 0112
utility
/juːtíləti/
Part 2, 3

名❶(通例～ies)(水道などの)**公共料金**、公共施設　❷有用[実用]性(≒usefulness)
名utilization：利用
動utilize：～を(…として)利用する、役立たせる(as . . .)

Day 6 》MP3-011
Quick Review
答えは右ページ下

□ 生産能力	□ 業績	□ 評価	□ 退職
□ 代表者会議	□ 結果	□ 建築様式	□ 通路
□ 草稿	□ 敷地	□ 電気技師	□ 欠陥
□ 数量	□ 優先事項	□ 資産	□ 医者

Check 2 Phrase

Check 3 Sentence 》MP3-014

Check 2 Phrase	Check 3 Sentence
□ a food [film] critic(料理[映画]評論家)	□ The movie was favorably received by the critics.(その映画は評論家たちに好意的に受け止められた)
□ a sports garment(スポーツウエア) □ the garment industry(衣料産業)	□ The store carries suits, dresses, and other garments.(その店はスーツ、ドレス、そしてその他の衣類を扱っている)
□ a qualification to teach English(英語を教える資格) □ a necessary qualification for the job(その仕事に必要な適性)	□ You need qualifications to get a good job.(いい仕事を得るには資格が必要だ)
□ with [in] reference to ~(~に関して) □ for future reference(今後の参考のために)	□ He made no reference to the project.(彼はそのプロジェクトに関して何も言及しなかった)
□ a morning session(朝会) □ in [out of] session([会議などが]開会[閉会]中で)	□ We will have a planning session tomorrow.(私たちは明日、企画会議を開く予定だ)
□ a coffee [an ink] stain(コーヒー[インク]の染み) □ a stain on one's reputation(評判についた汚点)	□ Do you know how to remove a wine stain from carpet?(じゅうたんからワインの染みをどうやって取るか知っていますか?)
□ use A as a substitute for B(Bの代わりにAを使う)	□ There is no substitute for him.(彼に代わる人はいない)
□ a utility company(公益事業会社) □ be of no utility(役に立たない)	□ The rent includes utilities.(その家賃には公共料金が含まれている)

Day 6 》MP3-011
Quick Review
答えは左ページ下

□ capacity	□ achievement	□ assessment	□ retirement
□ convention	□ consequence	□ architecture	□ aisle
□ draft	□ premise	□ electrician	□ defect
□ quantity	□ priority	□ asset	□ physician

Day 8 名詞8

Check 1 Chants 》MP3-015

□ 0113
appreciation
/əprìːʃiéiʃən/
Part 2, 3

名❶**感謝** ❷(～の)正しい理解(of ～)(≒understanding) ❸(資産などの)値上がり、騰貴(⇔depreciation)
動appreciate：❶～を感謝する ❷～を正当に評価する ❸価格[相場]が上がる

□ 0114
aspect
/ǽspekt/
Part 7

名(問題・事態などの)**側面**、局面、状況

□ 0115
checkup
/tʃékʌ̀p/
Part 2, 3

名❶**健康診断** ❷(機械などの)検査

□ 0116
manuscript
/mǽnjuskrìpt/
Part 7

名(手書き・タイプの)**原稿**

□ 0117
perspective
/pərspéktiv/
Part 5, 6

名❶(～についての)**観点**、視点(on ～)(≒viewpoint) ❷総体的な見方 ❸遠近法

□ 0118
postage
/póustidʒ/
Part 2, 3

名**郵便料金**
名post：❶柱 ❷職、地位 ❸郵便
動post：❶(ビラなど)を(…に)貼る(on . . .) ❷(手紙など)を投函する ❸(インターネットなどに)～を載せる
形postal：郵便(局)の

□ 0119
privilege
/prívəlidʒ/
Part 4

名**特権**、特典、名誉
動～に(…する)特権を与える(to do)
形privileged：(～する)特権[特典]を持つ(to do)、特権階級に属する

□ 0120
requirement
/rikwáiərmənt/
Part 4

名(～の)**必要条件**、資格(for ～)
動require：❶～を必要とする ❷～を要求する ❸(require A to doで)Aに～するよう要求する、命ずる

continued ▼

同意語・類義語(≒)や反意語・反対語(⇔)もチェックしてる? 余裕があれば確認して、語彙の数を積極的に増やしていこう。

□聞くだけモード Check 1
□しっかりモード Check 1 ▸ 2
□かんぺきモード Check 1 ▸ 2 ▸ 3

Check 2 Phrase	Check 3 Sentence 》MP3-016
□in appreciation of ~(~に感謝して) □have an appreciation of the situation(状況を正しく理解している)	□I'd like to show my appreciation for your cooperation.(あなたのご協力に感謝の意を表したいと思います)
□various aspects of the problem(その問題のさまざまな側面)	□You need to study all aspects of business to get an MBA.(MBA[経営管理学修士号]を取得するためには、ビジネスのあらゆる側面を学ぶ必要がある)
□a regular checkup(定期的な健康診断) □give ~ a checkup(~を検査する)	□Have you already had this year's checkup?(今年の健康診断はもう受けましたか?)
□an unpublished manuscript(未発表の原稿) □be in manuscript(原稿のままである、未発表である)	□The editor made a lot of corrections to the manuscript.(その編集者は原稿に多くの修正を入れた)
□from a historical perspective(歴史的な観点から) □get the situation in perspective(状況を総体的にとらえる)	□The construction of the power plant seems to be a bad thing from an environmental perspective.(その発電所の建設は環境の観点からは悪いことのように思える)
□postage free [due](郵便料金無料[不足])	□Postage is extra.(郵便料金は別途必要だ)
□diplomatic privileges(外交特権) □have the privilege of doing ~(~する特権[名誉]を与えられる)	□Education should be a right, not a privilege.(教育は特権ではなく、権利であるべきだ)
□requirements for the job(その職の採用条件) □college entry requirements(大学入学資格)	□If you fail to meet the requirements for the course, you won't be interviewed.(その課程の必要条件を満たさなければ、あなたは面接を受けられないだろう)

continued
▼

Check 1　Chants 》MP3-015

□ 0121
cashier
/kæʃíər/
❶アクセント注意
Part 1
▶
名❶(店などの)**レジ係**　❷(会社などの)会計[出納]係
名cash：現金
動cash：(小切手など)を現金に換える
▶

□ 0122
conflict
/kánflikt/
❶アクセント注意
Part 5, 6
▶
名❶(～との／…の間の)**対立**、葛藤(with ～/between . . .)(≒disagreement)　❷(～との／…の間の)争い(with ～/between . . .)
動(/kənflíkt/)(～と)対立[矛盾、衝突]する(with ～)(≒disagree)
▶

□ 0123
decade
/dékeid/
Part 5, 6
▶
名**10年間**
▶

□ 0124
human resources
Part 2, 3
▶
名❶**人事部**[課](≒personnel)　❷人的資源　➕略語はHR
名resource：(通例～s)資源、資産
▶

□ 0125
expectation
/èkspektéiʃən/
Part 7
▶
名**期待**、予想(≒anticipation)
動expect：❶～を期待する、～を予期[予想]する　❷(expect A to doで)Aが～するだろうと思う、期待する　❸(expect to doで)～すると思っている、～するつもりである
▶

□ 0126
interval
/íntərvəl/
Part 5, 6
▶
名(～の間の)(時間の)**間隔**、合間(between ～)
▶

□ 0127
drawing
/drɔ́:iŋ/
Part 1
▶
名❶**スケッチ**、デッサン　❷くじ引き、抽選
名drawer：引き出し、(～s)たんす
動draw：❶～を引く　❷～を描く
▶

□ 0128
factor
/fǽktər/
Part 5, 6
▶
名(～の)**要因**、要素(in ～)(≒element)
動(factor inで)(要素など)を計算に入れる
▶

Day 7 》MP3-013
Quick Review
答えは右ページ下

□ 見込み
□ 管理
□ 記念日
□ 議論
□ 一部
□ 源
□ 統計
□ 状態
□ 評論家
□ 衣服
□ 資格
□ 言及
□ 会合
□ 染み
□ 代わりの人
□ 公共料金

Check 2 Phrase	Check 3 Sentence 》MP3-016
□ a cashier at a convenience store(コンビニエンスストアのレジ係) □ a cashier's window(出納窓口)	□ The cashier is standing behind the counter.(レジ係はカウンターの後ろに立っている)
□ conflict between labor and management(労使間の対立) □ bring A into conflict with B(AをBと対立させる)	□ There was a lot of conflict between her and her mother.(彼女と彼女の母親との間には多くの葛藤があった)
□ for two [three] decades(20[30]年間)	□ The world economy has dramatically changed over the past few decades.(ここ数十年の間に世界経済は劇的に変化した)
□ the head of human resources(人事部長) □ adequate human resources(十分な人的資源)	□ She works in human resources.(彼女は人事部で働いている)
□ below [beyond] expectation(s)(期待[予想]以下[以上]で) □ in expectation of ~(~を見越して、期待して)	□ The concert has exceeded my expectations.(そのコンサートは私の期待を上回るものだった)
□ the intervals between major earthquakes(大地震と大地震の間隔) □ at 10-minute intervals(10分間隔で)	□ The meetings take place at two-weekly intervals.(その会議は2週間隔で開催される)
□ a drawing pad(スケッチブック) □ prize drawing(賞品[賞金]の抽選)	□ The woman is making a drawing of the view.(女性は景色をスケッチしている)
□ a factor in the accident(事故の要因) □ a key [crucial] factor(鍵となる[重大な]要因)	□ What were the factors in your success?(あなたの成功の要因は何でしたか?)

Day 7 》MP3-013
Quick Review
答えは左ページ下

□ prospect	□ portion	□ critic	□ session
□ administration	□ source	□ garment	□ stain
□ anniversary	□ statistics	□ qualification	□ substitute
□ debate	□ status	□ reference	□ utility

Day 9 名詞9

Check 1 Chants 》MP3-017

□ 0129 **inspector** /inspéktər/ Part 4	名 **検査[調査]官** 動 inspect：～を検査[調査]する 名 inspection：視察、調査、監査
□ 0130 **compliment** /kámpləmənt/ ❗発音注意 Part 5, 6	名(～についての)**褒め言葉**、賛辞、お世辞(on ～) 動(/kámpləmènt/)～に賛辞を述べる ➕complement(～を補完する)と混同しないように注意 形 complimentary：❶無料の ❷称賛の、お世辞の
□ 0131 **division** /divíʒən/ Part 4	名❶(会社などの)**部局**、部門 ❷(～への)分割(into ～)❸割り算 動 divide：❶～を(…に)分ける(into [in] . . .) ❷～を(…の間で)分配する(between [among] . . .) ❸(divide A by Bで)A(数)をB(数)で割る
□ 0132 **circumstance** /sə́ːrkəmstæ̀ns/ Part 2, 3	名(通例～s)**状況**、事情
□ 0133 **contribution** /kàntrəbjúːʃən/ Part 5, 6	名❶(～への)**貢献**、寄与(to [toward] ～) ❷(～への)寄付(金)(to [toward] ～)(≒donation) 動 contribute：❶(contribute A to [toward] Bで)AをBに寄付する ❷(contribute toで)～に貢献[寄与]する、～の一因[一助]となる
□ 0134 **inspection** /inspékʃən/ Part 5, 6	名 **視察**、調査、監査(≒examination, scrutiny) 名 inspector：検査[調査]官 動 inspect：～を検査[調査]する
□ 0135 **resource** /ríːsɔːrs/ ㋑/rizɔ́ːs/ ❗アクセント注意 Part 5, 6	名(通例～s)**資源**、資産 形 resourceful：❶臨機の才のある、機知に富んだ ❷資源に富んだ
□ 0136 **transition** /trænzíʃən/ Part 5, 6	名(～から／…への)**移行**、変遷、過渡期(from ～/to . . .)(≒change) 名 transit：❶輸送、運送、輸送機関 ❷通過、通行、乗り継ぎ 形 transitional：過渡期の

continued ▼

単語上のチェックボックスを使ってる？　確実に押さえた単語にはチェックマーク、自信のないものには？マークなどをつけて復習に役立てよう。

□ 聞くだけモード　Check 1
□ しっかりモード　Check 1 ▶ 2
□ かんぺきモード　Check 1 ▶ 2 ▶ 3

Check 2　Phrase	Check 3　Sentence 》MP3-018
□ a safety inspector（安全検査官）	□ The inspectors found several serious flaws in the building.（検査官たちはそのビルにいくつかの深刻な欠陥を発見した）
□ pay her a compliment（彼女を褒める） □ return the compliment（褒め返す、返礼する）	□ She got lots of compliments on her coat.（たくさんの人が彼女のコートを褒めた）
□ the sales division（販売部門） □ the division of powers（権力の分割）	□ She works in the advertising division of the company.（彼女はその会社の宣伝部に勤務している）
□ under the circumstances（こういう状況［事情］では） □ under any circumstances（どのような事情でも）	□ He was able to cope with the problem under exceptional circumstances.（異例の事態の下でも彼はその問題に対処することができた）
□ make a contribution to ～（～に貢献する） □ contributions to charities（慈善団体への寄付金）	□ She made a major contribution to the project.（彼女はそのプロジェクトに大きく貢献した）
□ an inspection of the nuclear plant（原子力発電所の査察）	□ The officials made a safety inspection of the building.（当局はそのビルの安全調査を行った）
□ natural [human] resources（天然［人的］資源）➕human resourcesは「人事部［課］」という意味でも用いられる	□ Mineral resources include coal, gold, copper, and other heavy metals.（鉱物資源には、石炭、金、銅や、そのほかの重金属が含まれる）
□ make the transition from a dictatorship to a democracy（独裁制から民主制へと移行する） □ in transition（過渡期にある）	□ China is in transition to market socialism.（中国は市場社会主義への過渡期にある）

continued ▼

Check 1 Chants 》MP3-017

□ 0137 **advertising** /ǽdvərtàiziŋ/ Part 2, 3	名❶(集合的に)**広告** ❷広告業 形 広告の 名advertisement：広告、宣伝 動advertise：❶～を宣伝[広告]する ❷(～を求める)広告を出す(for ～)
□ 0138 **approval** /əprú:vəl/ Part 2, 3	名(～に対する)**承認**、賛成、認可(for ～)(⇔disapproval) 動approve：❶～を承認[是認]する ❷(approve ofで)～に賛成する
□ 0139 **assembly** /əsémbli/ Part 4	名❶(機械の)**組み立て**(作業) ❷集会、会合 動assemble：❶(機械など)を組み立てる ❷集まる ❸～を集める
□ 0140 **code** /kóud/ Part 2, 3	名❶**規則** ❷記号、番号 動 ～を暗号にする(≒encode)
□ 0141 **compensation** /kɑ̀mpənséiʃən/ Part 7	名❶(～に対する)**補償**[賠償](金)(for ～) ❷報酬 動compensate：❶(compensate forで)(損失など)の埋め合わせをする、～を償う、補う ❷(compensate A for Bで)AにB(損害など)の賠償[補償]をする
□ 0142 **consideration** /kənsìdəréiʃən/ Part 2, 3	名❶**考慮**、考察 ❷(～に対する)思いやり(for ～) 動consider：❶～をよく考える、熟慮[熟考]する ❷(consider doingで)～することを検討[熟慮、熟考]する 形considerable：(数量などが)かなりの、相当な 形considerate：思いやりがある、理解がある
□ 0143 **emergency** /imə́:rdʒənsi/ Part 4	名**緊急**[非常]**事態**、緊急[非常]の場合 動emerge：❶(～から)現れる(from ～) ❷(事実などが)明らかになる
□ 0144 **identification** /aidèntifəkéiʃən/ Part 2, 3	名**身分証明書**、身元確認 ➕略語はID 名identity：❶身元、正体 ❷同一性、アイデンティティー 動identify：❶～が誰[何]であるか分かる ❷(identify A as Bで)AをBであると確認[認定、特定]する

Day 8 》MP3-015
Quick Review
答えは右ページ下

□ 感謝 □ 側面 □ 健康診断 □ 原稿
□ 観点 □ 郵便料金 □ 特権 □ 必要条件
□ レジ係 □ 対立 □ 10年間 □ 人事部
□ 期待 □ 間隔 □ スケッチ □ 要因

Check 2 Phrase	Check 3 Sentence 》MP3-018
□ corporate advertising(企業広告) □ a career in advertising(広告業の仕事)	□ She got a job in the advertising industry.(彼女は広告業界に就職した)
□ receive [win] approval(承認を得る)	□ The loan approval process is very complicated.(その融資の承認プロセスは非常に複雑だ)
□ an assembly line(組み立て[生産]ライン) □ freedom of assembly(集会の自由)	□ The automaker announced that it would close its two assembly plants in Europe.(その自動車会社はヨーロッパにある2つの組み立て工場の閉鎖を発表した)
□ a code of ethics(倫理規範) □ an area code([電話の]市外局番)	□ The high school's dress code is very strict.(その高校の服装規則はとても厳しい)
□ compensation for the damage(損害に対する補償) □ pay compensation(補償金を支払う)	□ He received $2,000 in compensation for the injury.(彼はそのけがの補償金として2000ドルを受け取った)
□ give serious [full] consideration to ~(~を真剣[十分]に考える) □ take ~ into consideration(~を考慮に入れる)	□ Her proposal is worthy of consideration.(彼女の提案は検討に値する)
□ emergency surgery(緊急手術) □ an emergency exit(非常口)	□ Dial 911 for emergency cases only.(緊急の場合のみ、911に電話してください)➕911は警察・救急車・消防署を呼び出すためのアメリカの緊急電話番号
□ carry identification at all times(常に身分証明書を携行する) □ the identification of the suspect(容疑者の身元確認)	□ You will be asked to show some identification to enter the building.(そのビルに入るには、何か身分証明書を見せるよう求められるだろう)

Day 8 》MP3-015
Quick Review
答えは左ページ下

□ appreciation	□ perspective	□ cashier	□ expectation
□ aspect	□ postage	□ conflict	□ interval
□ checkup	□ privilege	□ decade	□ drawing
□ manuscript	□ requirement	□ human resources	□ factor

Day 10 名詞10

Check 1 Chants 》MP3-019

□ 0145 **institute** /ínstətjùːt/ Part 4	名(学術などの)**研究機関**、学会、(理工系の)大学 動❶(制度など)を制定する、設ける ❷(調査など)を始める(≒start) 名institution:❶機関、団体 ❷(孤児院などの)施設 ❸(社会的)制度
□ 0146 **output** /áutpùt/ Part 5, 6	名❶**生産高**(≒production) ❷(コンピューターの)出力(⇔input) 動 ～を出力する
□ 0147 **recommendation** /rèkəmendéiʃən/ Part 7	名❶**推薦**[状] ❷勧告、助言(≒advice) 動recommend:❶～を(…に)推薦する(to . . .) ❷～を勧める、(recommend doingで)～することを勧める
□ 0148 **remark** /rimáːrk/ Part 5, 6	名(～についての)**発言**、見解、所見、感想(about [on] ～) 動 ～と述べる、言う 形remarkable:(～で)注目すべき、顕著な(for ～) 副remarkably:驚くほど、著しく、非常に
□ 0149 **sculpture** /skʌ́lptʃər/ Part 1	名**彫刻**(作品) ➕「像」はstatue 名sculptor:彫刻家
□ 0150 **treatment** /tríːtmənt/ Part 5, 6	名❶(～の)**治療**(for [of] ～)(≒medical care) ❷(～の)待遇、取り扱い(of ～) 動treat:❶～を(…のように)扱う、待遇する(like [as] . . .) ❷～を治療する ❸(treat A to Bで)AにBをおごる、ごちそうする
□ 0151 **athlete** /ǽθliːt/ ❗アクセント注意 Part 1	名**運動選手** 名athletics:運動競技 形athletic:❶運動が得意な、たくましい ❷運動競技の
□ 0152 **commitment** /kəmítmənt/ Part 2, 3	名❶(～の/…するという)**約束**、誓約(to ～/to do) ❷(～への)献身(to ～)(≒devotion) 名commission:❶(代理業務に対する)手数料、歩合(on ～) ❷(任務の)委任、委託 ❸(集合的に)委員会 動commit:(commit A to Bで)AをBに委託[委任]する

continued ▼

音と意味がつながるまでは「使える」ようになったとは言えない。チャンツの最初の「英語」部分で意味がすぐに浮かぶか試してみよう。

□聞くだけモード　Check 1
□しっかりモード　Check 1 ▸ 2
□かんぺきモード　Check 1 ▸ 2 ▸ 3

Check 2 Phrase	Check 3 Sentence ») MP3-020
□ a language institute（語学研究所） □ the Massachusetts Institute of Technology（マサチューセッツ工科大学）➕略語はMIT	□ He works at a research institute at the university.（彼はその大学の研究所に勤務している）
□ agricultural output（農業生産高） □ an output unit（出力装置）	□ Most car companies plan to decrease their car output next year.（ほとんどの自動車会社は来年の自動車生産を減らすことを計画している）
□ on his recommendation（彼の薦めで） □ give her a recommendation（彼女に推薦状を書いてあげる）	□ Please enclose two letters of recommendation.（推薦状を2通同封してください）
□ remarks on global warming（地球温暖化についての所見） □ make a remark about ～（～について見解を述べる）	□ The foreign minister apologized for his remarks about race.（その外務大臣は人種に関する発言を謝罪した）
□ a life-sized sculpture（等身大の彫刻）	□ The sculptures are lined up along the road.（彫刻が道に沿って並んでいる）
□ dental treatment（歯の治療） □ special treatment（特別待遇）	□ You should receive treatment for your injuries.（あなたはけがの治療を受けたほうがいい）
□ a professional athlete（プロの運動選手）	□ Some athletes are training on the track.（何人かの運動選手が陸上トラックで練習をしている）
□ a lifelong commitment（一生の約束） □ commitment to one's work（仕事への献身）	□ The author made a commitment to write two new books in the next two years.（その作家は今後2年で2冊の新作を書くと約束した）

continued
▼

Check 1 Chants MP3-019

□ 0153 **attendance** /əténdəns/ Part 4	名❶(〜への)**出席**(at 〜) ❷(〜への)出席者数(at 〜) 動attend：❶〜に出席する ❷(attend toで)〜を処理する、〜の世話をする、〜に注意を払う 名attendee：出席[参加]者
□ 0154 **dock** /dák/ Part 1	名**波止場**、埠頭(≒wharf, pier)
□ 0155 **establishment** /istǽbliʃmənt/ Part 5, 6	名❶(会社・病院・学校などの)**社会的機関**、公共施設 ❷設立 ❸(通例the E〜)(既成の)体制、権力機構 動establish：〜を設立[創立]する、〜を樹立する
□ 0156 **investigation** /invèstəgéiʃən/ Part 2, 3	名(〜の)**調査**、捜査(into [of] 〜) 名investigator：調査員、(犯罪の)調査官 動investigate：〜を(詳細に)調査する、取り調べる
□ 0157 **recipe** /résəpi/ Part 7	名❶(〜の)**調理法**、レシピ(for 〜) ❷(〜の)原因(for 〜)
□ 0158 **task** /tǽsk/ Part 5, 6	名**任務**、仕事、課題(≒job, duty)
□ 0159 **apology** /əpálədʒi/ Part 4	名(〜に対する)**謝罪**、おわび(for 〜) 動apologize：(apologize to A for Bで)AにBのことでわびる、謝る
□ 0160 **concentration** /kànsəntréiʃən/ Part 7	名❶**集中力** ❷集中 動concentrate：(〜に)(意識を)集中する(on 〜)

Day 9 MP3-017 Quick Review
答えは右ページ下

□ 検査官
□ 褒め言葉
□ 部局
□ 状況
□ 貢献
□ 視察
□ 資源
□ 移行
□ 広告
□ 承認
□ 組み立て
□ 規則
□ 補償
□ 考慮
□ 緊急事態
□ 身分証明書

Check 2 Phrase

□ take attendance(出席を取る)
□ a large [poor] attendance(多い[少ない]出席者数)

Check 3 Sentence 》MP3-020

□ Attendance at the conference is optional.(その会議への出席は随意となっている)

□ unload the cargo at the dock(埠頭で積み荷を降ろす)

□ The boat is heading for the dock.(ボートは波止場へ向かっている)

□ a financial establishment(金融機関)
□ the establishment of a new hospital(新しい病院の設立)

□ Yale University is one of the most prestigious educational establishments in the US.(エール大学はアメリカで最も権威ある教育機関の1つだ)

□ a thorough investigation(徹底的な調査)
□ under investigation(調査中で)

□ An investigation into the incident is under way.(その事件の捜査は進行中だ)

□ a recipe book(料理本)
□ be a recipe for disaster([事が]災害の原因である)

□ This recipe feeds three to four.(この調理法は3、4人分だ)

□ perform [carry out] a task(任務を遂行する)
□ a difficult task(困難な任務)

□ The task was a challenging one.(その任務はやりがいのあるものだった)

□ make an apology for ~(~のことを謝る)
□ demand an apology from ~(~からの謝罪を要求する)

□ Please accept my apologies.(ここにおわびいたします)

□ improve [lose] one's concentration(集中力を高める[なくす])
□ concentration of power(権力の集中)

□ This task requires a lot of concentration.(この任務はかなりの集中力を要する)

Day 9 》MP3-017
Quick Review
答えは左ページ下

□ inspector	□ contribution	□ advertising	□ compensation
□ compliment	□ inspection	□ approval	□ consideration
□ division	□ resource	□ assembly	□ emergency
□ circumstance	□ transition	□ code	□ identification

Day 11 名詞11

Check 1 Chants 》MP3-021

□ 0161
barrel
/bǽrəl/
Part 1

名❶**たる** ❷バレル ➕石油容量の単位＝159リットル

□ 0162
booklet
/búklit/
Part 4

名**小冊子**、パンフレット(≒pamphlet, brochure)

□ 0163
correspondent
/kɔ̀:rəspɑ́ndənt/
Part 5, 6

名(新聞・テレビなどの)**特派員**、通信員
名correspondence：❶一致 ❷文通、通信
動correspond：❶(correspond to [with]で)～に一致する ❷(correspond toで)～に相当する ❸(correspond withで)～と文通する

□ 0164
paperwork
/péipərwə̀:rk/
Part 2, 3

名**文書事務**、事務作業

□ 0165
venture
/véntʃər/
Part 7

名**冒険**[投機]**的事業**、ベンチャー(≒undertaking)

□ 0166
guideline
/gáidlàin/
Part 7

名(～s)(～の)**指針**、ガイドライン(on [for] ～)

□ 0167
mayor
/méiər/ ㋑/méə/
❗発音注意
Part 7

名**市長**、町長 ➕「知事」はgovernor

□ 0168
atmosphere
/ǽtməsfìər/
Part 7

名❶**雰囲気** ❷大気
形atmospheric：❶大気の ❷雰囲気を感じさせる

continued ▼

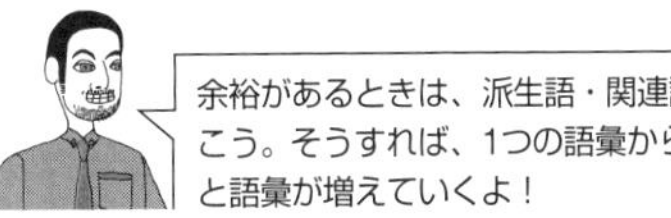

□ 聞くだけモード　Check 1
□ しっかりモード　Check 1 ▸ 2
□ かんぺきモード　Check 1 ▸ 2 ▸ 3

Check 2 Phrase		Check 3 Sentence 》MP3-022
□ a barrel of beer（1たるのビール） □ an increase of oil prices by $2 per barrel（1バレル当たり2ドルの石油価格の上昇）	▸	□ The barrels are lined up neatly in a warehouse.（倉庫の中にたるがきちんと並べられている）
□ a test booklet（試験答案冊子）	▸	□ The booklet provides information about hotel accommodations in the city.（その小冊子には市内の宿泊施設に関する情報が載っている）
□ a foreign correspondent（海外特派員）	▸	□ The newspaper has five correspondents in Japan.（その新聞社には5人の日本在住特派員がいる）
□ reduce paperwork（文書事務を減らす）	▸	□ I have to catch up on some paperwork.（私は事務作業の遅れを取り戻さなければならない）
□ a joint venture（合弁事業）	▸	□ He lost a great deal of money in the venture.（彼はその冒険的事業で多額の金を失った）
□ issue guidelines（指針を発表する） □ follow guidelines（指針に従う）	▸	□ These guidelines have the force of law.（これらの指針には法的拘束力がある）
□ the mayor of New York（ニューヨーク市長） □ the vice mayor（副市長）	▸	□ A new mayor will be elected next week.（新しい市長が来週選ばれる）
□ a relaxing atmosphere（くつろいだ雰囲気） □ the atmosphere on Mars（火星の大気）	▸	□ Indirect lighting creates a romantic atmosphere.（間接照明はロマンチックな雰囲気を生み出す）

continued
▼

Check 1 Chants 》MP3-021

□ 0169 **maintenance** /méintənəns/ Part 4	名(〜の)**管理**、維持、整備(of 〜) 動maintain：❶〜を維持[保持]する ❷〜だと主張する
□ 0170 **recession** /riséʃən/ Part 4	名**景気後退**、一時的不景気 ➕depressionは「(長期の)不景気」 名recess：休み、休憩、休会、休廷 動recess：〜を休憩[休会]にする 動recede：退く、遠ざかる
□ 0171 **commission** /kəmíʃən/ ❗定義注意 Part 4	名❶(代理業務に対する)**手数料**、歩合(on 〜) ❷(任務の)委任、委託 ❸(集合的に)委員会 動〜を依頼する 名commitment：❶約束、誓約 ❷(〜への)献身(to 〜) 動commit：(commit A to Bで)AをBに委託[委任]する
□ 0172 **component** /kəmpóunənt/ Part 4	名(車などの)**部品**、構成要素
□ 0173 **currency** /kə́:rənsi/ Part 7	名**通貨**、貨幣 名current：❶(川などの)流れ ❷電流 形current：現在の、今の 副currently：現在は、現在のところ
□ 0174 **debt** /dét/ ❗発音注意 Part 2, 3	名**借金**、負債、借金状態 名debtor：債務者、借り主
□ 0175 **deficit** /défəsit/ Part 4	名**赤字**、不足額(⇔surplus)
□ 0176 **initiative** /iníʃiətiv/ Part 7	名❶**主導権**、イニシアチブ ❷自発性 ❸計画 名initiation：❶(〜への)加入(into 〜) ❷開始 動initiate：(計画など)を始める 名initial：頭文字 形initial：最初の

Day 10 》MP3-019
Quick Review
答えは右ページ下

□ 研究機関 □ 生産高 □ 推薦 □ 発言
□ 彫刻 □ 治療 □ 運動選手 □ 約束
□ 出席 □ 波止場 □ 社会的機関 □ 調査
□ 調理法 □ 任務 □ 謝罪 □ 集中力

Check 2 Phrase

□ building [car] maintenance（建物の管理［車の整備］）
□ a maintenance worker（［ビルなどの］用務員、［機械の］補修員）

□ the recession of the 1990s（1990年代の景気後退）
□ in recession（不況で）

□ sell cars on commission（歩合で車を売る）
□ get a commission to do ～（～する委託を受ける）

□ computer components（コンピューターの部品）
□ an essential component of a healthy lifestyle（健康的な生活に不可欠の要素）

□ paper currency（紙幣）
□ foreign currency（外貨）

□ repay [clear] a debt（借金を返済する）

□ a trade deficit of $750 million（7億5000万ドルの貿易赤字）

□ seize [gain] the initiative（主導権を握る）
□ show initiative（自発性を発揮する）

Check 3 Sentence MP3-022

□ Our primary concern is the maintenance of law and order.（私たちの一番の関心事は治安の維持だ）

□ The world economy is going into a recession.（世界経済は景気後退へと向かっている）

□ He gets a 25 percent commission on his sales.（彼は売り上げの25パーセントを手数料としてもらっている）

□ The factory manufactures electrical components for cars.（その工場は自動車用の電気部品を製造している）

□ The local currency in Thailand is the baht.（タイの国内通貨はバーツだ）

□ She is $2,000 in debt.（彼女には2000ドルの借金がある）

□ The company went bankrupt with a deficit of approximately $2 million.（その会社は約200万ドルの赤字を抱えて倒産した）

□ Mr. Brown took the initiative in carrying out the project.（ブラウン氏は率先してそのプロジェクトを実行した）

Day 10 MP3-019
Quick Review
答えは左ページ下

□ institute
□ output
□ recommendation
□ remark

□ sculpture
□ treatment
□ athlete
□ commitment

□ attendance
□ dock
□ establishment
□ investigation

□ recipe
□ task
□ apology
□ concentration

Day 12 名詞12

Check 1 Chants))) MP3-023

□ 0177 **objective** /əbdʒéktiv/ Part 5, 6	名(達すべき)**目標**、目的 形客観的な(⇔subjective:主観的な) 名object:❶物体 ❷対象 ❸目的
□ 0178 **participant** /pɑːrtísəpənt/ Part 4	名(～の)**参加者**、当事者(in ～) 名participation:(～への)参加、加入(in ～) 動participate:(participate inで)～に参加する
□ 0179 **pension** /pénʃən/ ❗定義注意 Part 5, 6	名**年金** 名pensioner:年金受給者
□ 0180 **acquaintance** /əkwéintəns/ Part 2, 3	名**知人**、知り合い ➕friendほど親密な関係ではない人に用いる 動acquaint:❶(acquaint A with Bで)AにBを知らせる、熟知させる ❷(acquaint oneself withで)～に精通する、慣れる
□ 0181 **collapse** /kəlǽps/ Part 5, 6	名**崩壊**、倒壊 動❶(建物などが)崩壊する ❷(事業などが)つぶれる
□ 0182 **innovation** /ìnəvéiʃən/ Part 5, 6	名**革新**、刷新、斬新な考え 動innovate:❶(新しいことなど)を導入する、採り入れる ❷刷新[革新]する 形innovative:革新[刷新]的な、創意に富んだ
□ 0183 **luxury** /lʌ́kʃəri/ ❗発音注意 Part 5, 6	名❶**ぜいたくさ**、豪華さ、快適さ、(形容詞的に)ぜいたく[豪華]な ❷ぜいたく品(⇔essential:必需品) 形luxurious:豪華な、ぜいたくな
□ 0184 **patent** /pǽtnt/ ㋑/péitnt/ ❗発音注意 Part 4	名(～の)**特許**(権)(on [for] ～) 動～の特許権を取る 形❶特許の、特許を受けた ❷明白な(≒obvious)

continued ▼

□ 聞くだけモード　Check 1
□ しっかりモード　Check 1 ▸ 2
□ かんぺきモード　Check 1 ▸ 2 ▸ 3

Check 2 Phrase	Check 3 Sentence 》MP3-024
□ the main [primary] objective (主要な目標) □ achieve [meet] an objective (目標を達成する)	□ Our objective is to increase productivity.(私たちの目標は生産性を上げることだ)
□ participants in the marathon (そのマラソンの参加者)	□ There were over 100 participants in the speech contest.(そのスピーチコンテストには100名以上の参加者がいた)
□ live on a pension(年金で生活する) □ receive a pension(年金を受け取る)	□ Mr. Yoshida draws a yearly pension of 3 million yen.(ヨシダさんは年間300万円の年金を受けている)
□ a business acquaintance(仕事上の知人) □ make someone's acquaintance(～と知り合いになる)	□ David was introduced to his new girlfriend by a mutual acquaintance.(デビットは彼の新しいガールフレンドを共通の知人に紹介された)
□ the collapse of the building (そのビルの崩壊) □ the collapse of the Soviet Union(ソ連の崩壊)	□ Recent years have witnessed the collapse of many small businesses.(ここ数年、多くの中小企業の倒産が見られた)
□ technological innovation(技術革新)	□ Creativity and innovation are key to business success.(創造性と革新が事業の成功にとって重要だ)
□ live in luxury(ぜいたくに暮らす) □ a luxury like a large widescreen TV(大型ワイドスクリーン・テレビのようなぜいたく品)	□ In that country, a few enjoy luxury while many others suffer poverty.(その国では少数の人々がぜいたくを享受する一方、ほかの多くの人々は貧困にあえいでいる)
□ take out [file] a patent on the invention(その発明の特許を取る［申請する］)	□ The patent on the drug will run out in 2030.(その薬の特許は2030年に無効になる)

continued ▼

Check 1 Chants 》MP3-023

☐ 0185
suburb
/sʌ́bəːrb/
Part 7

▶ 名**郊外**、(the ～s)(集合的に)(大都市の)郊外(全体)、近郊(of ～)
形suburban：郊外の ▶

☐ 0186
conclusion
/kənklúːʒən/
Part 5, 6

▶ 名❶(～という)**結論**(that節 ～) ❷結末(≒end)(⇔beginning)
動conclude：❶～と結論する ❷～を(…で)終了させる(with . . .)
形conclusive：(証拠などが)決定的な ▶

☐ 0187
gratitude
/grǽtətjùːd/
Part 7

▶ 名(～への)**感謝の気持ち**、謝意(for ～)(⇔ingratitude：忘恩)
動gratify：(be gratified byで)～に喜んでいる
形grateful：(be grateful to A for Bで)AにBのことで感謝している ▶

☐ 0188
phase
/féiz/
Part 5, 6

▶ 名❶(発展・変化などの)**段階**、局面(of ～)(≒stage) ❷(発達段階における)一時期(≒period)
動❶(phase inで)～を段階的に導入する ❷(phase outで)～を段階的に廃止する ▶

☐ 0189
speculation
/spèkjuléiʃən/
Part 7

▶ 名❶(～についての)**推測**、推量(about [on] ～)(≒guess) ❷(～への)投機、思惑買い(in ～)
動speculate：❶～だと推測する ❷(speculate on [about]で)～について推測する ❸(speculate inで)(株など)に投機する ▶

☐ 0190
association
/əsòusiéiʃən/
Part 4

▶ 名❶(共通の目的のための)**協会**、団体(≒organization) ❷(～との)提携、つき合い(with ～)
名associate：同僚、仲間
動associate：(associate A with Bで)AをBと結びつけて考える、AからBを連想する ▶

☐ 0191
characteristic
/kæ̀riktərístik/
Part 4

▶ 名(通例～s)**特徴**、特性、特質
形❶典型[特徴]的な(≒typical) ❷(be characteristic ofで)～に特有[特徴的]である(≒be typical of, be unique to, be peculiar to, be proper to)
名character：❶性格、個性 ❷登場人物 ❸文字 ▶

☐ 0192
delivery
/dilívəri/
Part 2, 3

▶ 名**配達**
動deliver：❶～を(…に)配達する(to . . .) ❷(意見など)を述べる、(講演など)をする ▶

Day 11 》MP3-021
Quick Review
答えは右ページ下

☐ たる	☐ 冒険的事業	☐ 管理	☐ 通貨
☐ 小冊子	☐ 指針	☐ 景気後退	☐ 借金
☐ 特派員	☐ 市長	☐ 手数料	☐ 赤字
☐ 文書事務	☐ 雰囲気	☐ 部品	☐ 主導権

Check 2 Phrase

☐ a suburb of London（ロンドン郊外）
☐ move to the suburbs（郊外に引っ越す）

☐ come to the conclusion that ～（～という結論に達する）
☐ in conclusion（結論として、終わりに臨んで）

☐ owe a debt of gratitude to ～（～に恩がある）
☐ with gratitude（感謝して）

☐ in phases（段階的に）
☐ go through a difficult phase（難しい時期を経験する）

☐ wild [idle] speculation（いい加減な推測）
☐ on speculation（投機的に、思惑で）

☐ the National Education Association（[米国の]教育協会）
☐ in association with ～（～と提携して、～と共同で）

☐ physical characteristics（身体的特徴）

☐ mail deliveries（郵便配達）
☐ cash on delivery（代金着払い）
➕略語はCOD

Check 3 Sentence 》MP3-024

☐ They live in Long Island, a suburb of New York City.（彼らはニューヨーク市郊外のロングアイランドに住んでいる）

☐ They couldn't come to a conclusion at the meeting.（彼らは会議で結論に達することができなかった）

☐ I would like to express my gratitude for your cooperation.（皆さんのご協力に対して感謝申し上げます）

☐ The project is entering its final phase.（その計画は最終段階に入ろうとしている）

☐ The report is based on speculation rather than facts.（その報告書は事実よりもむしろ推測に基づいている）

☐ Myanmar is a member of ASEAN, the Association of Southeast Asian Nations.（ミャンマーはASEAN[東南アジア諸国連合]の加盟国だ）

☐ An important characteristic of good teachers is that they care about their students.（よい教師の重要な特徴は、彼らが生徒たちを気遣うということだ）

☐ The department store offers free delivery.（そのデパートでは無料配達を行っている）

Day 11 》MP3-021
Quick Review
答えは左ページ下

☐ barrel ☐ booklet ☐ correspondent ☐ paperwork
☐ venture ☐ guideline ☐ mayor ☐ atmosphere
☐ maintenance ☐ recession ☐ commission ☐ component
☐ currency ☐ debt ☐ deficit ☐ initiative

Chapter 1 Review

左ページの(1)〜(20)の名詞の同意・類義語（≒）を右ページのA〜Tから選び、カッコの中に答えを書き込もう。意味が分からないときは、見出し番号を参照して復習しておこう（答えは右ページ下）。

- □ (1) banquet (0005) ≒は? (　　)
- □ (2) reservation (0010) ≒は? (　　)
- □ (3) conference (0021) ≒は? (　　)
- □ (4) inquiry (0031) ≒は? (　　)
- □ (5) award (0034) ≒は? (　　)
- □ (6) personnel (0048) ≒は? (　　)
- □ (7) consent (0058) ≒は? (　　)
- □ (8) resident (0062) ≒は? (　　)
- □ (9) evaluation (0074) ≒は? (　　)
- □ (10) region (0079) ≒は? (　　)
- □ (11) achievement (0085) ≒は? (　　)
- □ (12) consequence (0086) ≒は? (　　)
- □ (13) portion (0101) ≒は? (　　)
- □ (14) critic (0105) ≒は? (　　)
- □ (15) perspective (0117) ≒は? (　　)
- □ (16) factor (0128) ≒は? (　　)
- □ (17) inspection (0134) ≒は? (　　)
- □ (18) output (0146) ≒は? (　　)
- □ (19) booklet (0162) ≒は? (　　)
- □ (20) phase (0188) ≒は? (　　)

A. district
B. result
C. booking
D. brochure
E. human resources
F. reviewer
G. assessment
H. production
I. feast
J. accomplishment
K. viewpoint
L. question
M. stage
N. part
O. convention
P. agreement
Q. inhabitant
R. element
S. prize
T. examination

【解答】(1) I (2) C (3) O (4) L (5) S (6) E (7) P (8) Q (9) G (10) A (11) J (12) B (13) N (14) F (15) K (16) R (17) T (18) H (19) D (20) M

CHAPTER 2
動詞：超必修96

Chapter 2では、TOEIC「超必修」の動詞96を身につけていきます。Chapter 1を終え、学習のペースもだいぶつかめてきたのでは？「800点突破」を目指して、このペースをキープしていきましょう。

TOEIC的格言

Failure teaches success.

失敗は成功の元。
［直訳］失敗が成功を教える。

Day 13 動詞1

Check 1 Chants 》MP3-025

□ 0193
enclose
/inklóuz/
Part 7

動❶～を(…に)**同封する**(with [in] . . .) ❷～を取り囲む
名enclosure：❶同封物、同封 ❷囲われた土地、構内

□ 0194
postpone
/poustpóun/
Part 4

動❶～を(…まで)**延期する**(until . . .)(≒put off, delay, defer) ❷(postpone doingで)～するのを延期する

□ 0195
revise
/riváiz/
Part 2, 3

動～を**修正**[改訂]**する**
名revision：修正、改訂

□ 0196
submit
/səbmít/
Part 2, 3

動❶～を(…に)**提出する**(to . . .) ❷(submit toで)～に従う
名submission：❶(報告書などの)提出 ❷(～への)服従、屈服(to ～)

□ 0197
anticipate
/æntísəpèit/
Part 5, 6

動❶～を**予想**[予期、期待]**する**(≒expect) ❷(要求など)に事前に応じる
名anticipation：予想、予測、期待

□ 0198
launch
/lɔ́:ntʃ/
Part 2, 3

動❶(事業など)**に着手する** ❷(新製品)を売り出す ❸(ロケットなど)を打ち上げる
名❶(事業などの)開始 ❷(新製品などの)発売 ❸(ロケットなどの)発射

□ 0199
purchase
/pə́:rtʃəs/
Part 4

動～を**購入する**、買う(≒buy)
名❶購入 ❷購入品

□ 0200
implement
/ímpləmènt/
❶発音注意
Part 4

動(計画・約束など)**を実行**[履行]**する**(≒carry out)
名(/ímpləmənt/)道具、用具(≒tool, instrument, utensil)
名implementation：実行、実施、履行

continued ▼

Chapter 2では、6日をかけて「超必修」の動詞96をチェック。まずはチャンツを聞いて、単語を「耳」からインプット！

□ 聞くだけモード Check 1
□ しっかりモード Check 1 ▸ 2
□ かんぺきモード Check 1 ▸ 2 ▸ 3

Check 2 Phrase	Check 3 Sentence 》MP3-026
□ Enclosed please find ~.（[商用文で]～を同封しました） □ be enclosed by a wall（壁で囲まれている）	□ Please enclose your résumé with your application.（履歴書を願書に同封してください）
□ postpone the game until tomorrow（その試合を明日まで延期する） □ postpone replying to the question（その質問への回答を先延ばしする）	□ We postponed the next meeting until next week.（私たちは次の会議を来週まで延期した）
□ revise a policy（政策を修正する） □ revise the estimate upward [downward]（見積もりを上方[下方]修正する）	□ Your report needs to be revised.（あなたの報告書は修正が必要だ）
□ submit an annual budget to the board of directors（年間予算案を取締役会に提出する） □ submit to the rules（規則に従う）	□ Have you submitted that report to your boss?（あの報告書を上司に提出しましたか？）
□ anticipate what will happen（何が起きるか予想する） □ anticipate someone's question（質問を見越して答える）	□ The company is anticipating an increase in revenue this year.（その会社は今年の収益の増加を予想している）
□ launch a new business（新事業に着手する） □ launch new cars（新車を発売する）	□ Police have launched a search for a missing girl.（警察は行方不明の少女の捜索に乗り出した）
□ purchase a new car（新車を買う）	□ Compare prices before purchasing anything.（何かを買う前には価格を比較しなさい）
□ implement a contract [plan]（契約[計画]を実行する）	□ Safety measures have been implemented in most airports.（安全対策がほとんどの空港で実施されている）

continued ▼

Check 1 Chants MP3-025

□ 0201 **distribute** /distríbjuːt/ ❶アクセント注意 Part 5, 6	動 **〜を**(…に)**配給**[分配]**する**(to . . .) 名distribution:❶分配、配給、(商品の)流通 ❷(動植物などの)分布 名distributor:販売代理店、卸売業者、配給[流通]業者
□ 0202 **indicate** /índikèit/ Part 5, 6	動 **〜を示す**、表す 名indication:(〜の/…という)兆候、しるし(of 〜/that節 . . .)
□ 0203 **stack** /stǽk/ Part 1	動 **〜を積み重ねる**(≒pile) 名 きちんとした積み重ね、(a stack of 〜で)〜の山、多数[多量]の〜
□ 0204 **withdraw** /wiðdrɔ́ː/ Part 2, 3	動 ❶(預金など)**を**(…から)**引き出す**(from . . .)(⇔deposit:〜を預金する) ❷〜を撤回する(≒take back) ❸(〜から)退く、撤退する(from 〜) 名withdrawal:❶預金の引き出し ❷撤退、撤兵 ❸(約束などの)撤回
□ 0205 **renew** /rinjúː/ Part 2, 3	動 ❶(契約など)**を更新する** ❷〜を再開する(≒resume) 名renewal:❶更新 ❷再開、再生、再建
□ 0206 **assume** /əsjúːm/ Part 5, 6	動 ❶**〜だと想定**[仮定]**する** ❷(役目・責任など)を引き受ける(≒undertake) 名assumption:想定、仮定、思い込み
□ 0207 **modify** /mɑ́dəfài/ Part 5, 6	動 **〜を修正する**、変更する(≒change) 名modification:❶修正、変更 ❷緩和
□ 0208 **inspect** /inspékt/ Part 1	動 **〜を検査**[調査]**する**(≒examine) 名inspection:視察、調査、監査 名inspector:検査[調査]官

Day 12 MP3-023
Quick Review
答えは右ページ下

□ 目標	□ 崩壊	□ 郊外	□ 推測
□ 参加者	□ 革新	□ 結論	□ 協会
□ 年金	□ ぜいたくさ	□ 感謝の気持ち	□ 特徴
□ 知人	□ 特許	□ 段階	□ 配達

Check 2 Phrase

Check 3 Sentence MP3-026

□ distribute food and clothing to the refugees（難民たちに食料と衣服を配給する）
▶ □ The agenda was distributed to each participant prior to the meeting.（会議の前に議事項目が各出席者に配られた）

□ indicate a connection between crime and poverty（［調査などが］犯罪と貧困の関係を示す）
▶ □ These statistics indicate that the US economy is in a recession.（これらの統計はアメリカ経済が景気後退にあることを示している）

□ stack the books [chairs]（本［いす］を積み重ねる）
▶ □ The plates are stacked on the table.（テーブルの上に皿が積み重ねられている）

□ withdraw some money from an account（口座からお金を引き出す）
□ withdraw one's previous statement（前言を撤回する）
▶ □ I withdrew $2,000 to buy a new PC.（新しいパソコンを買うために私は2000ドルを引き出した）

□ renew one's contract（契約を更新する）
□ renew peace talks（和平交渉を再開する）
▶ □ I forgot to renew my driver's license.（私は運転免許証を更新するのを忘れた）

□ Let's assume that ～.（～だと想定してみよう）
□ assume responsibility for it（その責任を取る）
▶ □ It is assumed that the CEO will resign soon.（そのCEOは近いうちに辞任すると考えられている）

□ modify the schedule（予定を変更する）
□ genetically modified food（遺伝子組み換え食品）
▶ □ The architect modified the design according to the client's wishes.（その建築士は顧客の要望に従って設計図を修正した）

□ inspect a car for damage（損傷がないか車を検査する）
▶ □ The man is inspecting the machine.（男性は機械を検査している）

Day 12 MP3-023
Quick Review
答えは左ページ下

□ objective	□ collapse	□ suburb	□ speculation
□ participant	□ innovation	□ conclusion	□ association
□ pension	□ luxury	□ gratitude	□ characteristic
□ acquaintance	□ patent	□ phase	□ delivery

Day 14 動詞2

Check 1 Chants 》MP3-027

☐ 0209
organize
/ɔ́ːrgənàiz/
Part 2, 3

動❶(催しなど)**を計画**[準備]**する** ❷(団体など)を組織する
名organization：組織(体)、団体

☐ 0210
recruit
/rikrúːt/
❶定義注意
Part 7

動(新入社員・新兵など)**を募集**[採用]**する**
名❶新入社員 ❷新兵

☐ 0211
acquire
/əkwáiər/
Part 5, 6

動❶**～を獲得**[入手]**する**(≒get, gain, obtain)、～を買収する ❷(知識など)を習得する
名acquisition：❶(会社などの)買収、獲得、入手 ❷(言語運用能力の)習得

☐ 0212
assemble
/əsémbl/
Part 1

動❶(機械など)**を組み立てる**(≒put together) ❷集まる ❸～を集める(≒gather)
名assembly：❶(機械の)組み立て(作業) ❷集会、会合

☐ 0213
expand
/ikspǽnd/
Part 5, 6

動❶**～を拡大**[拡張]**する** ❷拡大[拡張]する
名expansion：拡大、拡張

☐ 0214
install
/instɔ́ːl/
Part 1

動❶**～を取りつける**、設置する(≒put in) ❷～を(…に)任命する(as . . .)(≒appoint) ❸～をインストールする
名installation：❶(機械などの)取りつけ、設置 ❷就任[任命](式) ❸インストール

☐ 0215
obtain
/əbtéin/
Part 5, 6

動 **～を獲得する**、手に入れる(≒get, gain, acquire)

☐ 0216
adjust
/ədʒʌ́st/
Part 1

動❶(機械など)**を調節**[整備]**する** ❷(adjust A to Bで)AをBに合わせる、適合させる ❸(adjust toで)(環境など)に適応[順応]する
名adjustment：❶調整、調節 ❷適応
形adjustable：調節[調整]できる

continued ▼

今日で『キクタンTOEIC L&Rテスト SCORE 800』はようやく5分の1が終了。先はまだまだ長いけど、このペースで頑張っていこう！

□ 聞くだけモード　Check 1
□ しっかりモード　Check 1 ▸ 2
□ かんぺきモード　Check 1 ▸ 2 ▸ 3

Check 2 Phrase	Check 3 Sentence MP3-028
□ organize a farewell party（送別会を計画する） □ organize a labor union（労働組合を組織する）	□ Who is in charge of organizing the company picnic this year?（今年、会社のピクニックの計画を担当するのは誰ですか？）
□ recruit volunteers（ボランティアを募集する）	□ The company will recruit 100 new employees next year.（その会社は来年、100人の新入社員の採用を予定している）
□ acquire a reputation（名声を得る） □ acquire language skills（語学力を習得する）	□ She acquired US citizenship last year.（彼女は昨年、アメリカ国籍を得た）
□ assemble a radio（ラジオを組み立てる） □ assemble in the meeting room（会議室に集まる）	□ The man is assembling the bookcase.（男性は本箱を組み立てている）
□ expand business（事業を拡張する） □ expand rapidly（［人口などが］急速に増加する）	□ The company plans to expand operations in Japan.（その会社は日本での事業を拡大することを計画している）
□ install a washing machine（洗濯機を取りつける） □ install him as ambassador to the UN（彼を国連大使に任命する）	□ The man is installing lighting.（男性は照明を取りつけている）
□ obtain permission（許可を得る）	□ You must obtain a visa to enter the country.（その国に入国するにはビザを取らなくてはならない）
□ adjust the temperature（温度を調節する） □ adjust the chair to knee height（いすをひざの高さに合わせる）	□ The man is adjusting the machine.（男性は機械を調節している）

continued ▼

Check 1　Chants 》MP3-027

□ 0217 **appreciate** /əpríːʃièit/ Part 2, 3	動❶**～を感謝する**　❷～を正当に評価する　❸価格[相場]が上がる(⇔depreciate) 名appreciation：❶感謝　❷(～の)正しい理解(of ～)　❸(資産などの)値上がり、騰貴
□ 0218 **decline** /dikláin/ Part 5, 6	動❶**減少**[低下]**する**(≒decrease)　❷～を断る(≒refuse, turn down)(⇔accept)　❸(decline to doで)～することを断る 名減少、低下
□ 0219 **fasten** /fǽsn/ ❗発音注意 Part 4	動**～をしっかり固定する**、～を結びつける(⇔unfasten：～を外す、ほどく)
□ 0220 **restore** /ristɔ́ːr/ Part 5, 6	動❶**～を修復**[復元]**する**(≒repair, fix, mend)　❷(信頼など)を取り戻す 名restoration：❶回復　❷修復　❸返還
□ 0221 **ensure** /inʃúər/ Part 5, 6	動**～を保証する**、確実にする　➕insure(～に保険をかける)と混同しないように注意
□ 0222 **overlook** /òuvərlúk/ Part 1	動❶(場所が)**～を見渡せる**、見下ろせる　❷～を見落とす(≒miss)、～を大目に見る(≒ignore)
□ 0223 **prohibit** /prouhíbit/ Part 7	動❶**～を禁止する**(≒forbid, ban)　❷(prohibit A from doingで)Aが～するのを禁止する(≒ban A from doing, forbid A to do)、Aが～するのを妨げる(≒stop A from doing, keep A from doing, prevent A from doing) 名prohibition：(～の)禁止(against [on, of] ～)
□ 0224 **recall** /rikɔ́ːl/ Part 4	動❶(不良品など)**を回収する**　❷～を思い出す(≒remember, recollect) 名❶(欠陥商品の)回収、リコール　❷思い出す能力

Day 13 》MP3-025
Quick Review
答えは右ページ下

□ ～を同封する	□ ～を予想する	□ ～を配給する	□ ～を更新する
□ ～を延期する	□ ～に着手する	□ ～を示す	□ ～だと想定する
□ ～を修正する	□ ～を購入する	□ ～を積み重ねる	□ ～を修正する
□ ～を提出する	□ ～を実行する	□ ～を引き出す	□ ～を検査する

Check 2 Phrase

Check 3 Sentence ⟫ MP3-028

Check 2	Check 3
□ appreciate his cooperation（彼の協力に感謝する） □ appreciate her abilities（彼女の才能を正当に評価する）	□ I'd appreciate it if you could help me.（手伝っていただけるとありがたいです）
□ decline in value（価値が下がる） □ decline his invitation to dinner（夕食への彼の招待を断る）	□ Car sales declined nearly 10 percent this year.（自動車販売は今年10パーセント近く減少した）
□ fasten a string to a balloon（風船にひもを結びつける）	□ Please make sure your seat belt is properly fastened.（シートベルトが正しく締められているかお確かめください）➕機内アナウンス
□ restore an old church（古い教会を修復する） □ restore public confidence（国民の信頼を取り戻す）	□ The medieval painting was restored to its original state.（その中世の絵画は元の状態に修復された）
□ ensure safety（安全性を保証する） □ ensure that ～（～ということを保証する）	□ The government has a responsibility for ensuring law and order.（政府は治安を保証する責任がある）
□ overlook mountains（山々が見渡せる） □ overlook his mistakes（彼の間違いを見落とす［大目に見る］）	□ The building overlooks the beach.（そのビルからは海岸が見下ろせる）
□ prohibit the selling of pirated CDs（海賊版CDの販売を禁止する） □ prohibit him from driving a car（彼に車の運転を禁止する）	□ Parking in this area is strictly prohibited.（この地域での駐車は厳しく禁止されている）
□ recall defective products（欠陥商品を回収する） □ recall meeting him（彼に会ったことを思い出す）	□ The food company recalled some of its canned goods because of the risk of food poisoning.（その食品会社は食中毒の危険があるため、自社製の缶詰商品の一部を回収した）

Day 13 ⟫ MP3-025
Quick Review
答えは左ページ下

□ enclose	□ anticipate	□ distribute	□ renew
□ postpone	□ launch	□ indicate	□ assume
□ revise	□ purchase	□ stack	□ modify
□ submit	□ implement	□ withdraw	□ inspect

Day 15 動詞3

Check 1 Chants 》MP3-029

□ 0225
analyze
/ǽnəlàiz/
Part 5, 6

動 **～を分析する**(⇔synthesize：～を総合する)
名analysis：(～の)分析(of ～)
名analyst：分析家、アナリスト、(情勢などの)解説者
形analytical：分析の、分析的な

□ 0226
evaluate
/ivǽljuèit/
Part 2, 3

動 **～を評価する**(≒assess, appraise)
名evaluation：評価、査定

□ 0227
accommodate
/əkámədèit/
Part 7

動❶(建物などが)(人)**を収容できる** ❷(要求など)を受け入れる(≒accept)
名accommodation：(通例～s)宿泊設備

□ 0228
promote
/prəmóut/
Part 4

動❶**～を**(…に)**昇進させる**(to . . .)(⇔demote：～を降格する) ❷～の販売を促進する、～の宣伝活動をする
名promotion：❶(～への)昇進(to ～) ❷販売促進
形promotional：宣伝[プロモーション](用)の

□ 0229
affect
/əfékt/
Part 5, 6

動 **～に影響を及ぼす**(≒influence) ➕effect(結果)と混同しないように注意
名affection：(～に対する)愛情、愛着(for ～)

□ 0230
generate
/dʒénərèit/
Part 5, 6

動 **～を生み出す**、発生させる(≒produce)
名generation：❶(集合的に)同世代の人々 ❷一世代 ❸発生
名generator：発電機

□ 0231
pursue
/pərsjú:/
Part 5, 6

動❶(目的など)**を追求する**、(仕事など)を続行する ❷～を追う(≒chase)
名pursuit：(～の)追求(of ～)、追跡

□ 0232
resume
/rizú:m/
Part 5, 6

動❶**～を再開する** ❷再開する
名resumption：再開

continued ▼

1つの単語には1つの品詞の用法しかないとは限らない。複数の品詞の用法がある場合には、その意味もなるべく確認しておこう。

□ 聞くだけモード　Check 1
□ しっかりモード　Check 1 ▸ 2
□ かんぺきモード　Check 1 ▸ 2 ▸ 3

Check 2　Phrase	Check 3　Sentence 》MP3-030
□ analyze the statistics（統計を分析する）	□ The researcher analyzed economic growth and income inequality in China.（その研究者は中国の経済成長と所得格差を分析した）
□ evaluate her work（彼女の仕事を評価する）	□ How do you evaluate the employees' abilities?（従業員の能力をどのように評価しますか？）
□ accommodate 500 people（［ホテルなどが］500人を収容できる） □ accommodate his request（彼の要望を受け入れる）	□ The bus accommodates up to 30 passengers.（そのバスは30人まで乗客を乗せることができる）
□ promote him to vice president（彼を副社長に昇進させる） □ promote new products（新製品の販売促進をする）	□ She was promoted to sales manager last year.（彼女は昨年、営業部長に昇進した）
□ affect someone's health（健康に影響を及ぼす） □ directly [deeply] affect ～（～に直接的に［深く］影響を及ぼす）	□ The coastal area was severely affected by the hurricane.（沿岸地域はハリケーンにより深刻な影響を受けた）
□ generate revenue（収益を生み出す） □ generate electricity（電気を発生させる）	□ The project will generate 2,000 new jobs in the area.（そのプロジェクトは地域に2000人分の新しい仕事を生み出すだろう）
□ pursue one's goal（目標を追い求める） □ pursue the suspect（容疑者を追跡する）	□ She decided to pursue a career in journalism.（彼女はジャーナリズムの道に進むことを決心した）
□ resume the meeting after a break（休憩の後に会議を再開する）	□ The six-party talks were resumed after almost a year.（ほぼ1年の中断の後、6カ国協議が再開された）

continued
▼

Check 1　Chants 》MP3-029

□ 0233
boost
/bú:st/
Part 2, 3
▸
動❶(生産など)**を増加させる**　❷(士気など)を高める　❸～を押し上げる
名❶(物価などの)上昇　❷景気づけ
▸

□ 0234
suspend
/səspénd/
Part 5, 6
▸
動❶**～を一時停止**[中止]**する**　❷～を(…から)停学[停職、出場停止]にする(from . . .)　❸～をつるす
名suspension：❶(活動などの)一時停止、中止(of ～)　❷停職、停学、出場停止
名suspense：懸念、不安、気掛かり
▸

□ 0235
acknowledge
/æknálidʒ/
Part 5, 6
▸
動❶(過失など)**を認める**(≒admit, accept)(⇔deny)　❷(手紙など)を受け取ったことを知らせる
名acknowledgement：❶承認　❷感謝、(～s)謝辞
▸

□ 0236
investigate
/invéstəgèit/
❶アクセント注意
Part 4
▸
動**～を**(詳細に)**調査する**、取り調べる
名investigation：(～の)調査、捜査(into [of] ～)
名investigator：調査員、(犯罪の)調査官
▸

□ 0237
resign
/rizáin/
Part 4
▸
動❶(地位などを)**辞任**[辞職]**する**(from ～)(≒retire)　❷(地位など)を辞める
名resignation：❶辞職、辞任　❷辞表
▸

□ 0238
restrict
/ristríkt/
Part 5, 6
▸
動**～を**(…に)**制限**[限定]**する**(to . . .)(≒limit, confine)
名restriction：(～に対する)制限、制約、限定(on ～)
形restricted：(～に)制限された、限られた(to ～)
▸

□ 0239
negotiate
/nigóuʃièit/
Part 7
▸
動❶(～と／…のことで)**交渉する**(with ～/for [about, over] . . .)　❷(契約など)を(…と)取り決める(with . . .)
名negotiation：(～に関する)交渉、話し合い(on ～)
形negotiable：交渉の余地がある
▸

□ 0240
predict
/pridíkt/
Part 5, 6
▸
動**～を予測**[予言、予想]**する**(≒foretell)
名prediction：(～についての)予測、予報、予言、予想(about [of] ～)
形predictable：予測できる
▸

Day 14 》MP3-027
Quick Review
答えは右ページ下

□ ～を計画する	□ ～を拡大する	□ ～を感謝する	□ ～を保証する
□ ～を募集する	□ ～を取りつける	□ 減少する	□ ～を見渡せる
□ ～を獲得する	□ ～を獲得する	□ ～をしっかり固定する	□ ～を禁止する
□ ～を組み立てる	□ ～を調節する	□ ～を修復する	□ ～を回収する

Check 2 Phrase

Check 3 Sentence 》MP3-030

Check 2 Phrase	Check 3 Sentence
□ boost productivity（生産力を増加させる） □ boost morale（士気を高める）	□ Low mortgage rates will help boost home sales.（住宅ローンの低利率は住宅販売の増加に役立つだろう）
□ suspend payment（支払いを一時停止する） □ suspend the student for 10 days（その生徒を10日間停学にする）	□ The game was suspended due to darkness.（その試合は日没のため一時中止となった）
□ acknowledge one's shortcomings（欠点を認める） □ acknowledge receipt of ～（～を受け取ったことを知らせる）	□ He acknowledged having lied.（彼はうそをついたことを認めた）
□ investigate the murder（その殺人事件を調査する） □ investigate the suspect（その容疑者を取り調べる）	□ Police are investigating the cause of the fire.（警察はその火事の原因を調査中だ）
□ resign from the company（その会社を辞める） □ resign one's position as sales manager（販売部長の職を辞する）	□ Did you know Mr. Tanaka resigned yesterday?（タナカさんが昨日辞職したことを知っていましたか？）
□ restrict freedom of expression（表現の自由を制限する）	□ Speed is restricted to 25 mph in school zones.（スクールゾーンでは速度は時速25マイルに制限されている）
□ sit at the negotiating table（交渉のテーブルにつく） □ negotiate a ceasefire with ～（～との停戦を取り決める）	□ The management refused to negotiate with the union.（経営陣は労働組合と交渉することを拒んだ）
□ predict an increase in temperature（気温の上昇を予測する）	□ It is difficult to predict when an earthquake will occur.（地震がいつ起きるか予測するのは難しい）

Day 14 》MP3-027
Quick Review
答えは左ページ下

□ organize	□ expand	□ appreciate	□ ensure
□ recruit	□ install	□ decline	□ overlook
□ acquire	□ obtain	□ fasten	□ prohibit
□ assemble	□ adjust	□ restore	□ recall

Day 16 動詞4

Check 1 Chants 》MP3-031

□ 0241
demonstrate
/démənstrèit/
❶アクセント注意
Part 5, 6

動❶**～を証明**[実証]**する**(≒prove) ❷(商品)を実演する ❸(～に反対の)デモをする(against ～)
名demonstration：❶(～に反対の)デモ(against ～) ❷(商品の)実演
名demonstrator：❶デモ参加者 ❷実演する人

□ 0242
reach
/ríːtʃ/
❶定義注意
Part 4

動❶(電話などで)**～と連絡を取る**(≒contact) ❷～に着く、到着する(≒arrive at) ❸～に達する ❹(reach forで)～を取ろうと手を伸ばす ➕この意味ではPart 1で頻出
名届く範囲[距離]

□ 0243
fix
/fíks/
Part 1

動❶**～を修理する**(≒repair, mend) ❷(会合などの)(日時など)を決める(for . . .)(≒set, determine)
形fixed：(金額などが)固定した、一定の、決められた

□ 0244
authorize
/ɔ́ːθəràiz/
Part 4

動❶**～を認可**[認定、公認]**する**(≒approve) ❷(authorize A to doで)Aに～する権限[許可]を与える
名authority：❶(～に対する)権威、権力(over ～) ❷(～する)権限(to do) ❸(the ～ies)当局
名authorization：認可、公認、許可

□ 0245
conclude
/kənklúːd/
Part 4

動❶**～と結論する** ❷～を(…で)終了させる(with . . .)(≒finish, end)
名conclusion：❶(～という)結論(that節 ～) ❷結末
形conclusive：(証拠などが)決定的な

□ 0246
fold
/fóuld/
Part 1

動❶**～を折り畳む**(⇔unfold：[折り畳んだ物など]を開く、広げる) ❷(腕など)を組む

□ 0247
overcome
/òuvərkʌ́m/
Part 5, 6

動(困難など)**を克服する**、～に打ち勝つ(≒defeat)

□ 0248
assess
/əsés/
Part 7

動❶**～を評価する**(≒evaluate, appraise) ❷～を(…と)査定する(at . . .)
名assessment：❶評価 ❷査定

continued ▼

「声を出しながら」音声を聞いてる？　えっ、恥ずかしい?!　恥ずかしがっていては「話せる」ようにはならないよ！　ガンバって！

□ 聞くだけモード　Check 1
□ しっかりモード　Check 1 ▶ 2
□ かんぺきモード　Check 1 ▶ 2 ▶ 3

Check 2 Phrase		Check 3 Sentence 》MP3-032
□ demonstrate one's ability（能力を証明する） □ demonstrate a new product（新製品の実演をする）	▶	□ The study demonstrates the link between poverty and violence.（その研究は貧困と暴力の関連を証明している）
□ reach her on the phone（電話で彼女と連絡を取る） □ reach Tokyo（東京に到着する）	▶	□ You can reach us by phone, by fax, or by e-mail.（当社へは電話、ファクス、または電子メールでご連絡いただけます）
□ fix a car（車を修理する） □ fix a date for the next meeting（次の会議の日を決める）	▶	□ The man is fixing a computer.（男性はコンピューターを修理している）
□ authorize the plan（その計画を認可する） □ authorize police officers to carry weapons（警官に武器を携帯する権限を与える）	▶	□ His proposal was authorized by the board of directors.（彼の提案は取締役会で承認された）
□ conclude that the defendant is innocent（被告は無罪だと結論を下す） □ conclude one's work（仕事を終える）	▶	□ It is too early to conclude that the domestic economy has moved into recovery.（国内経済が回復しだしたと結論するのは時期尚早だ）
□ fold a handkerchief（ハンカチを折り畳む） □ fold one's arms（腕を組む）	▶	□ The woman is folding a sheet of paper.（女性は紙を折り畳んでいる）
□ overcome difficulties（難局を克服する） □ overcome one's fear（恐怖に打ち勝つ）	▶	□ The two countries managed to overcome their differences.（両国はどうにか意見の相違を克服できた）
□ assess his performance（彼の実績を評価する） □ assess the house at $1 million（その家を100万ドルと査定する）	▶	□ Examinations are not the only method of assessing students' abilities.（試験は生徒の能力を評価する唯一の方法ではない）

continued ▼

Check 1 Chants 》 MP3-031

□ 0249
eliminate
/ilímənèit/
Part 7

動 **～を**(…から)**除去**[削除、排除]**する**(from . . .)(≒exclude)
名 elimination：(～からの)除去、削除、排除(from ～)

□ 0250
imply
/implái/
Part 4

動 **～をほのめかす**、暗示する(≒infer)
名 implication：❶言外の意味、含み ❷(通例～s)(予想される)(～の)影響、結果(of ～)

□ 0251
preserve
/prizə́:rv/
Part 5, 6

動 **～を**(…から)**保護**[保存]**する**(from . . .)(≒conserve) ➕reserve(～を予約する)と混同しないように注意
名 preservation：保存、保護、維持
名 preservative：保存料、防腐剤

□ 0252
depart
/dipɑ́:rt/
Part 2, 3

動 (～から／…へ向けて)**出発する**(from ～/for . . .)(≒leave)(⇔arrive)
名 departure：(～からの／…へ向けての)出発(from ～/for . . .)

□ 0253
reveal
/rivíːl/
Part 7

動 (秘密など)**を明らかにする**、暴露する(≒disclose, expose, uncover)(⇔conceal：～を秘密にする)
名 revelation：❶(～に関する)意外な新事実、思いがけないこと ❷(～の)暴露(of ～)

□ 0254
seal
/sí:l/
Part 1

動 ❶(封筒など)**に封をする** ❷(容器など)を密閉[密封]する
名 封印剤[テープ]

□ 0255
calculate
/kǽlkjulèit/
Part 4

動 ❶**～を計算する**、算出する(≒count) ❷～を推定[判断]する
名 calculation：計算
名 calculator：電卓、計算器

□ 0256
monitor
/mɑ́nətər/
❗定義注意
Part 5, 6

動 **～を監視する**
名 ❶(コンピューターの)モニター、ディスプレー ❷監視装置

Day 15 》MP3-029
Quick Review
答えは右ページ下

□ ～を分析する
□ ～を評価する
□ ～を収容できる
□ ～を昇進させる
□ ～に影響を及ぼす
□ ～を生み出す
□ ～を追求する
□ ～を再開する
□ ～を増加させる
□ ～を一時停止する
□ ～を認める
□ ～を調査する
□ 辞任する
□ ～を制限する
□ 交渉する
□ ～を予測する

Check 2 Phrase

Check 3 Sentence 》MP3-032

□ eliminate poverty from the world（世界から貧困をなくす）
□ eliminate the possibility that ~（～という可能性を排除する）
▸ □ The car maker will eliminate 10,000 jobs over the next two years.（その自動車メーカーは今後2年で1万人の社員の削減を予定している）

□ imply one's resignation（辞職をほのめかす）
□ Are you implying (that) ~?（～とでも言いたいのですか？）
▸ □ The prime minister implied that a general election would be held soon.（近いうちに総選挙が行われることを首相は示唆した）

□ preserve the environment（自然環境を保護する）
▸ □ It is important to preserve our natural resources.（私たちの天然資源を守ることが大切だ）

□ depart from New York to Paris（ニューヨークからパリへ出発する）
▸ □ All passengers departing for London on Flight BA182 should go to Gate 17.（BA182便でロンドンへ出発されるお客さまは17番ゲートへお進みください）➕空港のアナウンス

□ reveal secrets（秘密を明らかにする）
▸ □ Prosecutors revealed new evidence in court.（検察側は法廷で新しい証拠を明らかにした）

□ seal an envelope（封筒に封をする）
□ seal an opening（すき間をふさぐ）
▸ □ He's sealing a box.（彼は箱に封をしている）

□ calculate the damages（損害額を算出する）
□ calculate when the project will finish（プロジェクトがいつ終わるか推定する）
▸ □ Computers can calculate incredibly complex calculations in a second.（コンピューターは信じられないほど複雑な計算をすぐにすることができる）

□ monitor the patient's condition（患者の状態を監視する）
▸ □ Security cameras monitor the whole of the office.（防犯カメラはオフィス全体を監視している）

Day 15 》MP3-029
Quick Review
答えは左ページ下

□ analyze	□ affect	□ boost	□ resign
□ evaluate	□ generate	□ suspend	□ restrict
□ accommodate	□ pursue	□ acknowledge	□ negotiate
□ promote	□ resume	□ investigate	□ predict

Day 17 動詞5

Check 1 Chants 》MP3-033

□ 0257
double
/dʌ́bl/
Part 5, 6

動❶～を2倍にする ❷2倍になる
名2倍
形2倍の
副2倍に、2重に

□ 0258
guarantee
/gæ̀rəntíː/
❗アクセント注意
Part 5, 6

動～を保証する
名(～の)保証(書)(on [for] ～)(≒warranty)

□ 0259
specify
/spésəfài/
Part 5, 6

動～を明確に述べる、明記する、指定する
名specification：(通例～s)仕様書、設計明細書
名specific：(～s)詳細
形specific：❶特定の ❷明確な ❸(～に)特有[固有]の(to ～)

□ 0260
retain
/ritéin/
Part 5, 6

動❶～を保持[維持]する、～を持ち続ける ❷～を記憶しておく
名retention：保持、維持、保有

□ 0261
accomplish
/əkɑ́mpliʃ/
Part 7

動(仕事など)を成し遂げる、完遂[成就]する(≒achieve)
名accomplishment：❶業績、功績、実績 ❷完成、成就、達成

□ 0262
extend
/iksténd/
Part 5, 6

動❶～を延長する ❷～を拡張する
名extension：❶(電話の)内線 ❷延期 ❸拡張
形extensive：❶(調査などが)広範囲にわたる ❷(損害などが)大規模な、甚だしい
副extensively：広範囲に、広く

□ 0263
harvest
/hɑ́ːrvist/
Part 1

動～を収穫する
名❶収穫 ❷収穫物 ❸収穫期

□ 0264
advertise
/ǽdvərtàiz/
❗アクセント注意
Part 2, 3

動❶～を宣伝[広告]する ❷(～を求める)広告を出す(for ～)
名advertisement：広告、宣伝
名advertising：❶(集合的に)広告 ❷広告業
形advertising：広告の

continued ▼

Quick Reviewは使ってる？　昨日覚えた単語でも、記憶に残っているとは限らない。学習の合間に軽くチェックするだけでも効果は抜群！

□ 聞くだけモード　Check 1
□ しっかりモード　Check 1 ▸ 2
□ かんぺきモード　Check 1 ▸ 2 ▸ 3

Check 2　Phrase	Check 3　Sentence 》MP3-034
□ double the number of employees（従業員数を2倍にする） □ double in price（価格が2倍になる）	□ The company is planning to double revenues within three years.（その会社は3年以内に収益を2倍にすることを計画している）
□ guarantee health care to all citizens（医療を全国民に保証する） □ guarantee him a job（彼に職を保証する）	□ The product is guaranteed for five years.（その製品は5年間保証されている）
□ specify the date of delivery（配達日を明記する）	□ He didn't specify when he would retire.（彼はいつ退職するかはっきりと述べなかった）
□ retain ownership of ～（～の所有権を保持している） □ retain information（情報を記憶しておく）	□ He will retain rights to the property.（彼はその財産の所有権を維持する予定だ）
□ accomplish the task（その仕事をやり遂げる） □ accomplish one's purpose（目的を達成する）	□ Professor Wise has accomplished much in the field of education.（ワイズ教授は教育の分野で多くの業績を残した）
□ extend one's stay in Sydney（シドニーでの滞在を延長する） □ extend one's house（自宅の建て増しをする）	□ You need to extend your visa to continue your studies here.（ここでの学業を続けるためには、あなたはビザを延長する必要がある）
□ harvest rice [wheat]（米［小麦］を収穫する）	□ The farmer is harvesting crops.（農夫が作物を収穫している）
□ advertise a house for sale（売り家の広告を出す） □ advertise for a sales manager（販売部長の募集広告を出す）	□ We advertised our products in the newspaper.（私たちは当社の製品の新聞広告を出した）

continued
▼

Check 1 Chants))) MP3-033

□ 0265 **consult** /kənsʌ́lt/ Part 4	動❶**〜に助言**[意見、情報]**を求める** ❷(本など)を調べる ❸(consult withで)〜と話し合う、相談する 名consultation:(〜との/…についての)相談、協議(with 〜/on [about] . . .) 名consultant:(会社などの)コンサルタント、顧問
□ 0266 **involve** /inválv/ Part 7	動❶**〜を**(議論などに)**巻き込む**(in . . .) ❷(be involved inで)〜に参加している、〜と関係している 名involvement:(〜への)関与、参加(in 〜)
□ 0267 **sponsor** /spánsər/ Part 7	動(催しなど)**を後援**[主催]**する** 名(番組などの)スポンサー、広告主 名sponsorship:後援、主催
□ 0268 **decorate** /dékərèit/ Part 1	動**〜を**(…で)**飾る**(with . . .)(≒ornament, adorn) 名decoration:❶(通例〜s)装飾物 ❷装飾 形decorative:装飾(用)の
□ 0269 **house** /háuz/ ❗定義注意 ❗発音注意 Part 4	動❶**〜を収容する** ❷〜に住居を供給する 名(/háus/)家 名housing:❶(集合的に)住宅、家 ❷住宅供給
□ 0270 **water** /wɔ́:tər/ ❗定義注意 Part 1	動**〜に水をまく**、かける 名水
□ 0271 **locate** /lóukeit/ ㋑/loukéit/ ❗アクセント注意 Part 4	動❶(場所・原因など)**を突き止める**、探し出す ❷(be located in [at]で)(建物などが)〜に位置する、ある 名location:場所、位置
□ 0272 **register** /rédʒistər/ Part 2, 3	動❶**〜を**(…として)**登録**[記録]**する**(as . . .)(≒record) ❷(郵便物)を書留にする ❸(register forで)〜の入学[受講]手続きをする 名登録[記録](簿) 名registration:登録、登記、記録

Day 16))) MP3-031
Quick Review
答えは右ページ下

□ 〜を証明する	□ 〜と結論する	□ 〜を除去する	□ 〜を明らかにする
□ 〜と連絡を取る	□ 〜を折り畳む	□ 〜をほのめかす	□ 〜に封をする
□ 〜を修理する	□ 〜を克服する	□ 〜を保護する	□ 〜を計算する
□ 〜を認可する	□ 〜を評価する	□ 出発する	□ 〜を監視する

Check 2 Phrase

Check 3 Sentence))) MP3-034

□ consult a lawyer(弁護士に助言を求める)
□ consult a map(地図を調べる)

□ For further information on vaccinations, consult your doctor or pharmacist.(予防接種に関するさらなる情報については、かかりつけの医師または薬剤師にご相談ください)

□ involve him in the discussion(彼をその議論に巻き込む)
□ be involved in political activities(政治活動に参加している)

□ I don't want to get involved in an argument with him.(私は彼との論争に巻き込まれたくない)

□ sponsor an event(イベントを後援する)

□ A local bank sponsored the free concert.(地元の銀行がその無料コンサートを後援した)

□ decorate a room with balloons(部屋を風船で飾る)

□ They're decorating the Christmas tree.(彼らはクリスマスツリーを飾っている)

□ be housed in ~(~に収容[所蔵]されている)
□ house refugees(難民たちに住居を供給する)

□ The hotel houses 100 rooms with sea views.(そのホテルには海が見える100の部屋がある)

□ water the lawn(芝生に水をまく)

□ The man is watering the plants.(男性は植物に水をまいている)

□ locate the cause of ~(~の原因を突き止める)
□ be located in the city center(街の中心部にある)

□ Police are trying to locate the murderer.(警察はその殺人犯の居場所を突き止めようとしている)

□ register the house in joint names(その家を共同名義で登記する)
□ have the letter registered(その手紙を書留にしてもらう)

□ Owners of dogs must register their dogs with the city.(イヌの飼い主はイヌを市に登録しなければならない)

Day 16))) MP3-031
Quick Review
答えは左ページ下

□ demonstrate	□ conclude	□ eliminate	□ reveal
□ reach	□ fold	□ imply	□ seal
□ fix	□ overcome	□ preserve	□ calculate
□ authorize	□ assess	□ depart	□ monitor

Day 18 動詞6

Check 1 Chants 》MP3-035

□ 0273
resolve
/rizɑ́lv/
Part 2, 3

動❶(問題など)**を解決する**(≒solve, settle) ❷(resolve to doで)〜しようと決心[決意]する(≒decide to do, determine to do)
名resolution:❶決議(案) ❷(問題などの)解決(of [to] 〜) ❸(〜しようという)決意、決心(to do)

□ 0274
detect
/ditékt/
Part 5, 6

動**〜を感知**[探知]**する**、〜を見つける
名detector:探知器、検出器
名detection:探知、発見
名detective:刑事、探偵

□ 0275
exceed
/iksíːd/
Part 2, 3

動❶**〜を上回る**、超える ❷〜の限界を超える
名excess:(〜の)超過(量)(of 〜)
形excess:超過した、余分の
形excessive:過度の、極端な、法外な

□ 0276
quote
/kwóut/
❶定義注意
Part 5, 6

動❶(値段など)**を見積もる** ❷(語句など)を(…から)引用する(from . . .)
名❶見積額(≒estimate) ❷引用文[句]
名quotation:❶(〜からの)引用(文、句、語)(from 〜) ❷(〜の)見積額(for 〜)

□ 0277
undergo
/ʌ̀ndərgóu/
Part 5, 6

動❶(苦難など)**を経験する**(≒experience) ❷(治療など)を受ける

□ 0278
accumulate
/əkjúːmjulèit/
Part 7

動❶(金など)**を**(徐々に)**ためる**、蓄積する ❷たまる
名accumulation:❶蓄積 ❷蓄積物

□ 0279
disturb
/distə́ːrb/
Part 5, 6

動❶(平静など)**を乱す**、妨げる(≒interrupt) ❷〜に迷惑をかける
名disturbance:❶妨害[邪魔](物) ❷(社会の)騒動、混乱
形disturbing:平静を乱す、不安にさせる

□ 0280
scatter
/skǽtər/
Part 1

動❶**〜を**(…に)**まき散らす**、ばらまく(on [over] . . .) ❷(群衆などが)四散する(≒disperse)

continued ▼

今日でChapter 2は最後！　時間に余裕があったら、章末のReviewにも挑戦しておこう。忘れてしまった単語も結構あるのでは?!

□ 聞くだけモード　Check 1
□ しっかりモード　Check 1 ▸ 2
□ かんぺきモード　Check 1 ▸ 2 ▸ 3

Check 2 Phrase		Check 3 Sentence 》MP3-036
□ resolve the dispute（紛争を解決する） □ resolve to do one's best（最善を尽くそうと決心する）	▸	□ They should resolve their differences through dialogue.（彼らは対話によって意見の相違を解決すべきだ）
□ detect poisonous gas（有毒ガスを感知する） □ detect a tumor（腫瘍を見つける）	▸	□ Ultraviolet light cannot be detected by the human eye.（紫外線は人間の目では感知できない）
□ exceed the speed limit（制限速度を超える） □ exceed one's expectations（予想[期待]を上回る）	▸	□ Construction costs of the building exceeded $20 million.（そのビルの建設費は2000万ドルを上回った）
□ quote a price（見積額を言う） □ quote a saying from the Bible（聖書から格言を引用する）	▸	□ The architect quoted $150,000 to rebuild my house.（その建築士は私の家の改築を15万ドルと見積もった）
□ undergo hardship（苦難を経験する） □ undergo surgery（手術を受ける）	▸	□ The world economy is undergoing a serious recession.（世界経済は深刻な景気後退を経験している）
□ accumulate money（金をためる） □ accumulate on the floor（[ほこりなどが]床にたまる）	▸	□ The company has accumulated $4 million in debt.（その会社は借金を400万ドルまで増やしてしまった）
□ disturb the peace（治安を乱す） □ Don't disturb yourself.（どうぞお構いなく）	▸	□ The bark of a dog disturbed the silence of the night.（イヌの鳴き声が夜の静寂を破った）
□ scatter seed on the ground（地面に種をまく） □ scatter in all directions（四方八方に散る）	▸	□ Fallen leaves are scattered on the sidewalk.（落ち葉が歩道に散っている）

continued
▼

Check 1 Chants MP3-035

□ 0281
initiate
/iníʃièit/
Part 7

動(計画など)**を始める**(≒begin, start)
名initiative：❶主導権、イニシアチブ ❷自発性 ❸計画
名initiation：❶(〜への)加入(into 〜) ❷開始
名initial：頭文字
形initial：最初の

□ 0282
leak
/lí:k/
Part 7

動❶(水などが)(〜から)**漏れる**(from 〜) ❷(秘密など)を漏らす
名❶漏れ口 ❷漏れること ❸(秘密などの)漏えい、リーク
名leakage：❶漏れ ❷(秘密の)漏えい、リーク

□ 0283
alter
/ɔ́:ltər/
Part 5, 6

動❶**〜を変える**、改める ❷変わる(≒change)
名alteration：変更、修正

□ 0284
applaud
/əplɔ́:d/
Part 1

動❶**〜に拍手を送る** ❷拍手する(≒clap) ❸〜を称賛する(≒praise)
名applause：❶拍手 ❷称賛

□ 0285
capture
/kǽptʃər/
Part 5, 6

動❶**〜を捕まえる**(≒catch) ❷(人の心など)をとらえる ❸〜を占領する
名❶逮捕(≒arrest) ❷占領
名captive：❶捕虜、囚人 ❷とりこ
形captive：❶捕虜になった ❷とりこになった

□ 0286
compete
/kəmpí:t/
Part 4

動(〜と／…を得るために)**競争する**、張り合う(with [against] 〜/for . . .)
名competition：競争、争い
名competitor：競争相手、競合他社
形competitive：❶競争力のある ❷競争の

□ 0287
inspire
/inspáiər/
Part 7

動❶**〜を鼓舞**[刺激、触発]**する**(≒stimulate, motivate) ❷(inspire A to doで)Aを〜する気にさせる
名inspiration：❶(〜に対して)鼓舞[刺激]する物[人](for 〜) ❷霊感、インスピレーション
形inspiring：(人を)鼓舞[触発]する

□ 0288
mount
/máunt/
❶定義注意
Part 7

動❶(運動など)**を実施する**、〜に取りかかる ❷〜を(…に)据える、置く(on . . .) ❸(数量が)増す(≒increase) ❹〜に登る
名(M〜)(固有名詞につけて)〜山

Day 17 MP3-033
Quick Review
答えは右ページ下

□ 〜を2倍にする	□ 〜を成し遂げる	□ 〜に助言を求める	□ 〜を収容する
□ 〜を保証する	□ 〜を延長する	□ 〜を巻き込む	□ 〜に水をまく
□ 〜を明確に述べる	□ 〜を収穫する	□ 〜を後援する	□ 〜を突き止める
□ 〜を保持する	□ 〜を宣伝する	□ 〜を飾る	□ 〜を登録する

Check 2 Phrase

Check 3 Sentence MP3-036

□ initiate a new business（新事業を始める）
▸ □ Many companies have initiated environmental protection programs.（多くの企業は環境保護計画を始めている）

□ leak from the engine（[オイルなどが]エンジンから漏れる）
□ leak the details of the contract（その契約の詳細を漏らす）
▸ □ Water was leaking from the ceiling.（水が天井から漏れていた）

□ alter one's hairstyle（髪型を変える）
□ alter in appearance（外見が変わる）
▸ □ We had to alter some of our travel plans because of bad weather.（悪天候のため、私たちは旅行計画の一部を変更しなければならなかった）

□ applaud the orchestra（オーケストラに拍手を送る）
□ applaud repeatedly（繰り返し拍手する）
▸ □ The audience is applauding the speaker.（聴衆は演説者に拍手を送っている）

□ capture a burglar（強盗を捕まえる）
□ capture his attention（彼の注意を引く）
▸ □ Their mission is to capture the remaining enemy soldiers.（彼らの任務は敵兵の残党を捕らえることだ）

□ compete with foreign companies（外国企業と競合する）
▸ □ It's difficult for small stores to compete with big national chains.（小規模商店が大規模な全国チェーン店と競争するのは難しい）

□ inspire employees（従業員を鼓舞する）
□ inspire children to study（子どもたちを勉強する気にさせる）
▸ □ He was good at inspiring his men.（彼は部下を鼓舞するのがうまかった）

□ mount a campaign against ～（～に反対する運動を行う）
□ mount a mirror on the wall（壁に鏡を据える）
▸ □ The residents in the area are mounting a protest against the construction of the building.（その地域の住民はビルの建設に反対する抗議運動を行うつもりだ）

Day 17 MP3-033
Quick Review
答えは左ページ下

□ double	□ accomplish	□ consult	□ house
□ guarantee	□ extend	□ involve	□ water
□ specify	□ harvest	□ sponsor	□ locate
□ retain	□ advertise	□ decorate	□ register

Chapter 2 Review

左ページの(1)～(20)の動詞の同意・類義語［熟語］（≒）を右ページのA～Tから選び、カッコの中に答えを書き込もう。意味が分からないときは、見出し番号を参照して復習しておこう（答えは右ページ下）。

- □ (1) postpone (0194) ≒は? (　　)
- □ (2) anticipate (0197) ≒は? (　　)
- □ (3) purchase (0199) ≒は? (　　)
- □ (4) stack (0203) ≒は? (　　)
- □ (5) assemble (0212) ≒は? (　　)
- □ (6) install (0214) ≒は? (　　)
- □ (7) decline (0218) ≒は? (　　)
- □ (8) prohibit (0223) ≒は? (　　)
- □ (9) evaluate (0226) ≒は? (　　)
- □ (10) affect (0229) ≒は? (　　)
- □ (11) acknowledge (0235) ≒は? (　　)
- □ (12) reach (0242) ≒は? (　　)
- □ (13) depart (0252) ≒は? (　　)
- □ (14) reveal (0253) ≒は? (　　)
- □ (15) accomplish (0261) ≒は? (　　)
- □ (16) decorate (0268) ≒は? (　　)
- □ (17) resolve (0273) ≒は? (　　)
- □ (18) undergo (0277) ≒は? (　　)
- □ (19) disturb (0279) ≒は? (　　)
- □ (20) inspire (0287) ≒は? (　　)

A. put in
B. pile
C. leave
D. expect
E. settle
F. assess
G. forbid
H. stimulate
I. admit
J. put off
K. achieve
L. decrease
M. ornament
N. disclose
O. put together
P. contact
Q. experience
R. buy
S. interrupt
T. influence

【解答】(1) J (2) D (3) R (4) B (5) O (6) A (7) L (8) G (9) F (10) T
(11) I (12) P (13) C (14) N (15) K (16) M (17) E (18) Q (19) S (20) H

CHAPTER 3
形容詞：超必修96

Chapter 3では、TOEIC「超必修」の形容詞96を押さえていきます。このChapterが終われば、本書も3分の1が終了。そして、「超必修」の名詞・動詞・形容詞384が身についたことになります。

TOEIC的格言

Constant dripping wears away a stone.

雨垂れ石を穿(うが)つ。
[直訳] 絶え間のない滴りは石を擦り減らす。

Day 19 形容詞1

Check 1　Chants 》MP3-037

□ 0289 **accurate** /ǽkjurət/ Part 5, 6	形❶**正確な**(≒right, correct, exact, precise)(⇔inaccurate)　❷精密な 名accuracy：正確さ、精密さ 副accurately：正確[精密]に
□ 0290 **appropriate** /əpróupriət/ ❶発音注意 Part 2, 3	形❶**適切な**(≒suitable, proper)　❷(be appropriate forで)～に適している、ふさわしい(≒be suitable for, be fit for, be proper for) 動(/əpróuprièit/)❶～を着服[横領]する　❷(appropriate A for Bで)A(金など)をBのために充てる、使用する
□ 0291 **significant** /signífikənt/ ❶アクセント注意 Part 5, 6	形❶(～にとって)**重要な**、重大な(for [to] ～)(≒important, vital, crucial)　❷かなりの　❸意味のある 名significance：❶重要性、重大性　❷意味、意義 副significantly：❶著しく　❷(more [most] ～で)さらに[最も]重要なことに(は)
□ 0292 **innovative** /ínəvèitiv/　㋑/ínəvətiv/ ❶発音注意 Part 4	形**革新[刷新]的な**、創意に富んだ 名innovation：革新、刷新、斬新な考え 動innovate：❶(新しいことなど)を導入する、採り入れる　❷刷新[革新]する
□ 0293 **alternative** /ɔːltə́ːrnətiv/ ❶アクセント注意 Part 5, 6	形**代わりの**、二者択一の 名(～の)代替案[手段]、選択肢(to ～) 名alternate：代理人 動alternate：❶交互に起こる　❷～を交互にする 形alternate：❶交互の　❷1つおきの　❸代わりの
□ 0294 **relevant** /réləvənt/ Part 7	形(当面の問題と)**関係のある**(to ～)、実際的な重要性を持つ(⇔irrelevant：無関係の)
□ 0295 **valid** /vǽlid/ Part 4	形❶(契約などが)(法的に)**有効な**(≒effective)(⇔invalid, void)　❷(理由などが)妥当な(≒reasonable) 名validation：実証、確証 動validate：❶～を法的に有効にする　❷～を実証[確証]する
□ 0296 **outstanding** /àutstǽndiŋ/ Part 4	形❶**優れた**、傑出した、顕著な　❷未払いの　➕この意味ではビジネス関連問題で頻出

continued ▼

Chapter 3では、6日をかけて「超必修」の形容詞96をチェック。まずはチャンツを聞いて、単語を「耳」からインプット！

□ 聞くだけモード　Check 1
□ しっかりモード　Check 1 ▸ 2
□ かんぺきモード　Check 1 ▸ 2 ▸ 3

Check 2 Phrase		Check 3 Sentence 》MP3-038
□ an accurate calculation（正確な計算） □ an accurate machine（精密な機械）	▸	□ The information from him was quite accurate.（彼から得た情報はかなり正確だった）
□ take appropriate action（適切な行動を取る） □ be appropriate for children under 5（5歳未満の子どもに適している）	▸	□ The teacher's comments on my essay were appropriate.（私の小論文に関する先生のコメントは適切だった）
□ a significant change（重要な変化） □ a significant amount of money（かなりの額の金）	▸	□ Opera is one of the most significant art forms in Western history.（オペラは西洋史で最も重要な芸術形式の1つだ）
□ innovative technology（革新的な技術）	▸	□ Innovative ideas are essential to business success.（革新的なアイデアはビジネスの成功に不可欠だ）
□ an alternative plan（代案） □ an alternative means（別の手段）	▸	□ They are looking for alternative sources of energy to oil.（彼らは石油に代わるエネルギー源を探している）
□ relevant information（関連情報）	▸	□ Applicants must have relevant experience in the hotel industry.（応募者はホテル産業に関係のある経験を有していなければならない）➕求人広告の表現
□ a valid driver's license（有効な運転免許証） □ a valid reason（妥当な理由）	▸	□ Normally, the student visa is valid for one year.（通常、学生ビザは1年間有効だ）
□ an outstanding scientist（優れた科学者） □ an outstanding debt（未払いの借金）	▸	□ Her performance at the concert was outstanding.（そのコンサートでの彼女の演奏は傑出していた）

continued ▼

Check 1 Chants 》MP3-037

□ 0297
current
/kə́:rənt/
Part 2, 3

形 **現在の**、今の(≒present)
名 ❶(川などの)流れ ❷電流
名 currency:通貨、貨幣
副 currently:現在は、現在のところ

□ 0298
annual
/ǽnjuəl/
Part 4

形 **年1回の**、毎年の、年次の、1年間の
副 annually:毎年、年1度

□ 0299
efficient
/ifíʃənt/
❶アクセント注意
Part 4

形 ❶**効率**[能率]**的な** ❷有能な
名 efficiency:効率、能率
副 efficiently:能率[効果]的に

□ 0300
generous
/dʒénərəs/
Part 5, 6

形 ❶(〜に対して)**寛大な**(to 〜)、(金などに)気前のよい(with 〜)(⇔stingy:けちな) ❷たくさんの
名 generosity:気前のよさ、寛大
副 generously:❶気前よく ❷寛大にも ❸たっぷり

□ 0301
numerous
/njú:mərəs/
❶発音注意
Part 7

形 **数多くの**、たくさんの(≒many)

□ 0302
reliable
/riláiəbl/
Part 4

形 **信頼できる**、頼りになる(≒dependable)(⇔unreliable)
名 reliability:信頼性
名 reliance:❶依存 ❷信用、信頼
動 rely:(rely onで)〜に頼る、〜を信頼する

□ 0303
mechanical
/mikǽnikəl/
Part 4

形 **機械**(上)**の**
名 mechanic:整備士、修理工

□ 0304
overseas
/óuvərsí:z/
❶アクセント注意
Part 2, 3

形 **海外の**、外国への
副 (/òuvərsí:z/)海外へ[に](≒abroad)

Day 18 》MP3-035
Quick Review
答えは右ページ下

□ 〜を解決する
□ 〜を感知する
□ 〜を上回る
□ 〜を見積もる
□ 〜を経験する
□ 〜をためる
□ 〜を乱す
□ 〜をまき散らす
□ 〜を始める
□ 漏れる
□ 〜を変える
□ 〜に拍手を送る
□ 〜を捕まえる
□ 競争する
□ 〜を鼓舞する
□ 〜を実施する

Check 2 Phrase	Check 3 Sentence 》MP3-038
□ the current price(時価) □ the current trend(現在の傾向)	□ My current income is about $50,000 per year.(私の現在の収入は年間5万ドルほどだ)
□ an annual conference(年次会議) □ an annual income(年収)	□ The company had to cut $2 million from its annual budget.(その会社は年間予算を200万ドル削減しなければならなかった)
□ an efficient transport system(効率的な輸送システム) □ an efficient employee(有能な従業員)	□ The service at the hotel was efficient and friendly.(そのホテルでのサービスは効率的で親切なものだった)
□ be generous with one's money(惜しみなく金を使う) □ a generous pay increase(大幅な賃上げ)	□ Jenny is a very open-minded, generous person.(ジェニーは全く偏見がなく、寛大な人だ)
□ numerous mistakes(数多くの間違い) □ on numerous occasions(何度も)	□ There were numerous witnesses to the incident.(その事件には数多くの目撃者がいた)
□ a reliable source of information(信頼できる情報源)	□ I don't think he is reliable.(彼を信頼できるとは私は思わない)
□ a mechanical malfunction(機械の不調)	□ The flight was canceled due to mechanical faults.(その便は機械の故障のため欠航になった)
□ overseas travel(海外旅行) □ an overseas student(海外留学生)	□ The company is expanding rapidly in overseas markets.(その会社は海外市場で急速に拡大している)

Day 18 》MP3-035
Quick Review
答えは左ページ下

□ resolve	□ undergo	□ initiate	□ capture
□ detect	□ accumulate	□ leak	□ compete
□ exceed	□ disturb	□ alter	□ inspire
□ quote	□ scatter	□ applaud	□ mount

Day 20 形容詞2

Check 1 Chants 》MP3-039

□ 0305
limited
/límitid/
Part 5, 6

形**限られた**(≒restricted)
名limit：❶限度、制限 ❷(通例～s)範囲、区域
動limit：～を(…に)制限する(to . . .)
名limitation：❶制限 ❷(～s)(能力などの)限界

□ 0306
competitive
/kəmpétətiv/
Part 4

形❶(価格などが)**競争力のある** ❷競争の
名competition：(～を目指す／…同士の)競争、争い(for ～/between [among] . . .)
名competitor：競争相手、競合他社
動compete：(～と)競争する、張り合う(with ～)

□ 0307
urgent
/ə́:rdʒənt/
Part 2, 3

形**緊急の**、急を要する
名urgency：緊急
名urge：(～したいという)衝動(to do)
動urge：(urge A to doで)Aに～するよう催促[説得]する、強く迫る

□ 0308
vacant
/véikənt/
Part 2, 3

形❶(家・座席などが)**空いている**(≒empty)(⇔occupied) ❷(職などが)欠員[空位]の
名vacancy：❶空室、空き家 ❷(職などの)欠員、空位

□ 0309
regional
/rí:dʒənl/
Part 5, 6

形**地域の**、地方の
名region：地域、地方

□ 0310
prominent
/prámənənt/
Part 7

形❶(～の点で)**著名**[有名]**な**、卓越した(in ～)(≒famous) ❷目立った、重要な ❸(歯などが)突き出た
副prominently：目立つように、目につきやすく
名prominence：❶目立つこと、卓越 ❷突出物

□ 0311
severe
/səvíər/
Part 5, 6

形❶(天候・痛みなどが)**ひどい**、厳しい、激しい(≒serious) ❷厳格な(≒harsh, stern)
名severity：厳しさ、激しさ、重大さ
副severely：厳しく、激しく

□ 0312
corporate
/kɔ́:rpərət/
Part 7

形❶**企業**[会社、法人]**の** ❷共同の ➕cooperate(協力する)と混同しないように注意
名corporation：❶株式会社、企業 ❷法人

continued ▼

形容詞の役割は、名詞を修飾する「限定用法」と、文中で補語になる「叙述用法」の2つ。それぞれの使われ方をCheck 2, 3で押さえよう。

□ 聞くだけモード Check 1
□ しっかりモード Check 1 ▸ 2
□ かんぺきモード Check 1 ▸ 2 ▸ 3

Check 2 Phrase	Check 3 Sentence MP3-040
□ limited resources（限られた資源） □ for a limited time（期間限定の）	□ There are a limited number of tickets available.（購入可能なチケットの数は限られている）
□ competitive prices（競争力のある価格、安い価格） □ competitive sports（競技スポーツ）	□ The mobile company offers very competitive rates.（その携帯電話会社は非常に競争力のある料金を提供している）
□ an urgent meeting（緊急の会議） □ be in urgent need of ～（～を緊急に必要としている）	□ He has flown to New York on urgent business.（彼は緊急の仕事でニューヨークへ飛んだ）
□ a vacant lot（空き地） □ a vacant position（欠員になっている職）	□ The school has no vacant classrooms.（その学校には空き教室がない）
□ a regional dialect（方言）	□ The purpose of the meeting was to stimulate the regional economy.（その会議の目的は地域経済を活性化することだった）
□ a prominent scientist（著名な科学者） □ occupy a prominent place [position]（重要な場所を占める）	□ Mr. Dawson is a prominent business leader.（ドーソン氏は卓越した経済界のリーダーだ）
□ severe pain（激痛） □ a severe penalty（厳罰）	□ Australia has experienced severe drought over recent years.（オーストラリアはここ数年ひどい干ばつを経験している）
□ a corporate image（企業イメージ） □ take corporate responsibility for ～（～の共同責任を取る）	□ As the recession gets worse, corporate bankruptcies will increase.（景気後退が深まるにつれて、企業の倒産は増えるだろう）

continued ▼

Check 1 Chants 》MP3-039

□ 0313
critical
/krítikəl/
Part 4

形❶(～にとって)**重大な**(to ～)(≒important, crucial) ❷批判[批評]的な
名crisis：危機、重大局面
名criticism：批評、評論
動criticize：❶～のあら探しをする ❷～を批評する

□ 0314
profitable
/prάfitəbl/
Part 4

形❶**収益**[もうけ]**の多い**(≒lucrative) ❷有益な
名profitability：収益性
名profit：利益、もうけ
動profit：(～から)利益を得る(from [by] ～)

□ 0315
secure
/sikjúər/
Part 7

形❶(～に対して)**安全な**(from [against] ～)(≒safe) ❷確実な
動❶～を確保する ❷～を(…から)守る(from . . .)
副securely：しっかりと、安全に
名security：❶警備、防護 ❷安全 ❸(～ies)有価証券

□ 0316
adequate
/ǽdikwət/
Part 5, 6

形❶(～のために)**十分な**(量の)(for ～)(≒enough, sufficient, ample)(⇔inadequate) ❷(～に)適した(for [to] ～)(≒suitable, appropriate, fit, proper)
副adequately：十分に、適切に

□ 0317
consistent
/kənsístənt/
Part 5, 6

形❶(言行などが)**首尾一貫した**(in ～)(≒coherent)(⇔inconsistent) ❷(成長などが)堅実な、安定した(≒steady) ❸(be consistent withで)(言行などが)～と一致[調和、両立]している
名consistency：(～の)一貫性(in ～)

□ 0318
exclusive
/iksklú:siv/
Part 5, 6

形❶**独占的な** ❷排他的な ❸(店などが)高級な
名exclusion：(～からの)除外、排除(from ～)
動exclude：(exclude A from Bで)AをBから締め出す、排除する
副exclusively：専ら、全く～のみ、独占[排他]的に

□ 0319
primary
/práimeri/
Part 5, 6

形❶**最も重要な**、主要な ❷(学校などが)初級[初等]の(≒elementary)
名prime：最盛[全盛]期
形prime：❶最も重要な ❷最良の
副primarily：❶主に、主として ❷最初に、本来

□ 0320
thorough
/θə́:rou/ ㊓/θʌ́rə/
❗発音注意
Part 5, 6

形**徹底的な**、完全な、周到な ➕through(～を通り抜けて)と混同しないように注意
副thoroughly：徹底的に、完全に

Day 19 》MP3-037
Quick Review
答えは右ページ下

□ 正確な
□ 適切な
□ 重要な
□ 革新的な
□ 代わりの
□ 関係のある
□ 有効な
□ 優れた
□ 現在の
□ 年1回の
□ 効率的な
□ 寛大な
□ 数多くの
□ 信頼できる
□ 機械の
□ 海外の

Check 2 Phrase

Check 3 Sentence 》MP3-040

Phrase	Sentence
□ a critical decision（重大な決定） □ a critical report（批判的な報告書）	□ Your support is critical to the success of the project.（あなたの支援はプロジェクトの成功にとって重要だ）
□ a highly profitable business（収益性が非常に高い事業） □ a profitable experience（有益な経験）	□ The cut in costs made the company profitable.（経費削減によってその会社は収益を上げた）
□ secure investment（安全な投資） □ be secure from [against] theft（盗難に遭う恐れがない）	□ Keep your valuables in a secure place.（貴重品は安全な場所にしまっておいてください）
□ adequate food for five guests（5人の客に十分な量の食べ物） □ be adequate to one's needs（～の要望に合っている）	□ We don't have adequate funds to carry out the project.（私たちはそのプロジェクトを実行するのに十分な資金を持っていない）
□ a consistent policy（首尾一貫した政策） □ consistent growth（安定した成長）	□ He is consistent in his views.（彼は意見が首尾一貫している）
□ an exclusive interview（独占インタビュー） □ an exclusive club（会員制の高級クラブ）	□ The lounge is for the exclusive use of hotel guests and members.（そのラウンジはホテル宿泊客と会員専用になっている）
□ the primary objective（最も重要な目標） □ primary education（初等教育）	□ The primary role of parents is to protect their children.（親の最も重要な役割は子どもを守ることだ）
□ a thorough investigation（徹底的な調査） □ a thorough man（完全主義者）	□ You should have thorough knowledge about the product that you sell.（あなたは自分が売る製品について完全に知っておくべきだ）

Day 19 》MP3-037
Quick Review
答えは左ページ下

□ accurate	□ alternative	□ current	□ numerous
□ appropriate	□ relevant	□ annual	□ reliable
□ significant	□ valid	□ efficient	□ mechanical
□ innovative	□ outstanding	□ generous	□ overseas

Day 21 形容詞3

Check 1 Chants 》MP3-041

□ 0321 **initial** /iníʃəl/ ❶アクセント注意 Part 5, 6	形 **最初の**(≒first) 名 頭文字 名 initiative：❶主導権、イニシアチブ ❷自発性 ❸計画 名 initiation：❶(～への)加入(into ～) ❷開始 動 initiate：(計画など)を始める
□ 0322 **administrative** /ædmínəstrèitiv/ ㊁/ædmínəstrətiv/ ❶発音注意 Part 7	形 ❶**管理の**、経営上の ❷行政上の 名 administration：❶管理、経営 ❷行政、(しばしばthe A ～)政府、内閣 動 administer：❶～を管理[運営]する ❷～を治める 名 administrator：管理者、経営者
□ 0323 **extensive** /iksténsiv/ Part 5, 6	形 ❶(調査などが)**広範囲にわたる**(⇔intensive：集中的な) ❷(損害などが)大規模な、甚だしい 名 extension：❶(電話の)内線 ❷延期 ❸拡張 動 extend：❶～を延長する ❷～を拡張する 副 extensively：広範囲に、広く
□ 0324 **substantial** /səbstǽnʃəl/ Part 5, 6	形 ❶**かなりの**、相当な(≒considerable) ❷本質[実質]的な 名 substance：❶物質 ❷本質、内容 副 substantially：かなり、大いに
□ 0325 **desirable** /dizáiərəbl/ Part 7	形 **望ましい**、好ましい(⇔undesirable) 名 desire：(～に対する／…したいという)願望、欲望(for ～/to do) 動 desire：❶～を強く望む ❷(desire to doで)～することを望む、欲する
□ 0326 **tight** /táit/ ❶定義注意 Part 2, 3	形 ❶(物などが)**不足している**、(金融が)ひっ迫した ❷(予定などが)ぎっしり詰まった ❸きつい(⇔loose) 動 tighten：❶(制限など)をきつくする、厳しくする ❷～をしっかり締める
□ 0327 **protective** /prətéktiv/ Part 7	形 **保護**[防護]**する** 動 protect：(protect A from [against] Bで)AをBから守る、防ぐ 名 protection：❶(～からの)保護(from [against] ～) ❷(～からの)防護物(from [against] ～)
□ 0328 **diverse** /divə́ːrs/ ㊁/daivə́ːrs/ ❶発音注意 Part 5, 6	形 **多様な**、さまざまの(≒various) 名 diversity：多様性、相違 動 diversify：❶～を多様化する ❷(投資)を多角的にする ❸事業を広げる

continued ▼

今日で本書は3割の学習が終了。先を見ると道のりは長いけれど、1日1日着実に進めていこう。ゴールは確実に近づいている！

□ 聞くだけモード　Check 1
□ しっかりモード　Check 1 ▸ 2
□ かんぺきモード　Check 1 ▸ 2 ▸ 3

Check 2　Phrase		Check 3　Sentence 》MP3-042
□ an initial plan（当初の計画） □ an initial phase（初期段階）	▸	□ The construction costs exceeded our initial estimates.（建設費は私たちの当初の見積もりを上回った）
□ administrative ability（管理能力） □ administrative reform（行政改革）	▸	□ We need to reduce administrative costs.（私たちは管理費を削る必要がある）
□ extensive research（広範囲にわたる調査） □ extensive damage（大規模な被害）	▸	□ He has extensive knowledge of classical literature.（彼は古典文学の広範な知識を持っている）
□ a substantial salary（かなりの賃金） □ substantial agreement（実質的な合意）	▸	□ A substantial number of houses were damaged by the earthquake.（かなり多くの家がその地震で損傷を受けた）
□ a desirable result（望ましい結果） □ It is desirable that ～.（～ということが望ましい）	▸	□ An accounting degree is desirable but not required.（会計学の学位があるのが望ましいが、必須ではない）➕求人広告の表現
□ a tight job market（厳しい就職市場） □ a tight schedule（ぎっしり詰まった予定）	▸	□ Money is tight right now.（今はお金が不足している）
□ protective clothing（防護服）	▸	□ Workers must wear a protective helmet when working in this area.（このエリアで作業する際は、従業員は保護用ヘルメットを着用しなければならない）
□ diverse opinions（さまざまな意見）	▸	□ London is a culturally diverse city.（ロンドンは文化的に多様な都市だ）

continued ▼

Check 1　Chants 》MP3-041

□ 0329 **diligent** /dílədʒənt/ Part 5, 6	形(～に)**勤勉な**、熱心な(in [about] ～)(≒hardworking, industrious)(⇔idle, lazy) 名diligence：(～での)勤勉、不断の努力(in ～) 副diligently：勤勉に、こつこつと
□ 0330 **potential** /pəténʃəl/ Part 4	形**潜在的な**、可能性のある(≒possible) 名(～の)可能性、潜在力(for ～)
□ 0331 **artificial** /à:rtəfíʃəl/ Part 7	形❶**人工の**、人工的な(⇔natural)　❷不自然な、わざとらしい
□ 0332 **reverse** /rivə́:rs/ Part 7	形❶**逆**[反対]**の**(≒opposite)　❷裏の(⇔obverse) 名(通例the ～)❶逆、反対　❷裏(面) 動❶～(の位置など)を逆[反対]にする　❷(判決など)を破棄する
□ 0333 **surrounding** /səráundiŋ/ Part 5, 6	形**周囲**[周辺]**の**(≒neighboring) 名(～s)(周囲の)環境(≒environment) 動surround：❶～を囲む、取り巻く　❷(be surrounded byで)～に囲まれている
□ 0334 **prompt** /prámpt/ Part 5, 6	形❶**即座**[即刻]**の**(≒quick)　❷時間を守る(≒punctual) 動❶～を引き起こす　❷(prompt A to doで)Aに～するよう促す 副promptly：❶即座に、敏速に　❷(ある時刻)ちょうど、きっかり
□ 0335 **deserted** /dizə́:rtid/ Part 1	形**人けのない**、人通りのない 動desert：～を見捨てる、捨てる
□ 0336 **excessive** /iksésiv/ Part 5, 6	形**過度の**、極端な、法外な(≒immoderate, exorbitant) 名excess：(～の)超過(量)(of ～) 形excess：超過した、余分の 動exceed：❶～を上回る、超える　❷～の限界を超える

Day 20 》MP3-039
Quick Review
答えは右ページ下

□ 限られた
□ 競争力のある
□ 緊急の
□ 空いている
□ 地域の
□ 著名な
□ ひどい
□ 企業の
□ 重大な
□ 収益の多い
□ 安全な
□ 十分な
□ 首尾一貫した
□ 独占的な
□ 最も重要な
□ 徹底的な

Check 2 Phrase

Check 3 Sentence 》MP3-042

Phrase	Sentence
□ a diligent student（勤勉な学生）	□ Sarah is very diligent in her work.（サラは非常に仕事に熱心だ）
□ a potential customer（見込み客、潜在客）	□ Properly targeting potential buyers is an important part of the selling process.（適切に潜在購買者を絞ることが販売過程の重要な要素だ）
□ artificial sweeteners（人工甘味料） □ an artificial smile（作り笑い）	□ The product contains no artificial colors or flavors.（その製品には人工着色料や人工香味料は含まれていない）
□ in reverse order（逆の順序で） □ the reverse side of a check（小切手の裏面）	□ The number of AIDS cases is in reverse proportion to age.（エイズの症例数は年齢と反比例している）
□ the surrounding towns（周囲の町）	□ The flood affected the city and the surrounding area.（洪水はその都市と周辺地域に影響を及ぼした）
□ a prompt reply（即答） □ try to be prompt（時間を守るように努める）	□ We must take prompt action to prevent global warming.（地球温暖化を食い止めるために私たちはすぐに行動を起こさなければならない）
□ a deserted beach（人けのない海岸）	□ The street is deserted.（通りには人けがない）
□ excessive drinking（過度の飲酒） □ excessive speed（スピードの出し過ぎ）	□ You should avoid excessive exercise.（あなたは過度の運動を避けたほうがいい）

Day 20 》MP3-039
Quick Review
答えは左ページ下

□ limited	□ regional	□ critical	□ consistent
□ competitive	□ prominent	□ profitable	□ exclusive
□ urgent	□ severe	□ secure	□ primary
□ vacant	□ corporate	□ adequate	□ thorough

Day 22 形容詞4

Check 1 Chants 》MP3-043

□ 0337
prosperous
/prάspərəs/
Part 7

形 **繁栄している**(≒thriving)、(経済的に)成功している(≒successful)
名 prosperity：(特に財政的な)繁栄、繁盛
動 prosper：繁栄する、成功する

□ 0338
existing
/igzístiŋ/
Part 7

形 **既存**[現在、現存]**の**
動 exist：❶存在[実在、現存]する ❷(～で)生きていく(on ～)
名 existence：❶(～の)存在(of ～) ❷生活(状況)

□ 0339
dedicated
/dédikèitid/
Part 4

形 ❶**熱心な**、献身的な、ひたむきな(≒devoted) ❷(装置などが)ある特定の目的用の、専用の
名 dedication：(～への)献身(to ～)
動 dedicate：❶(dedicate A to Bで)AをBにささげる ❷(be dedicated toで)～に専念[熱中]している

□ 0340
enormous
/inɔ́:rməs/
Part 5, 6

形 **巨大な**、莫大な(≒huge, immense, massive)
副 enormously：非常に、莫大に

□ 0341
remarkable
/rimά:rkəbl/
Part 4

形 (～で)**注目すべき**、顕著な(for ～)
副 remarkably：驚くほど、著しく、非常に
名 remark：(～についての)発言、見解、所見、感想(about [on] ～)
動 remark：～と述べる、言う

□ 0342
brief
/brí:f/
Part 4

形 ❶**短時間の**(≒short) ❷(話などが)簡潔な
名 簡潔な説明
動 (brief A on Bで)AにBの概要を伝える
名 briefing：打ち合わせ会合、状況[事情]説明会
副 briefly：❶少しの間、しばらく ❷手短に

□ 0343
complicated
/kάmpləkèitid/
Part 5, 6

形 **複雑な**、込み入った(≒complex)(⇔simple)
動 complicate：❶(事)を複雑にする ❷(病気)を悪化させる
名 complication：❶(通例～s)合併症 ❷面倒な事態[問題]

□ 0344
minimum
/mínəməm/
Part 4

形 **最低**[最小]**限の**(⇔maximum)
名 最低[最小]限
動 minimize：❶～を最小限にする ❷～を最小限に評価する、軽視する

continued ▼

勉強する気分になれないときは、音声を「聞き流す」だけでもOK。家で、車内で、いつでもどこでも語彙に「触れる」時間を作ってみよう。

□ 聞くだけモード Check 1
□ しっかりモード Check 1 ▸ 2
□ かんぺきモード Check 1 ▸ 2 ▸ 3

Check 2 Phrase	Check 3 Sentence 》MP3-044
□ a prosperous business [region] (繁盛している商売[繁栄している地域])	□ Sweden is one of the most prosperous countries in the world. (スウェーデンは世界で最も繁栄している国の1つだ)
□ existing customers (既存の顧客) □ existing laws (現行法)	□ We need to make good use of the existing facilities. (私たちは既存の施設を有効活用する必要がある)
□ a dedicated teacher (熱心な教師) □ a dedicated line (専用回線)	□ Mr. Perez has been a dedicated firefighter for 30 years. (ペレス氏は勤続30年の献身的な消防士だ)
□ an enormous house (巨大な家) □ an enormous amount of money (莫大な額の金)	□ The company has an enormous debt. (その会社は巨額の負債を抱えている)
□ a remarkable discovery (注目すべき発見)	□ He made remarkable achievements in the field of education. (彼は教育分野で顕著な業績を残した)
□ a brief stay (短時間の滞在) □ a brief speech (簡潔なスピーチ)	□ We will be making a brief stop at Shin-Osaka. (新大阪でしばらくの間停車します) ➕電車のアナウンス
□ a complicated issue (複雑な問題)	□ The situation is highly complicated. (状況は非常に複雑だ)
□ the minimum wage (最低賃金)	□ A minimum order of $20 is required if you want free delivery. (無料配達を希望する場合は20ドルの最低注文額が必要である)

continued ▼

Check 1 Chants 》MP3-043

□ 0345
economical
/èkənάmikəl/
Part 4

形❶**経済的な**、節約になる ❷やりくり上手の、倹約家の(≒thrifty)
名economy:❶経済 ❷(～の)節約(of [in] ～)
形economic:経済(上)の
名economics:❶経済学 ❷経済状態

□ 0346
frequent
/fríːkwənt/
Part 5, 6

形**たびたびの**、頻繁に起こる(⇔occasional:時々の)
動～によく行く
名frequency:❶頻度 ❷頻発 ❸周波数、振動数
副frequently:頻繁に、しばしば

□ 0347
overall
/òuvərɔ́ːl/
❗アクセント注意
Part 4

形**全体**[全部]**の**、総合的な
副(/óuvərɔ̀ːl/)全体としては

□ 0348
residential
/rèzədénʃəl/
Part 5, 6

形**住宅**[居住]**の**
名residence:❶居住、滞在 ❷邸宅、住宅
名resident:居住者、在住者
形resident:居住[在住]している

□ 0349
shallow
/ʃǽlou/
Part 1

形**浅い**(⇔deep)

□ 0350
flexible
/fléksəbl/
Part 2, 3

形❶(考えなどが)**柔軟な**、(予定が)融通の利く(≒adaptable)(⇔rigid, inflexible) ❷曲げやすい(≒pliable)
名flexibility:柔軟[融通]性

□ 0351
moderate
/mάdərət/
❗発音注意
Part 5, 6

形❶(程度などが)**適度の**(⇔excessive:過度の) ❷節度のある、穏健な(⇔extreme:過激な)
名穏健な人
動(/mάdərèit/)❶～を和らげる ❷～の司会をする
副moderately:❶ある程度、そこそこ(に) ❷適度に

□ 0352
modest
/mάdist/
Part 5, 6

形❶(～に関して)**控えめな**、謙虚な(about ～)(≒humble)(⇔proud) ❷あまり大きく[多く]ない
名modesty:控えめ、謙遜
副modestly:控えめに、謙遜して

Day 21 》MP3-041
Quick Review
答えは右ページ下

□ 最初の
□ 管理の
□ 広範囲にわたる
□ かなりの
□ 望ましい
□ 不足している
□ 保護する
□ 多様な
□ 勤勉な
□ 潜在的な
□ 人工の
□ 逆の
□ 周囲の
□ 即座の
□ 人けのない
□ 過度の

Check 2 Phrase

Check 3 Sentence 》MP3-044

□ an economical use of fuel（燃料の経済的な使用）
□ an economical shopper（やりくり上手の買い物客）
▸
□ Hybrid cars are very economical.（ハイブリッドカーはとても経済的だ）

□ a frequent visitor to Japan（たびたび訪日する人）
▸
□ Thefts are frequent in this area.（この地域では窃盗がたびたび起こる）

□ the overall impression of ~（～の全体的な印象）
▸
□ The overall cost of the project is estimated at $20 million.（そのプロジェクトの総経費は2000万ドルと見積もられている）

□ a residential area（住宅地域）
▸
□ The site is developed for residential purposes.（その用地は居住用に開発されている）

□ a shallow dish（浅い皿）
▸
□ Children are playing in the shallow water.（子どもたちが浅瀬で遊んでいる）

□ flexible thinking（柔軟な発想）
□ a flexible plastic（曲げやすいプラスチック）
▸
□ I'm retired, so my schedule is flexible.（私は退職したので、予定は融通が利く）

□ a moderate temperature（適温）
□ a moderate demand（穏当な要求）
▸
□ A moderate amount of exercise is necessary for your health.（適度な運動は健康に欠かせない）

□ be modest about one's achievements（自分の業績を誇らない）
□ a modest house（あまり大きくない家）
▸
□ Jack is a modest and kind young man.（ジャックは謙虚で親切な若者だ）

Day 21 》MP3-041
Quick Review
答えは左ページ下

□ initial	□ desirable	□ diligent	□ surrounding
□ administrative	□ tight	□ potential	□ prompt
□ extensive	□ protective	□ artificial	□ deserted
□ substantial	□ diverse	□ reverse	□ excessive

Day 23 形容詞5

Check 1　Chants 》MP3-045

□ 0353 **remote** /rimóut/ Part 7	形❶(～から)**遠く離れた**、遠い(from ～)(≒far away) ❷(可能性などが)わずかな、非常に少ない 名(テレビなどの)リモコン
□ 0354 **rural** /rúərəl/ Part 7	形**田舎**[田園、農村]**の**(≒rustic)(⇔urban)
□ 0355 **contemporary** /kəntémpərèri/ ❗アクセント注意 Part 5, 6	形❶**現代の**(≒modern)　❷同時代の 名同時代[同時期]の人
□ 0356 **controversial** /kɑ̀ntrəvə́ːrʃəl/ Part 7	形**議論の余地のある**、異論の多い[ある](≒debatable) 名controversy：(社会・政治・道徳上の)論争、議論
□ 0357 **impressive** /imprésiv/ Part 4	形**印象的な**、深い感銘を与える 名impression：❶印象　❷(～という)考え、感じ(that節～) 動impress：❶～に感銘を与える、～を感動させる　❷(be impressed by [with]で)～に感動[感心]している
□ 0358 **productive** /prədʌ́ktiv/ Part 2, 3	形❶**生産力のある**(⇔unproductive)　❷生産的な 名productivity：生産性[力]、生産量 名product：製品 名production：製造、生産、生産高 動produce：～を生産[製造]する
□ 0359 **distinguished** /distíŋgwiʃt/ Part 4	形**優れた**、(～で)有名な(for ～)(≒famous) 名distinction：(～の間の)区別、差別(between ～) 動distinguish：(distinguish A from Bで)AをBと区別する 形distinct：❶はっきりした、明瞭な　❷異なった、別個の
□ 0360 **principal** /prínsəpəl/ Part 5, 6	形**主な**、主要な、(最も)重要な(≒main, chief) 名❶校長　❷元金　❸主役、主演者　➕principle(主義)と混同しないように注意 副principally：主に、主として

continued ▼

見出し語の下にある「❗アクセント注意」や「❗発音注意」を見てる？ 少しの違いで相手に伝わらないこともあるので要チェック！

□ 聞くだけモード Check 1
□ しっかりモード Check 1 ▸ 2
□ かんぺきモード Check 1 ▸ 2 ▸ 3

Check 2 Phrase	Check 3 Sentence 》MP3-046
□ a remote galaxy（遠く離れた銀河） □ a remote possibility（わずかな可能性）	□ She lives in a remote mountain village.（彼女は人里離れた山村に住んでいる）
□ rural life（田舎暮らし） □ rural communities（農村社会）	□ Unemployment is a problem in rural areas.（失業が農村地域で問題になっている）
□ contemporary music（現代音楽） □ be contemporary with ～（～と同時代の人である）	□ I'm interested in contemporary art.（私は現代美術に関心がある）
□ a controversial issue [plan]（議論の余地がある問題［計画］） □ a controversial figure（物議を醸す人物）	□ The movie was controversial because of its violent scenes.（その映画は暴力シーンのため議論の的になった）
□ an impressive speech（感動的な演説）	□ The view from the mountaintop was impressive.（山頂からの眺めは印象的だった）
□ productive machinery（生産力のある機械設備） □ a productive meeting（実りのある会議）	□ In order to be competitive, our company needs to be more productive.（競争力をつけるために、私たちの会社は生産力を高める必要がある）
□ a distinguished politician（有名な政治家）	□ He was awarded a prize for his distinguished achievements in the field of journalism.（彼は報道分野での優れた業績により賞を与えられた）
□ the principal cities（主要都市） □ the principal reason（主な理由）	□ The country's principal export is oil.（その国の主要な輸出品は石油だ）

continued ▼

Check 1　Chants 》MP3-045

□ 0361
stable
/stéibl/
Part 5, 6
▸
形 **安定した**(≒steady)(⇔unstable)
名stability：安定(性)
動stabilize：～を安定させる
▸

□ 0362
subtle
/sʌ́tl/
❶発音注意
Part 7
▸
形 ❶**微妙な**、とらえがたい　❷(香りなどが)かすかな、ほのかな(≒faint)　❸(感覚などが)鋭い
名subtlety：微妙、とらえがたいこと
副subtly：微妙に
▸

□ 0363
amazing
/əméiziŋ/
Part 2, 3
▸
形 **驚くべき**、すごい、見事な(≒astonishing)
動amaze：❶～をびっくりさせる　❷(be amazed atで)～にびっくりしている　❸(be amazed to doで)～してびっくりしている
副amazingly：驚くべきことに、驚くほど
▸

□ 0364
exceptional
/iksépʃənl/
Part 4
▸
形 ❶**非常に優れた**　❷例外的な
名exception：例外
副exceptionally：例外的に、特別に、異常に
前except：～以外は、～を除いて
▸

□ 0365
favorable
/féivərəbl/
Part 7
▸
形 ❶**好意的な**　❷(～のために／…にとって)好都合な(for ～/to . . .)
名favor：❶親切な行為、恩恵　❷支持、援助
形favorite：お気に入りの、大好きな
副favorably：❶好意的に　❷優位に、有利に
▸

□ 0366
visible
/vízəbl/
Part 5, 6
▸
形 ❶**目に見える**(⇔invisible)　❷見た目に明らかな
名visibility：❶可視性、視界　❷知名度
名vision：❶(～の)理想像、想像(図)(of ～)　❷視力　❸想像力　❹幻覚
▸

□ 0367
athletic
/æθlétik/
Part 7
▸
形 ❶**運動が得意な**、たくましい　❷運動競技の
名athletics：運動競技
名athlete：運動選手
▸

□ 0368
influential
/ìnfluénʃəl/
Part 5, 6
▸
形 ❶**影響力の大きい**　❷(～に)影響力を及ぼす(in ～)
名influence：(～への)影響(on ～)
動influence：～に(間接的な)影響を及ぼす
▸

Day 22 》MP3-043
Quick Review
答えは右ページ下

□ 繁栄している	□ 注目すべき	□ 経済的な	□ 浅い
□ 既存の	□ 短時間の	□ たびたびの	□ 柔軟な
□ 熱心な	□ 複雑な	□ 全体の	□ 適度の
□ 巨大な	□ 最低限の	□ 住宅の	□ 控えめな

Check 2 Phrase	Check 3 Sentence ≫ MP3-046
□ a stable job（安定した仕事）	□ The patient remains in stable condition.（その患者の容体は安定したままだ）
□ a subtle change（微妙な変化） □ a subtle smell（ほのかなにおい）	□ There is a subtle difference in meaning between the two words.（その2つの言葉には微妙な意味の違いがある）
□ China's amazing economic growth（中国の驚くべき経済成長） □ It is amazing that ～.（～ということは驚くべきことだ）	□ The movie was really amazing.（その映画は本当に素晴らしかった）
□ an exceptional student（非常に優秀な学生） □ an exceptional situation（異例の事態）	□ Dinner at the restaurant was exceptional.（そのレストランのディナーは非常に素晴らしかった）
□ a favorable response（好意的な反応） □ favorable weather（好天）	□ The play has received favorable reviews from critics.（その劇は批評家たちから好評を受けている）
□ barely visible（ほとんど見えない） □ visible signs of ～（見た目に明らかな～の兆し）	□ Jupiter is visible to the naked eye.（木星は肉眼でも見える）
□ an athletic build（たくましい体格） □ athletic facilities（競技用施設）	□ My son is very athletic.（私の息子はとても運動が得意だ）
□ an influential figure（影響力のある人物） □ be influential in making foreign policy（外交政策の作成に影響力を及ぼす）	□ *The Times* is one of the most influential newspapers in the world.（『タイムズ』は世界で最も影響力の大きい新聞の1つだ）

Day 22 ≫ MP3-043
Quick Review
答えは左ページ下

□ prosperous	□ remarkable	□ economical	□ shallow
□ existing	□ brief	□ frequent	□ flexible
□ dedicated	□ complicated	□ overall	□ moderate
□ enormous	□ minimum	□ residential	□ modest

Day 24 形容詞6

Check 1 Chants 》MP3-047

□ 0369
maximum
/mǽksəməm/
Part 5, 6

形 **最大限の**、最高の(⇔minimum)
名 最大限、最高
動 maximize：～を最大にする

□ 0370
nearby
/nìərbái/
Part 2, 3

形 (すぐ)**近くの**
副 (すぐ)近くに[で]

□ 0371
punctual
/pʌ́ŋktʃuəl/
Part 7

形 **時間を守る**(≒on time)(⇔late)
副 punctually：時間通りに
名 punctuality：時間厳守

□ 0372
revolutionary
/rèvəlúːʃənèri/
Part 7

形 ❶**画期**[革命]**的な** ❷革命の
名 revolution：(～の)革命、大変革(in ～)
動 revolutionize：～に革命をもたらす、大変革を起こす

□ 0373
spectacular
/spektǽkjulər/
Part 5, 6

形 **見事な**、壮大な、壮観の、目覚ましい
名 ❶(大々的な)見せ物 ❷豪華ショー[番組]
名 spectacle：❶(大仕掛けな)見せ物、ショー ❷壮観、奇観

□ 0374
accessible
/æksésəbl/
Part 7

形 (～にとって)**入手**[利用、入場、接近]**可能な**(to ～)(⇔inaccessible)
名 access：❶(～への)接近(方法)(to ～) ❷(～を)利用[入手]する権利[機会](to ～)
動 access：❶～にアクセスする ❷～に接近する

□ 0375
timely
/táimli/
Part 4

形 **ちょうどよい時の**、時宜を得た、タイムリーな(≒opportune)

□ 0376
utmost
/ʌ́tmòust/
Part 5, 6

形 **最大**(限)**の**
名 (the [one's] ～)(程度などの)最大限

continued ▼

今日でChapter 3は最後！ 時間に余裕があったら、章末のReviewにも挑戦しておこう。忘れてしまった単語も結構あるのでは?!

□ 聞くだけモード Check 1
□ しっかりモード Check 1 ▸ 2
□ かんぺきモード Check 1 ▸ 2 ▸ 3

Check 2 Phrase		Check 3 Sentence 》MP3-048
□ for maximum effect(最大の効果を得るために)	▸	□ You should make maximum use of this opportunity.(あなたはこの機会を最大限に活用したほうがいい)
□ a nearby restaurant(近くのレストラン)	▸	□ Her parents live in a nearby town.(彼女の両親は近くの町に住んでいる)
□ tell him to be punctual(時間を守るよう彼に言う)	▸	□ Mike is always punctual.(マイクはいつも時間を守る)
□ a revolutionary change(画期的な変化) □ revolutionary troops(革命軍)	▸	□ The first iPhone was a revolutionary product.(初代iPhoneは画期的な製品だった)
□ a spectacular performance(見事な演奏) □ spectacular growth(目覚ましい成長)	▸	□ The mountaintop provides a spectacular view of the whole city.(山頂からは市全体の見事な景色を見渡せる)
□ a healthcare system accessible to everyone(誰でも利用可能な医療制度)	▸	□ The Internet has made information readily accessible to people.(インターネットは人々が容易に情報を入手できるようにした)
□ timely arrival(ちょうどよい時の到着) □ a timely reminder(タイミングよく思い出させるもの[こと])	▸	□ Thank you for your timely reply.(ちょうどいい時に返事をくれてありがとうございます)
□ with the utmost care(最大の注意を払って) □ of the utmost importance(最も重要な)	▸	□ He has the utmost respect for Abraham Lincoln.(彼はエイブラハム・リンカーンを最も尊敬している)

continued ▼

Check 1 Chants 》MP3-047

□ 0377
large-scale
/lá:rdʒskèil/
Part 7

形 **大規模な**(⇔small-scale)
名scale：規模

□ 0378
postal
/póustl/
Part 2, 3

形 **郵便**(局)**の**
動post：❶(ビラなど)を(…に)貼る(on . . .)　❷(手紙など)を投函する　❸(インターネットなどに)～を載せる
名post：❶柱　❷職、地位　❸郵便
名postage：郵便料金

□ 0379
acceptable
/ækséptəbl/
Part 5, 6

形(～にとって)**受け入れられる**、満足できる(to ～)
名acceptance：❶(～の)受け入れ、受諾(of ～)、合格[採用]通知　❷承認、容認、賛成
動accept：❶～を受け入れる　❷～を受け取る

□ 0380
apparent
/əpέərənt, əpǽrənt/
❗発音注意
Part 7

形 **明らかな**、明白な(≒evident, obvious)
副apparently：どうやら[見たところでは]～らしい
動appear：❶～のように見える[思える]　❷(appear to doで)～するように見える　❸現れる
名appearance：❶登場　❷見かけ、外見　❸出演、出場

□ 0381
beneficial
/bènəfíʃəl/
Part 2, 3

形(～にとって)**有益な**、(～の)ためになる(to ～)
名benefit：❶(通例～s)給付金、手当　❷利益
動benefit：❶～のためになる　❷(benefit from [by]で)～によって利益を得る

□ 0382
preliminary
/prilímənèri/
Part 5, 6

形(～の)**予備**[準備]**の**(to ～)(≒preparatory)
名(通例～ies)❶予備段階、準備　❷予選

□ 0383
delicate
/délikət/
❗発音注意
Part 5, 6

形❶**壊れやすい**(≒fragile)　❷細心の注意を要する(≒sensitive)　❸繊細な
名delicacy：❶ごちそう　❷繊細さ　❸傷つきやすさ
副delicately：❶繊細[優美]に　❷微妙に　❸上品に

□ 0384
fundamental
/fʌ̀ndəméntl/
Part 5, 6

形❶**基本**[根本]**的な**　❷(～にとって)重要な、必須の(to ～)(≒important, necessary)
名(通例～s)基礎、基本
副fundamentally：基本[根本]的に

Day 23 》MP3-045
Quick Review
答えは右ページ下

□ 遠く離れた
□ 田舎の
□ 現代の
□ 議論の余地のある
□ 印象的な
□ 生産力のある
□ 優れた
□ 主な
□ 安定した
□ 微妙な
□ 驚くべき
□ 非常に優れた
□ 好意的な
□ 目に見える
□ 運動が得意な
□ 影響力の大きい

Check 2 Phrase

Check 3 Sentence MP3-048

□ a large-scale disaster(大規模な災害)

▸ □ Large-scale development is planned in the area.(その地域では大規模な開発が計画されている)

□ the postal service(郵便制度)
□ postal workers(郵便局員)

▸ □ Postal delivery is not provided on Sundays.(日曜日は郵便配達は行われていない)

□ an acceptable decision(受諾し得る決定)
□ an acceptable level [amount] of ~(~の許容水準[量])

▸ □ They came to an arrangement that was acceptable to both sides.(彼らは両者にとって満足できる合意に達した)

□ It is apparent that ~.(~ということは明らかである)
□ for no apparent reason(はっきりした理由もなく)

▸ □ His anger was apparent to everyone.(彼の怒りは誰の目にも明らかだった)

□ a beneficial effect(有益な効果[影響])

▸ □ The volunteer activity is beneficial to our community.(そのボランティア活動は私たちの地域社会にとって有益だ)

□ a preliminary examination(予備試験)

▸ □ The construction is still in the preliminary stages.(建設はまだ準備段階にある)

□ delicate porcelain(壊れやすい磁器)
□ a delicate operation(細心の注意を要する手術[作業])

▸ □ Wrap delicate items in newspaper.(壊れやすい品物は新聞紙でくるんでください)

□ a fundamental mistake(基本的な間違い)
□ elements fundamental to success(成功に必要な要素)

▸ □ The company needs to make fundamental changes in the way it does its business.(その会社はビジネス手法を根本的に変える必要がある)

Day 23 MP3-045
Quick Review
答えは左ページ下

□ remote	□ impressive	□ stable	□ favorable
□ rural	□ productive	□ subtle	□ visible
□ contemporary	□ distinguished	□ amazing	□ athletic
□ controversial	□ principal	□ exceptional	□ influential

Chapter 3 Review

左ページの(1)～(20)の形容詞の同意・類義語（≒）を右ページのA～Tから選び、カッコの中に答えを書き込もう。意味が分からないときは、見出し番号を参照して復習しておこう（答えは右ページ下）。

- □ (1) accurate (0289) ≒は?（　　）
- □ (2) current (0297) ≒は?（　　）
- □ (3) numerous (0301) ≒は?（　　）
- □ (4) reliable (0302) ≒は?（　　）
- □ (5) limited (0305) ≒は?（　　）
- □ (6) vacant (0308) ≒は?（　　）
- □ (7) secure (0315) ≒は?（　　）
- □ (8) adequate (0316) ≒は?（　　）
- □ (9) initial (0321) ≒は?（　　）
- □ (10) diverse (0328) ≒は?（　　）
- □ (11) diligent (0329) ≒は?（　　）
- □ (12) prosperous (0337) ≒は?（　　）
- □ (13) brief (0342) ≒は?（　　）
- □ (14) complicated (0343) ≒は?（　　）
- □ (15) rural (0354) ≒は?（　　）
- □ (16) contemporary (0355) ≒は?（　　）
- □ (17) principal (0360) ≒は?（　　）
- □ (18) amazing (0363) ≒は?（　　）
- □ (19) apparent (0380) ≒は?（　　）
- □ (20) delicate (0383) ≒は?（　　）

A. empty
B. industrious
C. many
D. first
E. rustic
F. safe
G. complex
H. correct
I. main
J. sufficient
K. restricted
L. evident
M. various
N. dependable
O. modern
P. short
Q. present
R. fragile
S. thriving
T. astonishing

【解答】(1) H (2) Q (3) C (4) N (5) K (6) A (7) F (8) J (9) D (10) M
(11) B (12) S (13) P (14) G (15) E (16) O (17) I (18) T (19) L (20) R

CHAPTER 4

名詞：必修192

Chapter 4では、TOEIC「必修」の名詞192をマスターします。「超」が抜けても、どれも重要な単語ばかり。本テストで慌てることがないよう、1語1語を着実に身につけていきましょう。

TOEIC的格言

Don't count your chickens before they are hatched.

捕らぬ狸の皮算用。
[直訳] 孵化する前にひよこを数えるな。

Day 25 名詞13

Check 1 Chants ») MP3-049

☐ 0385
preference
/préfərəns/
Part 4

名❶(〜に対する)**好み**(for 〜) ❷優先
動prefer：❶(…より)〜を好む(to . . .) ❷(prefer to doで)〜することが好きである
形preferable：(〜より)好ましい(to 〜)
副preferably：できれば、希望を言えば

☐ 0386
productivity
/pròudʌktívəti/
Part 2, 3

名**生産性**[力]、生産量
名product：製品
名production：製造、生産、生産高
動produce：〜を生産[製造]する
形productive：❶生産力のある ❷生産的な

☐ 0387
reduction
/ridʌ́kʃən/
Part 4

名**削減**、値下げ、減少(≒decrease)
動reduce：〜を減らす、減少させる

☐ 0388
shift
/ʃíft/
Part 7

名(交替制の)**勤務時間**
動〜を変える、移す(≒change)

☐ 0389
vessel
/vésəl/
Part 1

名(大型の)**船**(≒ship, boat)

☐ 0390
acceptance
/ækséptəns/
Part 7

名❶(〜の)**受け入れ**、受諾(of 〜)(⇔offer：申し出)、合格[採用]通知 ❷承認、容認、賛成
動accept：❶〜を受け入れる ❷〜を受け取る
形acceptable：(〜にとって)受け入れられる、満足できる(to 〜)

☐ 0391
availability
/əvèiləbíləti/
Part 5, 6

名**空き状況**、入手[利用]の可能性、有用性
形available：❶利用できる、入手できる ❷(人が)会うことができる

☐ 0392
bulb
/bʌ́lb/
Part 2, 3

名❶**電球** ➕light bulbとも言う ❷球根

continued ▼

Chapter 4では、12日をかけて必修名詞192をチェック。まずはチャンツを聞いて、単語を「耳」からインプット！

□ 聞くだけモード　Check 1
□ しっかりモード　Check 1 ▶ 2
□ かんぺきモード　Check 1 ▶ 2 ▶ 3

Check 2 Phrase	Check 3 Sentence 》MP3-050
□ have a preference for fish over meat（肉より魚のほうが好きだ） □ give [show] preference to ～（～を優先する）	□ Don't impose your personal preferences on others.（自分の好みを他人に押しつけてはならない）
□ increase productivity（生産性を上げる）	□ Pleasant working conditions will improve employee productivity.（快適な職場環境は従業員の生産性を向上させるだろう）
□ tax reduction（減税） □ a reduction in gasoline prices（ガソリン価格の引き下げ）	□ The staff reductions will save over $2 million.（人員削減によって200万ドル以上が節約されるだろう）
□ work a shift（交替勤務で働く） □ a day [night] shift（日勤［夜勤］）	□ They work three shifts.（彼らは3交替勤務で働いている）
□ a fishing vessel（漁船）	□ A vessel is going under the bridge.（船が橋の下を進んでいる）
□ the acceptance of economic aid（経済援助の受け入れ） □ the acceptance of the plan（その計画の承認）	□ He has had acceptances from five universities.（彼は5つの大学から合格通知をもらった）
□ flight availability（航空便の空き状況） □ the availability of information（情報入手の可能性）	□ I checked the hotel availability online.（私はそのホテルの空き状況をネットで調べた）
□ a 40-watt bulb（40ワットの電球） □ a tulip bulb（チューリップの球根）	□ Can you change the bulb?（電球を替えてくれますか？）

continued ▼

Check 1 Chants))) MP3-049

□ 0393
efficiency
/ifíʃənsi/
Part 7
▸
名 **効率**、能率
形efficient：❶効率［能率］的な ❷有能な
副efficiently：能率［効果］的に
▸

□ 0394
interruption
/ìntərʌ́pʃən/
Part 2, 3
▸
名 **妨害**、遮ること、妨害物、遮る物
動interrupt：～を遮る、妨げる
▸

□ 0395
outlook
/áutlùk/
Part 5, 6
▸
名❶(～の)**見通し**、見込み(for ～) ❷(～に対する)見解、態度(on ～) ❸展望台
▸

□ 0396
perishable
/périʃəbl/
Part 2, 3
▸
名(～s)**生鮮食品**、腐りやすい物［食品］
形(食べ物が)腐りやすい
動perish：❶死ぬ ❷滅びる
▸

□ 0397
possession
/pəzéʃən/
Part 4
▸
名❶(通例～s)**所有物**、財産 ❷所有、所持
動possess：～を所有する、持っている
形possessive：所有［独占］欲の強い
▸

□ 0398
capability
/kèipəbíləti/
Part 5, 6
▸
名(～する)**能力**、才能(to do [of doing])(≒ability, capacity, talent)
形capable：❶(be capable ofで)～の能力［才能］がある ❷有能［敏腕］な
▸

□ 0399
completion
/kəmplíːʃən/
Part 5, 6
▸
名 **完成**、完了
動complete：～を完成させる
形complete：❶完全な ❷全部の
副completely：完全に、すっかり
▸

□ 0400
counterpart
/káuntərpɑ̀ːrt/
Part 5, 6
▸
名(～に)**相当**［対応］**するもの**［人］(of [to] ～)(≒equivalent)
▸

Day 24))) MP3-047
Quick Review
答えは右ページ下

□ 最大限の
□ 近くの
□ 時間を守る
□ 画期的な
□ 見事な
□ 入手可能な
□ ちょうどよい時の
□ 最大の
□ 大規模な
□ 郵便の
□ 受け入れられる
□ 明らかな
□ 有益な
□ 予備の
□ 壊れやすい
□ 基本的な

Check 2 Phrase

Check 3 Sentence ») MP3-050

□ energy [fuel] efficiency（エネルギー［燃料］効率）
□ improve [increase] efficiency（効率を高める）

▸ □ Increasing efficiency is the best way to increase productivity.（効率を上げることが生産性を上げる最良の方法だ）

□ without interruption（間断なく）
□ constant interruption（繰り返される妨害）

▸ □ I can't stand these continual interruptions by phone calls.（こう頻繁にかかってくる電話に邪魔されては我慢できない）

□ the short-term [long-term] outlook（短期［長期］的見通し）
□ an outlook on life（人生観）

▸ □ The outlook for the country's economy is very bright.（その国の経済の見通しは非常に明るい）

□ use up perishables（生鮮食品を使い切る）

▸ □ Keep perishables in the refrigerator.（生鮮食品を冷蔵庫にしまっておいてください）

□ the most prized possession（最も大切な所有物）
□ be in possession of ～（～を所有している）

▸ □ They lost their homes and all their possessions in the hurricane.（彼らは家と全所有物をそのハリケーンで失った）

□ the capability to do the job（その仕事をする能力）
□ beyond [within] one's capabilities（能力を超えて［の範囲内で］）

▸ □ This task is far beyond his capabilities.（この任務は彼の能力をはるかに超えている）

□ be near completion（完成間近である）
□ on completion of ～（～の完了時に）

▸ □ The construction of the bridge is scheduled for completion in February.（その橋の建設は2月に完了する予定だ）

□ the Japanese counterpart of the US Senate（日本でアメリカの上院に相当するもの）➕参議院

▸ □ This Japanese word has no counterpart in English.（この日本語に相当する英語はない）

Day 24 ») MP3-047
Quick Review
答えは左ページ下

□ maximum	□ spectacular	□ large-scale	□ beneficial
□ nearby	□ accessible	□ postal	□ preliminary
□ punctual	□ timely	□ acceptable	□ delicate
□ revolutionary	□ utmost	□ apparent	□ fundamental

Day 26 名詞14

Check 1 Chants 》 MP3-051

☐ 0401
mission
/míʃən/
Part 7

名 **使命**、任務（≒vocation）

☐ 0402
participation
/pɑːrtìsəpéiʃən/
Part 7

名（～への）**参加**、加入（in ～）
名participant：（～の）参加者、当事者（in ～）
動participate：（participate inで）～に参加する

☐ 0403
newsletter
/njúːzlètər/
Part 2, 3

名 **会報**、公報（≒bulletin）

☐ 0404
packaging
/pǽkidʒiŋ/
Part 7

名 **包装**、梱包
名package：❶小包、包み ❷（食品販売用の）パッケージ、パック
動package：～を包装［箱詰め］する

☐ 0405
paid vacation
Part 7

名 **有給休暇** ➕paid leave [holiday]とも言う
形paid：有給の
名vacation：休暇

☐ 0406
panel
/pǽnl/
Part 5, 6

名❶（集合的に）**委員会**、（コンテストなどの）審査員団 ❷陪審団（≒jury） ❸パネル
動（壁など）に（…で）鏡板を張る（with . . .）
名panelist：（公開討論会の）討論者

☐ 0407
publicity
/pʌblísəti/
Part 5, 6

名❶（世間の）**注目**、評判、知名度 ❷宣伝、広報（≒advertising）
動publicize：～を公表［広告、宣伝］する、公にする

☐ 0408
finding
/fáindiŋ/
Part 5, 6

名（通例～s）（調査などの）**結果**、発見（≒discovery）
動find：～を見つける、発見する

continued ▼

Quick Reviewは使ってる？　昨日覚えた単語でも、記憶に残っているとは限らない。学習の合間に軽くチェックするだけでも効果は抜群！

□ 聞くだけモード　Check 1
□ しっかりモード　Check 1 ▶ 2
□ かんぺきモード　Check 1 ▶ 2 ▶ 3

Check 2　Phrase	Check 3　Sentence 》MP3-052
□ one's mission in life（人生の使命）	□ We work with a strong sense of mission.（私たちは強い使命感をもって働いている）
□ participation in volunteer activities（ボランティア活動への参加）	□ Thank you very much for your participation.（ご参加いただき誠にありがとうございます）
□ a monthly newsletter（月刊の会報）	□ Do you subscribe to our weekly online newsletter?（当社の週刊のオンライン会報を定期購読していますか？）
□ attractive packaging（魅力的な包装）	□ Packaging is very important to consumers.（包装は消費者にとってとても重要だ）
□ take a paid vacation（有給休暇を取る）	□ The position includes two weeks' paid vacation.（その職には2週間の有給休暇が含まれている）
□ a panel of experts（専門家委員会） □ serve on a panel（陪審員を務める）	□ Some of the panel's members disagreed with the decision.（委員会の何人かの委員はその決定に異議を唱えた）
□ good [bad] publicity（よい[悪い]評判） □ publicity campaign（宣伝キャンペーン）	□ The debate received national publicity.（その論争は全国的な注目を集めた）
□ the report's findings（報告書の調査結果）	□ The research findings show an increase in poverty rates.（研究結果は貧困率の増加を示している）

continued ▼

Check 1 Chants ⟫ MP3-051

□ 0409 **measurement** /méʒərmənt/ Part 2, 3	名❶(通例～s)**寸法**、サイズ(≒size, dimension) ❷測定 名measure：❶(しばしば～s)対策、手段 ❷(度量の)単位 ❸寸法 動measure：(寸法など)を測る
□ 0410 **setting** /sétiŋ/ Part 5, 6	名❶**環境**、周囲の状態(≒environment) ❷(小説などの)舞台、背景
□ 0411 **proceed** /próusiːd/ ❗アクセント注意 Part 5, 6	名(～s)**収益**、売上高 動(/prəsíːd/)❶(proceed toで)～へ進む、向かう ❷(proceed withで)～を続ける 名proceeding：❶(～s)議事録 ❷(～s)手続き 名procedure：❶手順、順序、方法 ❷(正式な)手続き
□ 0412 **allowance** /əláuəns/ ❗発音注意 Part 2, 3	名❶**手当**、支給額、お小遣い ❷割当量 動allow：❶～を許す ❷(allow A to doで)Aに～することを許す
□ 0413 **enthusiasm** /inθúːziæzm/ ❗アクセント注意 Part 5, 6	名(～に対する)**熱意**、熱狂、強い興味(for ～) 形enthusiastic：❶熱心[熱狂的]な ❷(be enthusiastic aboutで)～に熱中している、夢中になっている 副enthusiastically：熱心[熱烈]に
□ 0414 **equivalent** /ikwívələnt/ ❗アクセント注意 Part 7	名**相当するもの**(≒counterpart)、同等[同量]のもの 形(be equivalent toで)～に相当する、～と同等である
□ 0415 **objection** /əbdʒékʃən/ Part 2, 3	名(～に対する)**反対**、異議(to [against] ～)(≒disagreement)(⇔agreement) 動object：(object toで)～に反対[抗議]する 形objectionable：不快な、気に障る
□ 0416 **recognition** /rèkəgníʃən/ Part 5, 6	名❶(～という)**認識**、評価(that節 ～) ❷承認、認可 動recognize：❶～を見分ける、識別する ❷(recognize A as Bで)AをBだと認める

Day 25 ⟫ MP3-049 Quick Review
答えは右ページ下

□ 好み	□ 船	□ 効率	□ 所有物
□ 生産性	□ 受け入れ	□ 妨害	□ 能力
□ 削減	□ 空き状況	□ 見通し	□ 完成
□ 勤務時間	□ 電球	□ 生鮮食品	□ 相当するもの

Check 2 Phrase

Check 3 Sentence MP3-052

Check 2 Phrase	Check 3 Sentence
□ take measurements(寸法を測る) □ accurate measurement(正確な測定)	□ I took the measurements of the table.(私はそのテーブルの寸法を測った)
□ a social setting(社会的環境) □ the setting of the movie(その映画の舞台)	□ The hotel is located in a marvelous natural setting.(そのホテルは素晴らしい自然環境の中にある)
□ the proceeds from the deal(その取引からの収益)	□ All proceeds from the concert will be donated to local charities.(そのコンサートの全収益は地元の慈善団体に寄付される予定だ)
□ housing allowance(住宅手当) □ provide an allowance of time for ~(~に時間を充てる)	□ Does the salary include a family allowance?(その給料には家族手当は含まれていますか?)
□ enthusiasm for music(音楽に対する熱意) □ with enthusiasm(熱心に)	□ My colleagues showed little enthusiasm for my plan.(同僚たちは私の計画にほとんど興味を示さなかった)
□ an English equivalent for the Japanese *motokare*(「元彼」に相当する英語)➕「元彼」は英語ではex-boyfriend	□ A typhoon is the East Asian equivalent of a hurricane.(台風は東アジアにおける、ハリケーンに相当するものだ)
□ raise [voice] an objection(異議を唱える) □ have no objection to the plan(その計画に異存はない)	□ There are strong objections to the construction of the building.(そのビルの建設には激しい反対がある)
□ beyond [out of] recognition(見分けがつかないほど) □ give [pay] recognition to ~(~を認める)	□ He gained recognition as an artist after his death.(彼は死後に芸術家として認められた)

Day 25 MP3-049
Quick Review
答えは左ページ下

□ preference
□ productivity
□ reduction
□ shift
□ vessel
□ acceptance
□ availability
□ bulb
□ efficiency
□ interruption
□ outlook
□ perishable
□ possession
□ capability
□ completion
□ counterpart

Day 27 名詞15

Check 1 Chants 》MP3-053

□ 0417 **cargo** /kɑ́:rgou/ Part 1	名 **積み荷**、貨物(≒freight)
□ 0418 **comparison** /kəmpǽrisn/ Part 2, 3	名(～との)**比較**(with [to] ～) 動compare:(compare A to [with] Bで)❶AをBと比較する ❷AをBに例える 形comparable:❶(～と)類似[同種]の(with [to] ～) ❷(～と)比較に値する、同等の(with [to] ～)
□ 0419 **machinery** /məʃí:nəri/ ❶発音注意 Part 7	名(集合的に)**機械**(類) ➕個々の「機械」はmachine
□ 0420 **occupation** /ɑ̀kjupéiʃən/ Part 2, 3	名❶**職業**、仕事(≒job, profession, employment) ❷(土地・家屋などの)占有、占拠(of ～) 動occupy:❶(場所など)を占める、占有する ❷(be occupied withで)～に従事している、～で忙しい
□ 0421 **satisfaction** /sæ̀tisfǽkʃən/ Part 5, 6	名 **満足**、充足(⇔dissatisfaction:不満) 動satisfy:❶～を満足させる ❷(必要など)を満たす ❸(be satisfied withで)～に満足している 形satisfactory:(～にとって)満足な、納得のいく(to [for] ～)
□ 0422 **acquisition** /æ̀kwəzíʃən/ Part 7	名❶(会社などの)**買収**、獲得、入手 ❷(言語運用能力の)習得 動acquire:❶～を獲得[入手]する、～を買収する ❷(知識など)を習得する
□ 0423 **commodity** /kəmɑ́dəti/ Part 4	名 **産物**、商品(≒product)
□ 0424 **deregulation** /di:règjuléiʃən/ Part 4	名 **規制緩和**[撤廃]、自由化 動deregulate:～の規制を緩和[撤廃]する、～を自由化する

continued ▼

見出し語下の「Part 1」マークの単語には、Check 3でPart 1型の例文を用意している。情景を頭に浮かべながら、音読してみよう！

□ 聞くだけモード　Check 1
□ しっかりモード　Check 1 ▸ 2
□ かんぺきモード　Check 1 ▸ 2 ▸ 3

Check 2 Phrase	Check 3 Sentence MP3-054
□ a cargo ship [train, plane]（貨物船［列車、輸送機］）	□ Cargo is being unloaded from a truck.（積み荷がトラックから降ろされている）
□ in comparison to [with] ～（～と比べると） □ by [for] comparison（比べると［比較のために］）	□ In comparison to his other novels, this one is not so interesting.（彼のほかの小説と比べると、これはそれほど面白くない）
□ a piece of machinery（1台の機械） □ agricultural machinery（農業機械）	□ New machinery will improve the company's productivity.（新しい機械はその会社の生産性を向上させるだろう）
□ a dangerous occupation（危険な職業） □ the US occupation of Iraq（アメリカのイラク占領）	□ What is your current occupation?（あなたの現在の職業は何ですか？）
□ get [obtain, derive] satisfaction from ～（～から満足を得る） □ job satisfaction（仕事のやりがい、仕事に対する満足）	□ Our company aims at achieving customer satisfaction.（当社は顧客満足を達成することを目指している）
□ the acquisition of the steelmaker（その鉄鋼メーカーの買収） □ the acquisition of a second language（第2言語の習得）	□ We spent $30 million for the acquisition of the company.（私たちはその会社の買収に3000万ドルを使った）
□ agricultural commodities（農産物） □ commodity price（物価）	□ Nickel is the country's most valuable export commodity.（ニッケルはその国の最も高価な輸出品だ）
□ the effect of the deregulation（規制緩和の効果）	□ More than 100 carriers have gone bankrupt since deregulation.（規制緩和以降、100を超える運輸会社が倒産している）

continued ▼

Check 1　Chants MP3-053

☐ 0425
investor
/invéstər/
Part 4

名**投資家**、投資者
名investment：(～への)投資、出資(in ～)
動invest：(invest A in Bで)A(金など)をBに投資する

☐ 0426
shipping
/ʃípiŋ/
Part 4

名**発送**、出荷
名shipment：❶出荷、発送　❷積み荷、発送品
名ship：船
動ship：(商品)を発送[出荷]する、～を輸送する

☐ 0427
advertisement
/ædvərtáizmənt/　イ/ədvə́:tismənt/
❶発音注意
Part 2, 3

名**広告**、宣伝　➕略語のadもよく用いられる
名advertising：❶(集合的に)広告　❷広告業
形advertising：広告の
動advertise：❶～を宣伝[広告]する　❷(～を求める)広告を出す(for ～)

☐ 0428
associate
/əsóuʃiət/
❶発音注意
Part 4

名**同僚**、仲間(≒colleague, coworker)
動(/əsóuʃièit/)(associate A with Bで)AをBと結びつけて考える、AからBを連想する
名association：❶(共通の目的のための)協会、団体　❷(～との)提携、つき合い(with ～)

☐ 0429
emphasis
/émfəsis/
❶アクセント注意
Part 5, 6

名(～の)**強調**、力説、重要視(on [upon] ～)
動emphasize：～を強調[力説]する

☐ 0430
estate
/istéit/
Part 5, 6

名❶**財産**(≒property, asset)　❷地所

☐ 0431
exploration
/èkspləréiʃən/
Part 4

名❶**探査**、探検　❷(～の)調査、探求(into ～)(≒investigation)
名explorer：探検家
動explore：❶～を探検する　❷～を調査[探求]する
形exploratory：(手術などが)予備的な

☐ 0432
exposure
/ikspóuʒər/
Part 2, 3

名(危険などに)**身をさらすこと**(to ～)
動expose：❶～を(…に)暴露する、ばらす(to . . .)　❷(expose A to Bで)AをB(危険など)にさらす、AをBに触れさせる

Day 26 MP3-051
Quick Review
答えは右ページ下

☐ 使命　☐ 有給休暇　☐ 寸法　☐ 熱意
☐ 参加　☐ 委員会　☐ 環境　☐ 相当するもの
☐ 会報　☐ 注目　☐ 収益　☐ 反対
☐ 包装　☐ 結果　☐ 手当　☐ 認識

Check 2 Phrase

Check 3 Sentence MP3-054

□ an individual [institutional] investor(個人[機関]投資家)
□ investor relations(投資家向け広報活動、IR)

▸ □ Investors are becoming more cautious in the present economic conditions.(現在の経済状況の中で、投資家たちはより慎重になってきている)

□ shipping charges(送料)

▸ □ Shipping by sea is less expensive than by air.(船便での発送は航空便よりも安い)

□ put an advertisement in ~(~に広告を出す)
□ a television advertisement for a new car(新車のテレビ宣伝)

▸ □ I regularly check job advertisements in newspapers.(私は定期的に新聞の求人広告を調べている)

□ a business associate(仕事仲間)

▸ □ I know Mr. Harrison as an associate, but not as a close friend.(私はハリソン氏を同僚として知ってはいるが、親友ではない)

□ put [place, lay] emphasis on ~(~を強調[重要視]する)

▸ □ The school puts special emphasis on English learning.(その学校は英語学習を特に重要視している)

□ real estate(不動産)
□ a housing estate(住宅団地)

▸ □ He left his entire estate to his only daughter.(彼は全財産を一人娘に残した)

□ oil exploration(石油探査)
□ under exploration(調査中の[で])

▸ □ The US has spent a lot of money on space exploration.(アメリカは宇宙探査に多くの金を使ってきている)

□ radiation exposure(放射線被ばく)

▸ □ Skin cancer can be caused by excessive exposure to the sun.(皮膚がんは日光に過度に身をさらすことで起きることがある)

Day 26 MP3-051
Quick Review
答えは左ページ下

□ mission	□ paid vacation	□ measurement	□ enthusiasm
□ participation	□ panel	□ setting	□ equivalent
□ newsletter	□ publicity	□ proceed	□ objection
□ packaging	□ finding	□ allowance	□ recognition

Day 28 名詞16

Check 1 Chants 》MP3-055

□ 0433 **significance** /signífikəns/ Part 5, 6	名❶**重要性**、重大性(≒importance) ❷意味、意義(≒meaning) 形significant：❶重要な ❷かなりの ❸意味のある 副significantly：❶著しく ❷(more [most] ～で)さらに[最も]重要なことに(は)
□ 0434 **terminal** /tə́:rmənl/ Part 2, 3	名❶(コンピューターの)**端末** ❷(鉄道・バスなどの)ターミナル 形❶(病気が)末期の ❷絶望的な ❸最終の 動terminate：❶～を終わらせる ❷終わる 名termination：終了、終結、満了
□ 0435 **welfare** /wélfèər/ Part 2, 3	名❶**福祉**、福利(≒well-being) ❷生活保護(≒social security)
□ 0436 **withdrawal** /wiðdrɔ́:əl/ Part 7	名❶**預金の引き出し** ❷撤退、撤兵 ❸(約束などの)撤回 動withdraw：❶(預金など)を(…から)引き出す(from . . .) ❷～を撤回する ❸(～から)、退く、撤退する(from ～)
□ 0437 **adjustment** /ədʒʌ́stmənt/ Part 2, 3	名❶**調整**、調節 ❷適応 動adjust：❶(機械など)を調節[整備]する ❷(adjust A to Bで)AをBに合わせる、適合させる ❸(adjust toで)(環境など)に適応[順応]する 形adjustable：調節[調整]できる
□ 0438 **charity** /tʃǽrəti/ Part 2, 3	名❶**慈善団体**[施設]、慈善事業 ❷義援金 形charitable：❶慈善(事業)の ❷寛大な、慈悲深い
□ 0439 **edition** /idíʃən/ Part 2, 3	名(本などの)**版** 名editor：編集者 名editorial：(新聞などの)社説、論説 形editorial：❶編集(上)の ❷社説[論説]の 動edit：❶～を編集する ❷～を校訂する
□ 0440 **indication** /ìndikéiʃən/ Part 5, 6	名(～の／…という)**兆候**、しるし(of ～/that節 . . .) 動indicate：～を示す、表す

continued ▼

「声に出す」練習は続けている？　えっ、周りに人がいてできない?!　そんなときは「ロパク」でもOK。「耳＋口」の練習を忘れずに！

□ 聞くだけモード　Check 1
□ しっかりモード　Check 1 ▸ 2
□ かんぺきモード　Check 1 ▸ 2 ▸ 3

Check 2 Phrase		Check 3 Sentence))) MP3-056
□ be of great [little] significance（非常に重要である[ほとんど重要でない]） □ the significance of the poem（その詩の意味）	▸	□ The prime minister stressed the significance of economic reforms.（首相は経済改革の重要性を強調した）
□ a computer terminal（コンピューター端末） □ an airport terminal（空港ターミナル）	▸	□ Can you help me with hooking up the terminal?（端末を接続するのを手伝ってくれますか？）
□ welfare reform（福祉改革） □ live on welfare（生活保護を受けて暮らす）	▸	□ Many people are concerned about the welfare of their country.（多くの人々が自国の福祉を心配している）
□ make a withdrawal（預金を引き出す） □ a withdrawal of the troops（軍隊の撤退）	▸	□ Cash withdrawals from ATMs can't be made on December 1.（12月1日はATMからの現金の引き出しはできない）
□ a slight [minor] adjustment（微調整） □ adjustment to a new environment（新しい環境への適応）	▸	□ Do you think we'll have to make any adjustments to the schedule?（スケジュールを少々調整する必要があると思いますか？）
□ leave one's estate to a charity（財産を慈善団体に遺贈する） □ accept charity（義援金を受け取る）	▸	□ She donated $10,000 to the charity.（彼女はその慈善団体に1万ドルを寄付した）
□ the first edition（初版） □ the evening edition（夕刊）	▸	□ The textbook is now in its fifth edition.（その教科書は現在、第5版だ）
□ indications of the disease（その病気の兆候）	▸	□ There is every indication that the economy is slowing.（経済が減速しているあらゆる兆候がある）

continued ▼

Check 1 Chants 》MP3-055

□ 0441
outbreak
/áutbrèik/
Part 2, 3

名(戦争などの)**勃発**、突発(of ～)
動break out：(戦争などが)勃発する、急に発生する

□ 0442
patio
/pǽtiòu/
Part 1

名(屋外の)**テラス**(≒terrace)

□ 0443
publisher
/pʌ́bliʃər/
Part 7

名**出版社**、発行者[元]
動publish：❶～を出版[発行]する ❷～を発表[公表]する
名publishing：出版(業)
名publication：❶出版、発行 ❷出版物 ❸発表、公表

□ 0444
relocation
/rìːloukéiʃən/
Part 5, 6

名**移転**、転勤
動relocate：❶(relocate A to Bで)AをBに移転[移動]させる、AをBに転勤させる ❷(relocate toで)～に移転する、転勤する

□ 0445
remainder
/riméindər/
Part 7

名(the ～)(集合的に)(～の)**残り**、残りの物[人](of ～)
名remain：(通例 ～s)残り(物)
動remain：❶(依然として)～のままである ❷(ある場所に)とどまる

□ 0446
violation
/vàiəléiʃən/
Part 7

名❶(法律などの)**違反**(of ～) ❷(権利などの)侵害(of ～)
動violate：❶(法律など)に違反する ❷(私生活など)を侵害する

□ 0447
wage
/wéidʒ/
Part 4

名(しばしば～s)**賃金**、給料(≒salary, pay)

□ 0448
accomplishment
/əkámpliʃmənt/
Part 7

名❶**業績**、功績、実績(≒achievement) ❷完成、成就、達成
動accomplish：(仕事など)を成し遂げる、完遂[成就]する

Day 27 》MP3-053
Quick Review
答えは右ページ下

□ 積み荷
□ 比較
□ 機械
□ 職業
□ 満足
□ 買収
□ 産物
□ 規制緩和
□ 投資家
□ 発送
□ 広告
□ 同僚
□ 強調
□ 財産
□ 探査
□ 身をさらすこと

Check 2 Phrase

Check 3 Sentence MP3-056

Phrase	Sentence
□ the outbreak of World War I(第1次世界大戦の勃発)	□ The government is preparing for an outbreak of flu.(政府はインフルエンザの突発に備えて準備している)
□ have lunch on the patio(テラスで昼食をとる)	□ There are tables and chairs on the patio.(テラスにテーブルといすが置かれている)
□ a famous publisher(有名な出版社)	□ My wife is an editor with a major publisher.(私の妻は大手出版社の編集者だ)
□ relocation of manufacturing facilities(製造施設の移転) □ relocation allowance(転勤手当)	□ The relocation of the headquarters will take place next year.(本社の移転は来年行われる予定だ)
□ the remainder of the day [loan](その日[ローン]の残り)	□ The remainder of the climbers are still missing.(残りの登山者たちは依然として行方不明となっている)
□ in violation of ~(~に違反して) □ a violation of human rights(人権の侵害)	□ The country has heavy penalties for drug violations.(その国は麻薬違反に重罰を課している)
□ a wage increase(賃上げ)	□ He earns an hourly wage of $20.(彼は時給20ドルをもらっている)
□ a major accomplishment(偉大な業績) □ a sense of accomplishment(達成感)	□ Employees should be evaluated according to their accomplishments.(従業員はそれぞれの業績に従って評価されるべきだ)

Day 27 MP3-053
Quick Review
答えは左ページ下

□ cargo	□ satisfaction	□ investor	□ emphasis
□ comparison	□ acquisition	□ shipping	□ estate
□ machinery	□ commodity	□ advertisement	□ exploration
□ occupation	□ deregulation	□ associate	□ exposure

Day 29 名詞17

Check 1 Chants 》MP3-057

□ 0449
assumption
/əsʌ́mpʃən/
Part 5, 6

名**想定**、仮定、思い込み(≒supposition)
動assume：❶〜だと想定[仮定]する ❷(役目・責任など)を引き受ける

□ 0450
invention
/invénʃən/
Part 4

名**発明**、発明品
動invent：〜を発明[考案]する

□ 0451
prevention
/privénʃən/
Part 7

名(〜の)**予防**、防止(of 〜)
動prevent：❶(事故など)を防ぐ ❷(prevent A from doingで)Aが〜するのを妨げる
形preventive：予防の

□ 0452
provider
/prəváidər/
Part 7

名(サービスなどの)**提供**[供給](事業)**者**、(インターネットの)プロバイダー(≒supplier)
動provide：(provide A with Bで)AにBを提供する
名provision：❶供給 ❷(法律などの)条項 ❸(〜s)食料
接provided that 〜：もし〜ならば、〜という条件で

□ 0453
restriction
/ristríkʃən/
Part 2, 3

名(〜に対する)**制限**、制約、限定(on 〜)
動restrict：〜を(…に)制限[限定]する(to . . .)
形restricted：(〜に)制限された、限られた(to 〜)

□ 0454
supervision
/sù:pərvíʒən/
Part 5, 6

名**監督**、管理、指揮
動supervise：〜を監督[管理、指揮]する
名supervisor：監督[管理]者
形supervisory：監督[管理](上)の

□ 0455
convenience
/kənví:njəns/
Part 4

名❶**便利**、便宜(⇔inconvenience) ❷便利な物
形convenient：❶(〜にとって)都合のよい(for [to] 〜) ❷(〜にとって)便利な(for [to] 〜)
副conveniently：便利なように、好都合に

□ 0456
cooperation
/kouὰpəréiʃən/
Part 4

名(〜の間の)**協力**(between 〜)(≒collaboration)
✚corporation(企業)と混同しないように注意
動cooperate：❶(〜と)協力する(with 〜) ❷(cooperate to doで)〜するために協力する、協力して〜する
形cooperative：❶協力的な ❷協同の

continued ▼

「分散学習」も効果的。朝起きたらCheck 1、昼食後にCheck 2、寝る前にCheck 3といった具合に、学習時間を作る工夫をしてみよう。

□ 聞くだけモード　Check 1
□ しっかりモード　Check 1 ▸ 2
□ かんぺきモード　Check 1 ▸ 2 ▸ 3

Check 2 Phrase	Check 3 Sentence 》MP3-058
□ make an assumption(仮定する、思い込む) □ on the assumption that ~(~という仮定[想定]の下に)	□ Our assumptions are often wrong.(私たちの想定は間違っていることが多い)
□ the invention of the television(テレビの発明) □ a wonderful invention(素晴らしい発明品)	□ The Internet is one of the greatest inventions of the 20th century.(インターネットは20世紀最大の発明の1つだ)
□ the prevention of influenza(インフルエンザの予防) □ crime prevention(犯罪防止)	□ Prevention is better than cure.(予防は治療に勝る)➕「転ばぬ先の杖」に当たる表現
□ a healthcare provider(医療サービス提供者) □ an Internet provider(インターネット・プロバイダー)	□ The company is one of the main providers of electricity.(その会社は大手電力供給業者の1つだ)
□ impose restrictions on ~(~に対して制限を課す) □ lift restrictions on ~(~に対する制限を解除する)	□ The government will lift restrictions on foreign property investment.(政府は外国からの不動産投資に対する制限を解除する予定だ)
□ under the supervision of ~(~の監督の下で)	□ Mr. Smith is in charge of the supervision of the care staff.(スミス氏は介護職員の監督責任者だ)
□ for one's convenience(~にとって便利なように) □ every (modern) convenience(便利な家庭用機器、文明の利器)	□ I like the convenience of living in the city.(私は都市生活の便利さが好きだ)
□ cooperation between the two companies(両社の協力) □ in cooperation with ~(~と協力して)	□ I appreciate your cooperation.(ご協力に感謝します)

continued ▼

Check 1　Chants 》MP3-057

□ 0457
electronics
/ilèktrániks/
Part 7

名(集合的に)**電子機器**
形electronic：電子の

□ 0458
existence
/igzístəns/
Part 5, 6

名❶(～の)**存在**(of ～)　❷生活(状況)(≒life)
動exist：❶存在[実在、現存]する　❷(～で)生きていく(on ～)
形existing：既存[現在、現存]の

□ 0459
microscope
/máikrəskòup/
Part 1

名**顕微鏡**　➕「望遠鏡」はtelescope
形microscopic：❶非常に小さい、微細な　❷顕微鏡の

□ 0460
proportion
/prəpɔ́:rʃən/
Part 5, 6

名❶**割合**、部分(≒part)　❷比率(≒ratio)

□ 0461
tourism
/túərizm/
Part 7

名**観光業**、ツーリズム
名tour：❶(工場などの)視察、見学　❷(～の)旅行(of [around, round] ～)
動tour：❶旅行する　❷～を旅行する　❸～を見学する
名tourist：旅行者、観光客

□ 0462
trading
/tréidiŋ/
Part 7

名❶**取引**　❷証券取引
名trade：❶(～との)貿易、通商(with ～)　❷商売、(the ～)(修飾語と共に)～業
動trade：❶(～と)貿易[取引]する(with ～)　❷(trade A for Bで)AをB(物)と交換する

□ 0463
biography
/baiágrəfi/
Part 2, 3

名**伝記**(≒life story)　➕「自伝」はautobiography

□ 0464
calculator
/kǽlkjulèitər/
Part 1

名**電卓**、計算器
動calculate：❶～を計算する、算出する　❷～を推定[判断]する
名calculation：計算

Day 28 》MP3-055
Quick Review
答えは右ページ下

□ 重要性	□ 調整	□ 勃発	□ 残り
□ 端末	□ 慈善団体	□ テラス	□ 違反
□ 福祉	□ 版	□ 出版社	□ 賃金
□ 預金の引き出し	□ 兆候	□ 移転	□ 業績

Check 2 Phrase

☐ advances in electronics（電子機器の進歩）
☐ consumer electronics（家庭用電化製品、家電）

☐ in existence（存在[現存]して）
☐ lead a lonely existence（孤独な生活を送る）

☐ an electron [optical] microscope（電子[光学]顕微鏡）

☐ a high [small] proportion of ～（かなりの割合[ごく一部]の～）
☐ in proportion to ～（～に比例して、～に比べて）

☐ the tourism industry（観光業界[産業]）

☐ do a lot of trading（たくさん取引をする）
☐ heavy [light] trading（大[薄]商い）

☐ a biography of David Bowie（デヴィッド・ボウイの伝記）

☐ a pocket calculator（ポケット電卓）

Check 3 Sentence 》MP3-058

☐ We live surrounded by high-tech electronics.（私たちはハイテク電子機器に囲まれて生活している）

☐ Do you believe in the existence of aliens?（宇宙人の存在を信じますか？）

☐ The woman is looking through a microscope.（女性は顕微鏡をのぞいている）

☐ Water makes up a large proportion of the body.（水は人体のかなりの割合を占めている）

☐ The region's economy is heavily dependent on tourism.（その地域の経済は観光業に大きく依存している）

☐ Trading in foreign currencies can be very risky.（外貨取引は非常に危険なことがある）

☐ I like to read biographies.（私は伝記を読むのが好きだ）

☐ The man is working with a calculator.（男性は電卓で計算している）

Day 28 》MP3-055
Quick Review
答えは左ページ下

☐ significance
☐ terminal
☐ welfare
☐ withdrawal
☐ adjustment
☐ charity
☐ edition
☐ indication
☐ outbreak
☐ patio
☐ publisher
☐ relocation
☐ remainder
☐ violation
☐ wage
☐ accomplishment

Day 30 名詞18

Check 1 Chants 》MP3-059

□ 0465 **cookware** /kúkwèər/ Part 1	名(集合的に)**調理**[料理]**器具**
□ 0466 **inn** /ín/ Part 7	名**旅館**、宿屋(≒guest house) ➕郊外の「小さなホテル」を指すことが多い
□ 0467 **lifetime** /láiftàim/ Part 7	名❶**生涯**、一生 ❷(乗り物などの)寿命、耐用期間
□ 0468 **pillar** /pílər/ Part 1	名**柱**(≒column, post)
□ 0469 **power outage** Part 2, 3	名**停電**(≒power cut) 名power：電力、電気 名outage：(電気などの)供給停止(期間)
□ 0470 **competitor** /kəmpétətər/ Part 4	名**競争相手**、競合会社 名competition：(～を目指す／…同士の)競争、争い(for ～/between [among] . . .) 動compete：(～と)競争する、張り合う(with ～) 形competitive：❶競争力のある ❷競争の
□ 0471 **consumption** /kənsʌ́mpʃən/ Part 5, 6	名**消費**(⇔production)、消費量[高] 名consumer：消費者 動consume：❶～を消費する ❷～を摂取する
□ 0472 **landscape** /lǽndskèip/ Part 1	名❶**風景**、景色(≒view, outlook, scenery, sight) ❷風景画 動～を造園する

continued ▼

定義が分かっていても、その単語を「使える」とは限らない。Check 2と3の和訳を見て、英語がすぐに出てくれば「使える」レベルは目前！

□ 聞くだけモード　Check 1
□ しっかりモード　Check 1 ▸ 2
□ かんぺきモード　Check 1 ▸ 2 ▸ 3

Check 2 Phrase		Check 3 Sentence 》 MP3-060
□ stainless cookware（ステンレス製の調理器具）	▸	□ Some cookware is on the counter.（調理器具がカウンターに置いてある）
□ run an inn（旅館を経営する）	▸	□ Our stay in the inn was very enjoyable.（その旅館での滞在はとても楽しかった）
□ during one's lifetime（生涯に） □ the lifetime of the car（その車の寿命）	▸	□ This tool should last a lifetime.（この道具は一生長持ちするはずだ）
□ a concrete pillar（コンクリート製の柱）	▸	□ The pier is supported by some pillars.（桟橋は柱で支えられている）
□ in case of a power outage（停電の場合は）	▸	□ Strong winds caused power outages in the region.（強風によってその地域では停電が起きた）
□ a business competitor（商売敵）	▸	□ The company is trying to gain more market share from its competitors.（その会社は競合会社からより多くの市場占有率を取ろうと努力している）
□ fuel consumption（燃料消費）	▸	□ Generally, electricity consumption increases during the summer.（一般に電気消費量は夏の間増加する）
□ a rural landscape（田舎の風景）	▸	□ The man is taking a picture of the landscape.（男性は風景の写真を撮っている）

continued ▼

Check 1　Chants 》MP3-059

□ 0473
awareness
/əwéərnis/
Part 7

名 (～の)**認識**、自覚(of ～)
形 aware：(be aware ofで)～に気づいている、～を承知している

□ 0474
bond
/bάnd/
Part 7

名 ❶**債券**、公債　❷(～との／…との間の)絆(with ～/between . . .)
動 ❶(～と)心のきずなを結ぶ(with [to] ～)　❷結合する
名 bondage：奴隷の境遇

□ 0475
burden
/bə́:rdn/
Part 4

名 ❶(精神的な)**重荷**、負担　❷荷物(≒load)
動 (burden A with Bで)AにB(重荷など)を負わせる

□ 0476
earning
/ə́:rniŋ/
Part 4

名 (～s)**所得**、収入(≒income)、(企業の)収益、利益
動 earn：❶(金など)を稼ぐ　❷(名声など)を得る

□ 0477
flu
/flú:/
Part 7

名 **インフルエンザ**　➕influenzaの短縮形

□ 0478
remedy
/rémədi/
Part 7

名 ❶(～の)**改善法**、救済策(for ～)　❷(病気の)治療(法)(for ～)(≒cure)

□ 0479
sacrifice
/sǽkrəfàis/
Part 7

名 ❶(～のための)**犠牲**(for ～)　❷いけにえ
動 ～を(…のために)犠牲にする(for . . .)

□ 0480
symptom
/símptəm/
Part 2, 3

名 ❶(～の)**兆候**、しるし(of ～)(≒sign)　❷症状

Day 29 》MP3-057
Quick Review
答えは右ページ下

□ 想定	□ 制限	□ 電子機器	□ 観光業
□ 発明	□ 監督	□ 存在	□ 取引
□ 予防	□ 便利	□ 顕微鏡	□ 伝記
□ 提供者	□ 協力	□ 割合	□ 電卓

Check 2 Phrase

□ awareness of the problem (問題の認識)

□ raise awareness about ~(~に関する認識を高める)

□ government bonds (国債)

□ a close bond between them (彼らの間の親密な絆)

□ the burden of responsibility (責任の重荷)

□ a heavy burden (重い荷物)

□ future earnings (将来の収入)

□ company earnings (企業収益)

□ catch [get] (the) flu (インフルエンザにかかる)

□ a flu shot (インフルエンザの予防接種)

□ a remedy for the recession (景気後退の改善策)

□ a home remedy (家庭治療法)

□ at the sacrifice of ~(~を犠牲にして)

□ human sacrifice (人身御供) ➕人間を神へのいけにえとすること

□ symptoms of recession (景気後退の兆候)

□ symptoms of flu (インフルエンザの症状)

Check 3 Sentence 》MP3-060

□ Young people tend to lack political awareness. (若者は政治意識が欠如しがちだ)

□ The bonds mature in 10 years. (その債券は10年で満期になる)

□ The mortgage is a heavy financial burden on the family. (住宅ローンはその家族にとって重い金銭的負担になっている)

□ The average worker's earnings were up only 0.3 percent over the previous year's. (労働者の平均所得は昨年よりわずかに0.3パーセント上昇した)

□ She is at home with the flu. (彼女はインフルエンザにかかって家にいる)

□ The best remedy for unemployment would be big public works. (失業の最高の改善策は大規模な公共事業かもしれない)

□ She made many sacrifices to send her son to college. (彼女は息子を大学に行かせるために多くを犠牲にした)

□ The weak dollar is a symptom of the US trade deficit problem. (ドル安はアメリカの貿易赤字問題の表れだ)

Day 29 》MP3-057
Quick Review
答えは左ページ下

□ assumption	□ restriction	□ electronics	□ tourism
□ invention	□ supervision	□ existence	□ trading
□ prevention	□ convenience	□ microscope	□ biography
□ provider	□ cooperation	□ proportion	□ calculator

Day 31 名詞19

Check 1 Chants 》 MP3-061

□ 0481 **trash** /trǽʃ/ Part 4	名 **ごみ**、くず(≒garbage, litter, refuse, rubbish)
□ 0482 **yield** /jíːld/ Part 5, 6	名❶**収益**、利回り(≒profit) ❷産出[収穫]高 動❶(結果など)をもたらす ❷～を産出する ❸(yield toで)～に屈する、負ける
□ 0483 **attendant** /əténdənt/ Part 4	名❶**店員**、接客[案内]係(≒clerk) ❷従者 形❶(～に)付随する(on ～) ❷つき添いの 動attend：❶～に出席する ❷(attend toで)～を処理する、～の世話をする、～に注意を払う
□ 0484 **attraction** /ətrǽkʃən/ Part 7	名❶**名所**、見どころ、アトラクション ❷魅力(≒appeal) 動attract：❶～を(…に)引きつける(to . . .) ❷～を魅惑する 形attractive：魅力的な、人を引きつける
□ 0485 **courtesy** /kə́ːrtəsi/ Part 7	名❶**好意**、優遇 ❷礼儀正しいこと、丁寧 形courteous：(～に対して)礼儀正しい、親切[丁寧]な(to [with] ～) 副courteously：礼儀正しく、丁寧に
□ 0486 **laundry** /lɔ́ːndri/ Part 2, 3	名❶(集合的に)**洗濯物**、洗濯 ❷クリーニング店
□ 0487 **outcome** /áutkʌ̀m/ Part 5, 6	名(～の)(最終的な)**結果**(of ～)(≒result, consequence, effect)
□ 0488 **scholarship** /skɑ́lərʃìp/ Part 4	名❶**奨学金**(≒grant) ❷学識 名scholar：❶学者 ❷奨学生 形scholarly：❶学術[専門]的な ❷学者の

continued ▼

英字紙・英字雑誌などを使って、語彙との出合いを増やそう。学習した語彙ともきっと遭遇するはず。出合いの数と定着度は正比例する！

□ 聞くだけモード　Check 1
□ しっかりモード　Check 1 ▸ 2
□ かんぺきモード　Check 1 ▸ 2 ▸ 3

Check 2　Phrase	Check 3　Sentence 》MP3-062
□ trash collection（ごみ収集） □ take out the trash（ごみを出す）	□ Bottles and cans are picked up with the regular trash collection.（瓶と缶は定期的なごみ収集で回収される）
□ yields on preferred stocks（優先株の利回り） □ crop yields（作物の収穫高）	□ Investments with high yields are difficult to find.（収益［利回り］の高い投資は見つけるのが難しい）
□ a flight [gas station] attendant（客室乗務員［ガソリンスタンドの店員］） □ a king's attendant（王の従者）	□ There is a guided tour of the gallery by our attendant.（当館の案内係による美術館のガイド付き見学がある）
□ the main attraction（一番の見どころ） □ lose one's attraction（魅力を失う）	□ There are many tourist attractions in the city.（その都市には多くの観光名所がある）
□ by courtesy of ～（～の好意によって） □ have the courtesy to do ～（～する礼儀をわきまえている）	□ Twenty Chinese students were invited to Japan by courtesy of the airline.（その航空会社の好意により、20人の中国人学生が日本へ招かれた）
□ fold laundry（洗濯物を畳む） □ do the laundry（洗濯をする）	□ Can you help me with the laundry?（洗濯を手伝ってくれますか？）
□ the eventual outcome of the war（その戦争の最終的な結果） □ the outcome of a negotiation（交渉の結果）	□ The candidate and his supporters are waiting for the outcome of the election.（その候補者と支持者たちは選挙の結果を待っている）
□ win a scholarship（奨学金を受ける） □ a work of great scholarship（卓越した学術研究）	□ She applied for a college scholarship.（彼女は大学の奨学金を申し込んだ）

continued ▼

Check 1　Chants 》MP3-061

□ 0489
strain
/stréin/
Part 5, 6

名 **重圧**、負担、緊張
動❶(体)を無理をして痛める　❷～を引っ張る

□ 0490
alliance
/əláiəns/
Part 5, 6

名(～との／…の間の)**提携**、同盟(with ～/between . . .)
名ally：❶協力者、味方　❷同盟国
動ally：(ally oneself to [with]で)～と同盟[提携]している
形allied：❶同盟した　❷(～と)関連した(to [with] ～)

□ 0491
barrier
/bǽriər/
Part 1

名❶(進入を防ぐための)**柵**、防壁(≒fence)　❷(～に対する／…の間の)障害、障壁(to [against] ～/between . . .)(≒obstacle)

□ 0492
consultation
/kɑ̀nsəltéiʃən/
Part 4

名(～との／…についての)**相談**、協議(with ～/on [about] . . .)
名consultant：(会社などの)コンサルタント、顧問
動consult：❶～に助言を求める　❷(本など)を調べる　❸(consult withで)～と話し合う、相談する

□ 0493
crosswalk
/krɔ́ːswɔ̀ːk/
Part 1

名 **横断歩道**(≒crossing, pedestrian crossing)

□ 0494
faculty
/fǽkəlti/
Part 5, 6

名❶(集合的に)**学部教授陣**、学部　❷(～の)才能(for [of] ～)(≒ability, talent, gift)　➕facility(施設)と混同しないように注意

□ 0495
fraction
/frǽkʃən/
Part 7

名❶(全体の)**一部**、小部分、(ある物の)何分の1(of ～)
❷分数

□ 0496
garbage
/gɑ́ːrbidʒ/
Part 2, 3

名 **生ごみ**、くず(≒trash, litter, refuse, rubbish)

Day 30 》MP3-059
Quick Review
答えは右ページ下

□ 調理器具
□ 旅館
□ 生涯
□ 柱

□ 停電
□ 競争相手
□ 消費
□ 風景

□ 認識
□ 債券
□ 重荷
□ 所得

□ インフルエンザ
□ 改善法
□ 犠牲
□ 兆候

Check 2 Phrase	Check 3 Sentence 》MP3-062
□ put a strain on ~(~に重圧[負担]をかける)	□ She's been under a lot of strain recently.(彼女は最近、大きなストレスを感じている)
□ form [make] an alliance(提携する、同盟関係を結ぶ) □ in alliance with ~(~と提携して)	□ The two companies formed an alliance to develop new vehicles.(両社は新車を開発するため提携した)
□ put up barriers(柵を設ける) □ trade barriers(貿易障壁)	□ There is a barrier across the road.(道路を横切って柵が渡されている)
□ in consultation with ~(~と協議中で[に])	□ Our operators are available for consultation by phone from 9 a.m. to 7 p.m.(当社のオペレーターは午前9時から午後7時まで電話で相談に対応可能だ)
□ cross at the crosswalk(横断歩道を渡る)	□ There is no traffic light at the crosswalk.(この横断歩道には信号がない)
□ the faculty of law(法学部) □ have a great faculty for [of] ~(~の素晴らしい才能がある)	□ The faculty will have a meeting tomorrow.(教授陣は明日、会議を開く予定だ)
□ a fraction of the work(その仕事の一部分) □ a proper [an improper] fraction(真[仮]分数)	□ She bought the dress at a fraction of the original price.(彼女は元値の数分の1でそのドレスを買った)
□ a garbage can [truck](ごみ入れ[収集車]) □ take out the garbage(ごみを出す)	□ Take out the garbage when you go.(出かける時にごみを出してください)

Day 30 》MP3-059
Quick Review
答えは左ページ下

□ cookware
□ inn
□ lifetime
□ pillar
□ power outage
□ competitor
□ consumption
□ landscape
□ awareness
□ bond
□ burden
□ earning
□ flu
□ remedy
□ sacrifice
□ symptom

Day 32 名詞20

Check 1 Chants 》MP3-063

□ 0497 **generosity** /dʒènərɑ́səti/ Part 4	名**気前のよさ**、寛大 形generous：❶(金などに)気前のよい(with ～)、(～に対して)寛大な(to ～) ❷たくさんの 副generously：❶気前よく ❷寛大にも ❸たっぷり
□ 0498 **infection** /infékʃən/ Part 7	名❶**伝染病**、感染症 ➕接触による「伝染病」はcontagion ❷伝染、感染 動infect：❶(コンピューターウイルスが)(ファイルなど)に感染する ❷(be infected withで)～に感染している 形infectious：伝染性の、伝染病の
□ 0499 **prediction** /pridíkʃən/ Part 5, 6	名(～についての)**予測**、予報、予言、予想(about [of] ～) 動predict：～を予測[予言、予想]する 形predictable：予測できる
□ 0500 **resolution** /rèzəlú:ʃən/ Part 7	名❶**決議**(案) ❷(問題などの)解決(of [to] ～) ❸(～しようという)決意、決心(to do)(≒decision, determination) 動resolve：❶(問題など)を解決する ❷(resolve to doで)～しようと決心[決意]する
□ 0501 **workout** /wə́:rkàut/ Part 2, 3	名(練習)**運動**、トレーニング(≒exercise) 動work out：練習[運動]をする、体を鍛える
□ 0502 **ecosystem** /í:kousìstəm/ Part 7	名**生態系** 名ecology：❶生態(環境) ❷生態学、エコロジー 形ecological：❶生態学[上]の ❷環境意識のある、環境保護の
□ 0503 **extent** /ikstént/ Part 5, 6	名❶(the ～)(問題・影響などの)**大きさ**、深刻さ(of ～) ❷程度、範囲(≒degree)
□ 0504 **insight** /ínsàit/ Part 5, 6	名(～への／…についての)**洞察**(力)、見識(into ～/about . . .) 形insightful：洞察力[見識]のある

continued ▼

「書いて覚える」のも効果的。「聞く＋音読する」に加えて、「書く」学習もしてみよう。そう、語彙学習は「あの手この手」が大切！

□聞くだけモード　Check 1
□しっかりモード　Check 1 ▶ 2
□かんぺきモード　Check 1 ▶ 2 ▶ 3

Check 2 Phrase	Check 3 Sentence 》MP3-064
□ imperial generosity（大変な気前のよさ［寛大さ］） □ show one's generosity（気前のよさを見せる）	□ I was overwhelmed by his generosity.（私は彼の気前のよさに圧倒された）
□ prevent infection（伝染病を防ぐ） □ a bacterial infection（細菌感染）	□ This infection can be cured by penicillin.（この伝染病はペニシリンで治すことができる）
□ make a prediction about ～（～について予測する） □ weather prediction（気象予測）	□ His economic predictions for this year were half right.（彼の今年の経済予測は半分は正しかった）
□ approve [adopt] a resolution（決議案を承認［採択］する） □ a resolution of the conflict（紛争の解決）	□ The UN passed a resolution to approve the use of force against Iraq.（国連はイラクに対する軍事力の行使を認める決議案を可決した）
□ an aerobic workout（エアロビクスの運動） □ a daily workout（毎日の運動）	□ He has a light workout every day.（彼は毎日、軽い運動をしている）
□ destroy the ecosystem（生態系を破壊する）	□ Climate change is having profound effects on the ecosystem.（気候変動は生態系に重大な影響を及ぼしている）
□ the extent of the damage（被害の大きさ） □ to some extent（ある程度）	□ We fully understand the extent of the problem.（私たちはその問題の大きさを十分に理解している）
□ a man of great insight（洞察力の鋭い人） □ have an insight into ～（～に見識がある）	□ I was impressed with his knowledge and insight.（私は彼の知識と洞察力に感心した）

continued ▼

Check 1　Chants 》MP3-063

□ 0505
microwave
/máikrouwèiv/
Part 2, 3

名**電子レンジ**　➕microwave ovenとも言う
動～を電子レンジで調理する

□ 0506
popularity
/pὰpjulǽrəti/
Part 2, 3

名**人気**、評判、流行
形popular：❶(～に)人気のある、評判のよい(with [among] . . .)　❷一般人の、一般民衆の

□ 0507
portrait
/pɔ́ːrtrit, pɔ́ːrtreit/
❗発音注意
Part 1

名**肖像画**[写真]
動portray：～を(絵・本などで)描く、表現する
名portrayal：描写

□ 0508
preparation
/prèpəréiʃən/
Part 5, 6

名(～の)**準備**、用意(for [of] ～)
動prepare：❶～の準備[用意]をする　❷(prepare forで)～に備える、～に備えて準備する　❸(prepare to doで)～する準備をする　❹(be prepared to doで)～する覚悟[用意]ができている

□ 0509
reflection
/riflékʃən/
Part 1

名❶(鏡・水面などに)**映った姿**[像、影](≒image)　❷(～についての)考え、意見(on ～)(≒opinion, view)
動reflect：❶～を映す、反映する　❷～を反射する　❸(reflect onで)～を思案[熟考]する

□ 0510
scenery
/síːnəri/
Part 4

名(集合的に)(通例美しい)**景色**、風景　➕不可算名詞であることに注意

□ 0511
shortage
/ʃɔ́ːrtidʒ/
Part 4

名(～の)**不足**(of ～)(≒lack, want, dearth)　➕absenceは「完全な欠如」
形short：❶短い　❷(be short of [on]で)～が不足している
副shortly：❶間もなく、すぐに　❷少し(後、前)に

□ 0512
successor
/səksésər/
Part 5, 6

名**後任**[後継]**者**、相続者(⇔predecessor：前任者)
動succeed：(succeed toで)～を継承[相続]する、～の後任となる
形successive：連続する、継続的な
名succession：❶連続　❷(～の)継承(to ～)

Day 31 》MP3-061
Quick Review
答えは右ページ下

□ ごみ
□ 収益
□ 店員
□ 名所
□ 好意
□ 洗濯物
□ 結果
□ 奨学金
□ 重圧
□ 提携
□ 柵
□ 相談
□ 横断歩道
□ 学部教授陣
□ 一部
□ 生ごみ

Check 2 Phrase

□ heat ~ in the microwave(電子レンジで~を温める)

□ have a popularity among ~(~の間で人気がある)
□ gain [grow, increase] in popularity(人気が高まる)

□ paint a portrait(肖像画を描く)
□ a full-length portrait(全身の肖像画)

□ preparation for the concert(コンサートの準備)
□ make preparations for ~(~の準備をする)

□ one's reflection in the mirror(鏡に映った姿)
□ one's reflection on life(人生観)

□ magnificent scenery(壮大な景色)

□ a shortage of water [labor](水[労働力]不足)

□ a successor to ~(~の後任者)
□ choose [name] a successor(後任者を選ぶ[指名する])

Check 3 Sentence 》MP3-064

□ You've left something in the microwave.(電子レンジに何かを入れっ放しにしているよ)

□ That singer's popularity has started to fade.(その歌手の人気は衰え始めている)

□ There are several portraits on the wall.(壁にいくつか肖像画がある)

□ The event took a lot of preparation.(その行事はかなりの準備が必要だった)

□ There is a reflection of trees on the water.(水面に木々が映っている)

□ We were overwhelmed by the breathtaking scenery of the mountains.(私たちは山々の息をのむような景色に圧倒された)

□ The country is facing severe food shortages.(その国は深刻な食料不足に直面している)

□ Who was President Lincoln's successor?(リンカーン大統領の後任者は誰でしたか?)➕答えはAndrew Johnson

Day 31 》MP3-061
Quick Review
答えは左ページ下

□ trash	□ courtesy	□ strain	□ crosswalk
□ yield	□ laundry	□ alliance	□ faculty
□ attendant	□ outcome	□ barrier	□ fraction
□ attraction	□ scholarship	□ consultation	□ garbage

Day 33 名詞21

Check 1 Chants 》MP3-065

□ 0513
theme
/θíːm/
❶発音注意
Part 5, 6

名**主題**、テーマ(≒subject)

□ 0514
vase
/véis/ 〔イ〕/vɑ́ːz/
❶発音注意
Part 1

名**花瓶**

□ 0515
agriculture
/ǽgrikʌ̀ltʃər/
Part 7

名**農業**(≒farming)
形agricultural：農業の

□ 0516
calculation
/kæ̀lkjuléiʃən/
Part 4

名**計算**
動calculate：❶～を計算する、算出する ❷～を推定[判断]する
名calculator：電卓、計算器

□ 0517
cellphone
/sélfòun/
Part 2, 3

名**携帯電話**(≒cellular phone, mobile phone, mobile)

□ 0518
circulation
/sə̀ːrkjuléiʃən/
❶定義注意
Part 4

名❶**発行部数** ❷(貨幣の)流通 ❸(血液の)循環
動circulate：❶～を配布する、～を流通させる ❷(うわさなど)を広める ❸(うわさなどが)広がる、広まる ❹(空気などが)循環する

□ 0519
concept
/kɑ́nsept/
Part 5, 6

名(～の)**概念**、観念、考え(of ～)(≒idea, notion, conception)
形conceptual：概念(上)の

□ 0520
conservation
/kɑ̀nsərvéiʃən/
Part 7

名(自然環境などの)**保護**、保存
名conservative：保守的な人
形conservative：❶(評価などが)控えめな ❷保守的な
動conserve：～を保護[保存]する、(エネルギーなど)を節約して使う

continued ▼

本を持ち歩かなくても、語彙学習はできる！特に復習は音声を「聞き流す」だけでもOK。通勤・通学時などの「細切れ時間」を活用しよう。

□ 聞くだけモード　Check 1
□ しっかりモード　Check 1 ▸ 2
□ かんぺきモード　Check 1 ▸ 2 ▸ 3

Check 2 Phrase	Check 3 Sentence 》MP3-066
□ the theme of the conference（その会議のテーマ）	□ Birth and death have been a consistent theme in his novels.（誕生と死は彼の小説における一貫した主題になっている）
□ a vase of flowers（花を生けた花瓶） □ break a vase（花瓶を割る）	□ There is a vase on the table.（テーブルに花瓶がある）
□ the mechanization of agriculture（農業の機械化）	□ Agriculture is the main industry of the country.（農業はその国の主要産業だ）
□ do [make] a calculation（計算する） □ by my calculations（私の計算によると）	□ He made a rough calculation of the costs.（彼は経費の大まかな計算をした）
□ talk on one's cellphone（携帯電話で話す）	□ Can I use your cellphone?（あなたの携帯電話を使っていいですか？）
□ a newspaper with a daily circulation of 50,000（1日の発行部数が5万部の新聞） □ in circulation（[貨幣が]流通して）	□ The magazine has a circulation of 200,000.（その雑誌の発行部数は20万部だ）
□ the concept of free speech（言論の自由の概念） □ grasp the concept of ～（～の概念を理解する）	□ It is difficult to define the concept of entrepreneurship.（起業家精神の概念を定義するのは難しい）
□ conservation of nature（自然保護）	□ The NPO works on the conservation of forest resources.（そのNPOは森林資源の保護に取り組んでいる）

continued
▼

Check 1 Chants 》MP3-065

□ 0521 **container** /kəntéinər/ Part 1	名❶**容器**、入れ物(≒receptacle) ❷(貨物用)コンテナ 動contain：❶～を含む ❷(通例否定語を伴って)(感情など)を抑える
□ 0522 **diversity** /divə́ːrsəti/ ㋑/daivə́ːrsəti/ ❶発音注意 Part 5, 6	名**多様性**(≒variety)、相違(≒difference) 動diversify：❶～を多様化する ❷(投資)を多角的にする ❸事業を広げる 形diverse：多様な、さまざまの
□ 0523 **florist** /flɔ́ːrist/ Part 2, 3	名**花屋**(の人) 形floral：❶花の ❷花模様[花柄]の
□ 0524 **housing** /háuziŋ/ Part 4	名❶(集合的に)**住宅**、家 ❷住宅供給 名house：家 動house：❶～を収容する ❷～に住宅を提供する
□ 0525 **penalty** /pénəlti/ Part 7	名❶(～に対する)**罰金**(for ～)(≒fine) ❷(～に対する)処罰、刑罰(for ～)(≒punishment)
□ 0526 **profile** /próufail/ ❶定義注意 Part 5, 6	名❶**注目度**、(会社などの)評判、イメージ ❷(新聞などでの)人物紹介 ❸横顔、輪郭 動～のプロフィールを紹介する
□ 0527 **public relations** Part 7	名**広報**[宣伝](活動) ➕略語はPR 形public：大衆[世間]の 名relation：関係
□ 0528 **rating** /réitiŋ/ Part 7	名❶(～s)(テレビの)**視聴率**、(ラジオの)聴取率 ❷評価、格付け、支持率(≒grade) 名rate：❶率、割合 ❷(単位当たりの)料金 動rate：～を評価する

Day 32 》MP3-063 Quick Review
答えは右ページ下

□ 気前のよさ	□ 運動	□ 電子レンジ	□ 映った姿
□ 伝染病	□ 生態系	□ 人気	□ 景色
□ 予測	□ 大きさ	□ 肖像画	□ 不足
□ 決議	□ 洞察	□ 準備	□ 後任者

Check 2 Phrase

Check 3 Sentence 》MP3-066

☐ a plastic container（プラスチック製の容器）
☐ a container ship（コンテナ船）

▸ ☐ The cookies are stored in a container.（クッキーが容器にしまってある）

☐ ethnic diversity（民族的多様性）
☐ a diversity of opinions（さまざまな意見）

▸ ☐ New York is famous for its cultural diversity.（ニューヨークは文化的多様性で有名だ）

☐ work as a florist（花屋として働く）
☐ the florist's（[店としての]花屋）

▸ ☐ I wanted to be a florist as a child.（子どものころ、私は花屋になりたかった）

☐ housing construction（住宅建設）
☐ a shortage of housing（住宅不足）

▸ ☐ There has been a sharp decrease in housing prices in some metropolitan areas.（都心部のいくつかの地域では住宅価格の急激な低下が続いている）

☐ impose a penalty on ～（～に罰金[罰則]を科す）
☐ the maximum penalty（最高刑）

▸ ☐ He agreed to pay a penalty of $50,000.（彼は5万ドルの罰金を払うことに同意した）

☐ a high-profile trial（注目度の高い裁判）
☐ a biographical profile（伝記風の人物紹介）

▸ ☐ We have to increase our company's profile in China.（私たちは中国における当社の注目度を上げなければならない）

☐ a public relations expert（広報の専門家）

▸ ☐ She has worked in public relations for the past 10 years.（彼女はこの10年間、広報の仕事をしている）

☐ be interested in ratings（視聴率に関心がある）
☐ one's approval [popularity] rating（支持率[人気度]）

▸ ☐ The show has dropped in the ratings.（その番組は視聴率が落ちている）

Day 32 》MP3-063
Quick Review
答えは左ページ下

☐ generosity	☐ workout	☐ microwave	☐ reflection
☐ infection	☐ ecosystem	☐ popularity	☐ scenery
☐ prediction	☐ extent	☐ portrait	☐ shortage
☐ resolution	☐ insight	☐ preparation	☐ successor

Day 34 名詞22

Check 1 Chants))) MP3-067

□ 0529
restoration
/rèstəréiʃən/
Part 7

名❶**回復** ❷修復 ❸返還(≒return)
動restore:❶~を修復[復元]する ❷(信頼など)を取り戻す

□ 0530
wildlife
/wáildlàif/
Part 4

名(集合的に)**野生生物**

□ 0531
amusement park
Part 5, 6

名**遊園地**(≒theme park)
名amusement:❶楽しみ ❷娯楽
名park:公園

□ 0532
lodging
/lάdʒiŋ/
Part 7

名(一時的な)**宿泊**[滞在]**場所**
名lodge:山小屋、バンガロー
動lodge:❶(~に)泊まる(at [in] ~) ❷~を泊める

□ 0533
novelist
/nάvəlist/
Part 7

名**小説家** ➕「著者」はauthor、「作家」はwriter
名novel:(長編)小説

□ 0534
staircase
/stéərkèis/
Part 1

名**階段**(≒stairs, stairway)

□ 0535
walkway
/wɔ́:kwèi/
Part 1

名(公園・庭などの)**歩道**、散歩道、(建物間を結ぶ地上の)連絡通路 ➕車道の脇の「歩道」はsidewalk

□ 0536
ward
/wɔ́:rd/
Part 5, 6

名**病棟**、病室

continued ▼

1日の「サボり」が挫折につながる。語彙習得論的にも、2日分(＝32語)を1日で覚えるのは難しい。1日1日の「積み重ね」を大切に！

□ 聞くだけモード　Check 1
□ しっかりモード　Check 1 ▸ 2
□ かんぺきモード　Check 1 ▸ 2 ▸ 3

Check 2 Phrase	Check 3 Sentence 》MP3-068
□ one's restoration from illness(病気からの回復) □ the restoration of the building(その建物の修復)	□ The country's first priority is the restoration of law and order.(その国の最優先事項は治安の回復だ)
□ a wildlife preservation(野生生物保護区) □ a wildlife habitat(野生生物の生息地)	□ Increasingly, people are getting interested in wildlife conservation.(人々は野生生物の保護にますます関心を持つようになってきている)
□ tickets to the amusement park(その遊園地の入場券)	□ This amusement park opened in 1984.(この遊園地は1984年に開園した)
□ a lodging for the night(一夜の宿)	□ You can find information on lodging at the tourist center.(その観光案内所で宿泊場所の情報を見つけることができる)
□ a romantic novelist(恋愛小説家)	□ Who is your favorite novelist?(あなたのお気に入りの小説家は誰ですか？)
□ a moving staircase(エスカレーター)	□ The woman is sweeping the staircase.(女性は階段を掃除している)
□ a walkway in the park(公園内の歩道) □ a moving walkway(動く歩道)	□ They're strolling on the walkway.(彼らは歩道を散歩している)
□ a maternity [psychiatric] ward(産科[精神科]病棟)	□ The patient was hospitalized in the surgical ward.(その患者は外科病棟に入院した)

continued ▼

Check 1 Chants 》MP3-067

□ 0537 **founder** /fáundər/ Part 7	名 **創業**［設立、創設］**者** 動found：～を設立［創立、創設］する 名foundation：❶（建物の）基礎、土台 ❷（報道などの）根拠 ❸財団
□ 0538 **packet** /pǽkit/ Part 1	名（封筒状の小さな）**袋**、包み（≒pack） ➕菓子などのビニール袋のほか、資料などが入った紙の袋も指す
□ 0539 **packing** /pǽkiŋ/ Part 2, 3	名 **荷造り** 動pack：❶～に荷物を詰める ❷～を梱包する 名pack：❶箱、包み ❷パック
□ 0540 **peer** /píər/ Part 7	名 **仲間**、同僚 ➕「（年齢・地位などが）同等の人」という意味で、職場の仲間のほか、学校のクラスメートなども指す
□ 0541 **presence** /prézns/ Part 5, 6	名❶**存在感** ❷出席（≒attendance）、（人が）いること、（物が）あること（⇔absence） 形present：❶（～に）出席している、居合わせている（at [in] ～） ❷現在の
□ 0542 **storefront** /stɔ́ːrfrʌnt/ Part 1	名 **店先**、店頭
□ 0543 **version** /vɔ́ːrʒən/ Part 4	名（製品・本・映画などの）**版**、バージョン（≒edition）
□ 0544 **alley** /ǽli/ Part 1	名 **路地**、裏通り

Day 33 》MP3-065
Quick Review
答えは右ページ下

□ 主題
□ 花瓶
□ 農業
□ 計算
□ 携帯電話
□ 発行部数
□ 概念
□ 保護
□ 容器
□ 多様性
□ 花屋
□ 住宅
□ 罰金
□ 注目度
□ 広報
□ 視聴率

Check 2 Phrase

☐ the founder of the university（その大学の創設者）

☐ a packet of biscuits（袋入りのビスケット）

☐ do one's [the] packing（荷造りする）

☐ the respect of one's peers（仲間[同僚]からの尊敬）

☐ a man of great presence（存在感がとてもある人）
☐ in the presence of ～（～の面前で、～のいる所で）

☐ a storefront window（店先の窓）

☐ the original version of the movie（その映画のオリジナル版）

☐ a narrow alley（狭い路地）

Check 3 Sentence 》MP3-068

☐ Steve Jobs was the founder of Apple.（スティーブ・ジョブズはAppleの創業者だった）

☐ A woman is opening a packet of something.（女性は何かの袋を開けている）

☐ Haven't you finished your packing yet?（まだ荷造りを終えていないのですか？）

☐ Do you get along with your peers?（仲間たちとはうまくいっていますか？）

☐ The presence of the company has steadily increased.（その会社の存在感は着実に増している）

☐ They're passing by the storefront.（彼らは店先を通り過ぎている）

☐ The latest version of the software will be released soon.（そのソフトウエアの最新版がもうすぐ発売される）

☐ Some bicycles are parked in the alley.（何台かの自転車が路地に止められている）

Day 33 》MP3-065
Quick Review
答えは左ページ下

☐ theme	☐ cellphone	☐ container	☐ penalty
☐ vase	☐ circulation	☐ diversity	☐ profile
☐ agriculture	☐ concept	☐ florist	☐ public relations
☐ calculation	☐ conservation	☐ housing	☐ rating

Day 35 名詞23

Check 1 Chants 》MP3-069

□ 0545
constructor
/kənstrʌ́ktər/
Part 7

名**建設**[建造]**業者**(≒builder)
動construct：～を(…で)建設する(of [from] . . .)
名construction：❶建設、建築工事 ❷構造
形constructive：(考えなどが)建設的な

□ 0546
doorway
/dɔ́:rwèi/
Part 1

名**戸口**、出入口

□ 0547
driveway
/dráivwèi/
Part 1

名(道路から自宅の車庫までの)**私道**、私有車道(≒drive)

□ 0548
marketplace
/má:rkitplèis/
Part 7

名(the ～)**市場**、商業界

□ 0549
side effect
Part 7

名(薬の)**副作用**
形side：副次的な
名effect：(薬などの)効き目、効能

□ 0550
time sheet
Part 2, 3

名**勤務記録**[時間]**表** ➕勤務時間が記録された紙を指す。カード型のものはtime cardと言うこともある

□ 0551
controversy
/kɑ́ntrəvə̀:rsi/ ㋑/kəntrɔ́vəsi/
❶アクセント注意
Part 4

名(社会・政治・道徳上の)**論争**、議論(≒argument, dispute, debate)
形controversial：議論の余地のある、異論の多い[ある]

□ 0552
coverage
/kʌ́vəridʒ/
Part 4

名❶**保険保護**[担保]、補償範囲 ❷報道
名cover：❶カバー ❷保険
動cover：❶(費用など)を賄う、相殺する ❷～に保険をかける ❸～を取材する ❹～に(…を)かぶせる(with . . .)

continued ▼

今日で『キクタンTOEIC L&Rテスト SCORE 800』は前半戦が終了！ 一緒に学習を続けてくれてありがとう！ あと5週間、頑張ろう！

□ 聞くだけモード Check 1
□ しっかりモード Check 1 ▸ 2
□ かんぺきモード Check 1 ▸ 2 ▸ 3

Check 2 Phrase		Check 3 Sentence MP3-070
□ a constructor of ships（船の建造業者）	▸	□ The company is one of the largest constructors in the US.（その会社はアメリカで有数の建設業者の1つだ）
□ wait in the doorway（戸口で待つ）	▸	□ A man is standing in the doorway.（男性が戸口に立っている）
□ a car parked in [on] the driveway（私道に止められている車）	▸	□ He's washing his car on the driveway.（彼は私道で洗車している）
□ the education marketplace（教育市場）	▸	□ We must be able to adapt to the changing marketplace.（私たちは変化する市場に順応できなければならない）
□ a well-known [an adverse] side effect（よく知られている[悪い]副作用）	▸	□ This drug has some side effects.（この薬には副作用がある）
□ sign one's time sheet（勤務記録表に署名する）	▸	□ Did you turn in your time sheet?（勤務記録表を提出しましたか？）
□ a fierce [heated] controversy（激しい論争）	▸	□ There is a religious controversy over evolution.（進化をめぐる宗教的な論争がある）
□ insurance coverage（保険の補償範囲） □ election coverage（選挙報道）	▸	□ Millions of people have no health-care coverage in the US.（アメリカでは数百万人の人々が医療保険に入っていない）

continued
▼

Check 1 Chants 》MP3-069

☐ 0553
transmission
/trænsmíʃən, trænzmíʃən/
❶発音注意
Part 4

名❶(自動車の)**変速装置**、トランスミッション ❷伝達 ❸送信、放送
動transmit：❶(ニュースなど)を放送する、伝える ❷(病気など)を伝染させる、うつす

☐ 0554
depression
/dipréʃən/
Part 4

名❶(長期の)**不景気**、不況 ➕recessionは「景気後退、一時的不景気」 ❷うつ病
動depress：❶～を憂うつにさせる、意気消沈させる ❷(be depressed about [over]で)～で憂うつになっている、意気消沈している ❸(市場など)を不景気にする

☐ 0555
surgeon
/sə́:rdʒən/
Part 5, 6

名**外科医** ➕「内科医」はphysician
名surgery：❶(外科)手術 ❷外科

☐ 0556
discipline
/dísəplin/
❶アクセント注意
Part 5, 6

名❶**規律**、しつけ ❷訓練
動❶～を罰する(≒punish) ❷～を訓練する(≒train)

☐ 0557
endeavor
/indévər/
Part 7

名(～しようとする)**努力**、試み(to do)(≒effort, attempt)
動(endeavor to doで)～しようと努力する(≒try to do, attempt to do)

☐ 0558
engagement
/ingéidʒmənt/
Part 2, 3

名❶(～との)(面会などの)**約束**(with ～)(≒appointment) ❷(～との)婚約(to ～)
動engage：❶(be engaged inで)～に従事[没頭]している ❷(be engaged toで)～と婚約している

☐ 0559
evolution
/èvəlú:ʃən, ì:vəlú:ʃən/
❶発音注意
Part 5, 6

名❶**進化**、進化論 ❷発展、進展(≒development) ➕revolution(革命)と混同しないように注意
動evolve：❶(～から／…へ)進化[発展]する(from ～/into . . .) ❷～を進化[発展]させる

☐ 0560
phenomenon
/finámənàn/
Part 5, 6

名**現象**、事象 ➕複数形はphenomena

Day 34 》MP3-067
Quick Review
答えは右ページ下

☐ 回復	☐ 小説家	☐ 創業者	☐ 存在感
☐ 野生生物	☐ 階段	☐ 袋	☐ 店先
☐ 遊園地	☐ 歩道	☐ 荷造り	☐ 版
☐ 宿泊場所	☐ 病棟	☐ 仲間	☐ 路地

Check 2 Phrase

Check 3 Sentence MP3-070

☐ an automatic transmission（自動の変速装置）
☐ the transmission of knowledge（知識の伝承）

☐ My car has a six-speed manual transmission.（私の車は6段変速の手動トランスミッションだ）

☐ a severe depression（深刻な不景気）
☐ suffer from depression（うつ病を患う）

☐ The world economy could face a massive depression.（世界経済は大規模な不景気に直面するかもしれない）

☐ an orthopedic surgeon（整形外科医）

☐ Dr. Davis is a first-rate surgeon.（デービス医師は一流の外科医だ）

☐ school discipline（校則）
☐ military discipline（軍隊の訓練、軍紀）

☐ Our school is very strict on discipline.（私たちの学校は規律に非常に厳しい）

☐ in spite of one's best endeavors（最大限の努力にもかかわらず）

☐ We have to make our best endeavor to preserve the environment.（私たちは自然環境を守るために最善の努力をしなければならない）

☐ a previous [prior] engagement（先約）
☐ announce one's engagement（婚約を発表する）

☐ I have a dinner engagement tonight.（私は今夜、ディナーの約束がある）

☐ the theory of evolution（進化論）
☐ the evolution of the Internet（インターネットの発達）

☐ Some people in the US want to ban the teaching of evolution.（アメリカには進化論の授業を禁止したいと思っている人もいる）

☐ a psychological phenomenon（心理現象）

☐ Homelessness is not only an urban phenomenon.（ホームレスは都市に特有の現象ではない）

Day 34 MP3-067
Quick Review
答えは左ページ下

☐ restoration
☐ wildlife
☐ amusement park
☐ lodging
☐ novelist
☐ staircase
☐ walkway
☐ ward
☐ founder
☐ packet
☐ packing
☐ peer
☐ presence
☐ storefront
☐ version
☐ alley

Day 36 名詞24

Check 1 Chants))) MP3-071

□ 0561
residence
/rézədəns/
Part 5, 6

名❶**居住**、滞在 ❷邸宅、住宅(≒house, home)
名resident：居住者、在住者
形resident：居住[在住]している
形residential：住宅[居住]の

□ 0562
sector
/séktər/
Part 4

名(産業などの)**部門**、分野

□ 0563
sidewalk
/sáidwɔ̀:k/
Part 1

名**歩道**

□ 0564
checkout
/tʃékàut/
❶定義注意
Part 1

名(スーパーなどの)**レジ**
動check out：(店などで)支払い[清算]を済ませる

□ 0565
prosperity
/prɑspérəti/
Part 5, 6

名(特に財政的な)**繁栄**、繁盛
動prosper：繁栄する、成功する
形prosperous：繁栄している、(経済的に)成功している

□ 0566
similarity
/sìməlǽrəti/
Part 2, 3

名(～の間の／…との)**類似点**(⇔difference：相違点)、類似(性)(≒resemblance, likeness)(between ～/with . . .)
形similar：(～と)同じような、似ている、類似した(to ～)

□ 0567
affection
/əfékʃən/
Part 5, 6

名(～に対する)**愛情**、愛着(for ～)(≒love, attachment)
動affect：～に影響を及ぼす

□ 0568
confusion
/kənfjú:ʒən/
Part 2, 3

名❶(～についての)**混乱**(about [over, as to] ～) ❷(～との／…の間の)混同(with ～/between . . .)
動confuse：❶(confuse A with Bで)AをBと間違える ❷(be confused withで)～に困惑[当惑]している
形confusing：分かりにくい、混乱させる

continued ▼

今日でChapter 4は最後！　時間に余裕があったら、章末のReviewにも挑戦しておこう。忘れてしまった単語も結構あるのでは?!

□ 聞くだけモード　Check 1
□ しっかりモード　Check 1 ▸ 2
□ かんぺきモード　Check 1 ▸ 2 ▸ 3

Check 2　Phrase	Check 3　Sentence))) MP3-072
□ temporary residence(一時的な滞在) □ the official residence(公邸、官邸)	□ Sachiko has permanent residence in the US.(サチコはアメリカの永住権を持っている)
□ the private [public] sector(民間[公共]部門)	□ He works in the financial sector.(彼は金融部門で働いている)
□ walk along the sidewalk(歩道を歩く)	□ There is a fence along the sidewalk.(歩道に沿ってフェンスがある)
□ a checkout bag(レジ袋)	□ She's paying at the checkout.(彼女はレジで支払いをしている)
□ national prosperity(国の繁栄)	□ The country is experiencing a period of economic prosperity.(その国は経済的繁栄期を経験している)
□ similarities between the two products(2つの製品の類似点) □ points of similarity(類似点)	□ There are many similarities between Spanish and Italian.(スペイン語とイタリア語には類似点が多い)
□ have [feel] (an) affection for ～(～に愛情を抱く[感じる]) □ a mother's affection for her child(子どもに対する母親の愛情)	□ Since the age of 5, she has had a deep affection for literature.(5歳の時から、彼女は文学に深い愛着を抱いてきた)
□ in confusion(混乱して、ろうばいして) □ confusion between Iran and Iraq(イランとイラクの混同)	□ There is some confusion about when we will start the project.(そのプロジェクトをいつ開始するかに関して少々混乱がある)

continued ▼

Check 1 Chants))) MP3-071

□ 0569
disaster
/dizǽstər/
Part 4

名❶**災害**、惨事(≒calamity, catastrophe) ❷大失敗(≒fiasco)
形disastrous：災害[災難]を引き起こす、破滅を招く

□ 0570
gaze
/géiz/
Part 5, 6

名**凝視**、注視
動(gaze at [into]で)～をじっと見つめる、凝視する

□ 0571
handling
/hǽndliŋ/
Part 4

名❶(商品などの)**取り扱い**、出荷 ➕注文品を発送するまでの一連の作業のこと ❷(問題などへの)対応、対処(of ～)
動handle：❶(問題など)を扱う、処理する ❷～に手を触れる

□ 0572
identity
/aidéntəti/
Part 5, 6

名❶**身元**、正体 ❷同一性、アイデンティティー
名identification：身分証明書、身元確認
動identify：❶～が誰[何]であるか分かる ❷(identify A as Bで)AをBであると確認[認定、特定]する

□ 0573
intent
/intént/
Part 7

名(～する)**意図**、意志(to do)(≒aim, purpose)
形(be intent on [upon]で)❶～を決意している ❷～に没頭[専念]している
名intention：(～する)意図、つもり(of doing [to do])
動intend：(intend to doで)～するつもりである

□ 0574
proceeding
/prəsí:diŋ/
Part 4

名❶(～s)**議事録**(≒minutes) ❷(～s)(法的)手続き ❸進行
名proceed：(～s)収益、売上高
動proceed：❶(proceed toで)～へ進む、向かう ❷(proceed withで)～を続ける

□ 0575
scope
/skóup/
Part 5, 6

名❶(調査などの)**範囲**、領域(of ～)(≒range) ❷(活動などの)機会、余地(for ～)(≒opportunity, room)

□ 0576
selection
/silékʃən/
❗定義注意
Part 4

名❶**品ぞろえ** ❷選択、選抜 ❸(～から)選ばれた物[人](from ～)
動select：❶～を(…のために)選ぶ(for . . .) ❷(select A as Bで)AをBとして選出する
形select：えり抜きの、選ばれた

Day 35))) MP3-069
Quick Review
答えは右ページ下

□ 建設業者
□ 戸口
□ 私道
□ 市場
□ 副作用
□ 勤務記録表
□ 論争
□ 保険保護
□ 変速装置
□ 不景気
□ 外科医
□ 規律
□ 努力
□ 約束
□ 進化
□ 現象

Check 2 Phrase

☐ a natural disaster（天災）
☐ a total disaster（完全な失敗）

☐ fix one's gaze on ～（～をじっと見つめる）
☐ meet someone's gaze（～と目が合う）

☐ handling of goods（商品の取り扱い）
☐ one's handling of the crisis（危機への対応）

☐ mistaken identity（人違い）
☐ identity crisis（同一性危機）➕青年期などに起こる精神的な苦悩の時期

☐ good [evil] intent（善意［悪意］）
☐ with intent to do ～（～するつもりで）

☐ the proceedings of the meeting（その会議の議事録）
☐ divorce proceedings（離婚手続き）

☐ the scope of the investigation（調査の範囲）
☐ scope for improvement [growth]（改善［成長］の余地）

☐ a wide selection of ～（～の幅広い品ぞろえ）
☐ make a selection from ～（～から選択する）

Check 3 Sentence ») MP3-072

☐ Five million dollars were allocated as disaster relief for the hurricane victims.（ハリケーン被災者への災害救助として500万ドルが割り当てられた）

☐ The actor is in the constant gaze of the media.（その俳優は常にメディアの注目を集めている）

☐ There is a small handling charge for online orders.（ネットでの注文には小額の取扱手数料がかかる）

☐ Police still don't know the identity of the victim.（警察はいまだに被害者の身元が分かっていない）

☐ The CEO announced his intent to resign.（そのCEOは辞職する意向を発表した）

☐ He looked through the proceedings of the annual conference.（彼は年次会議の議事録に目を通した）

☐ I plan to broaden the scope of my work.（私は自分の仕事の範囲を広げるつもりだ）

☐ The store has a wide selection of winter items.（その店は冬物を数多く取りそろえている）

Day 35 ») MP3-069
Quick Review
答えは左ページ下

☐ constructor
☐ doorway
☐ driveway
☐ marketplace

☐ side effect
☐ time sheet
☐ controversy
☐ coverage

☐ transmission
☐ depression
☐ surgeon
☐ discipline

☐ endeavor
☐ engagement
☐ evolution
☐ phenomenon

Chapter 4 Review

左ページの(1)～(20)の名詞の同意・類義語（≒）を右ページのA～Tから選び、カッコの中に答えを書き込もう。意味が分からないときは、見出し番号を参照して復習しておこう（答えは右ページ下）。

- □ (1) vessel (0389) ≒は? (　　)
- □ (2) capability (0398) ≒は? (　　)
- □ (3) measurement (0409) ≒は? (　　)
- □ (4) equivalent (0414) ≒は? (　　)
- □ (5) cargo (0417) ≒は? (　　)
- □ (6) estate (0430) ≒は? (　　)
- □ (7) significance (0433) ≒は? (　　)
- □ (8) wage (0447) ≒は? (　　)
- □ (9) assumption (0449) ≒は? (　　)
- □ (10) cooperation (0456) ≒は? (　　)
- □ (11) pillar (0468) ≒は? (　　)
- □ (12) symptom (0480) ≒は? (　　)
- □ (13) yield (0482) ≒は? (　　)
- □ (14) barrier (0491) ≒は? (　　)
- □ (15) shortage (0511) ≒は? (　　)
- □ (16) theme (0513) ≒は? (　　)
- □ (17) penalty (0525) ≒は? (　　)
- □ (18) version (0543) ≒は? (　　)
- □ (19) controversy (0551) ≒は? (　　)
- □ (20) affection (0567) ≒は? (　　)

A. property
B. dispute
C. ability
D. profit
E. column
F. freight
G. subject
H. supposition
I. fine
J. importance
K. collaboration
L. ship
M. edition
N. sign
O. pay
P. fence
Q. lack
R. size
S. love
T. counterpart

【解答】 (1) L (2) C (3) R (4) T (5) F (6) A (7) J (8) O (9) H (10) K
(11) E (12) N (13) D (14) P (15) Q (16) G (17) I (18) M (19) B (20) S

CHAPTER 5
動詞：必修96

Chapter 5では、TOEIC必修の動詞96を見ていきます。ところで、学習が単調になってきていませんか？ 「800点を突破する！」という「初心」を胸に、いつもフレッシュな気持ちで学習に取り組んでいきましょう！

TOEIC的格言

Don't forget your first resolution.

初心忘るべからず。
[直訳] 最初の決意を忘れてはならない。

Day 37 動詞7

Check 1 Chants 》MP3-073

□ 0577
screen
/skríːn/
❶定義注意
Part 7

動❶**〜を選別する** ❷〜を(…から)守る、隠す(from . . .)
名❶画面 ❷スクリーン ❸網戸
名screening:❶選別 ❷上映

□ 0578
omit
/oumít/
Part 5, 6

動(うっかり・故意に)**〜を**(…から)**省略**[除外]**する**(from . . .)(≒leave out)
名omission:省略、省略された物

□ 0579
stimulate
/stímjulèit/
Part 4

動**〜を刺激する**、活気づける
名stimulation:刺激、興奮
名stimulus:刺激(するもの)

□ 0580
execute
/éksikjùːt/
❶アクセント注意
Part 7

動❶(計画など)**を実行する**(≒carry out, implement) ❷〜を死刑にする
名execution:❶実行、実施 ❷死刑執行
名executive:重役、経営幹部
形executive:❶実施[事務]の ❷重役の

□ 0581
file
/fáil/
❶定義注意
Part 2, 3

動❶(書類など)**を整理**(保存)**する**、ファイルに入れる ❷(告訴など)を(正式に)提出する ❸(file forで)〜を申請する、願い出る
名ファイル

□ 0582
fulfill
/fulfíl/
Part 4

動❶(計画・約束など)**を果たす**、実行する(≒carry out) ❷(要求など)を満たす(≒meet, satisfy)
名fulfillment:実現、成就、実行、遂行

□ 0583
vacuum
/vǽkjuəm/
❶定義注意
Part 4

動❶**掃除機をかける** ❷〜に掃除機をかける
名❶電気掃除機(≒vacuum cleaner) ❷真空

□ 0584
ban
/bǽn/
Part 5, 6

動❶**〜を**(法的に)**禁止する**(≒forbid, prohibit) ❷(ban A from doingで)Aが〜するのを禁止する(≒forbid A to do, prohibit A from doing)
名(法による)(〜の)禁止(on 〜)

continued ▼

Chapter 5では、6日をかけて必修動詞96をチェック。まずはチャンツを聞いて、単語を「耳」からインプット！

□ 聞くだけモード　Check 1
□ しっかりモード　Check 1 ▸ 2
□ かんぺきモード　Check 1 ▸ 2 ▸ 3

Check 2 Phrase	Check 3 Sentence 》MP3-074
□ screen job applicants（求職者たちを選別する） □ screen one's eyes from the sun（太陽から目を守る）	□ Candidates will be screened on the following knowledge, skills, and abilities.（候補者たちは以下の知識、技能、そして能力において選別される予定だ）
□ omit details（詳細を省く）	□ His name was omitted from the attendance list.（彼の名前は出席者リストから外されていた）
□ stimulate individual consumption（個人消費を刺激する）	□ The opening of the amusement park will stimulate the local economy.（その遊園地の開園は地域経済を活性化するだろう）
□ execute an order（命令を実行する） □ be executed for ～（～のかどで処刑される）	□ The plan will be executed in three phases.（その計画は3段階で実行される予定だ）
□ file the documents（書類を整理する） □ file a suit against ～（～を相手取って訴訟を起こす）	□ Could you file these reports?（これらの報告書を整理してしまっておいてくれますか？）
□ fulfill one's promise [dream]（約束[夢]を果たす） □ fulfill the requirements for ～（～のための必要条件を満たす）	□ He has failed to fulfill his role as a father.（彼は父親としての役割を果たしてこなかった）
□ vacuum the floor（床に掃除機をかける）	□ How often do you vacuum?（どのくらい頻繁に掃除機をかけていますか？）
□ ban smoking in public places（公共の場所での喫煙を禁止する） □ ban citizens from owning firearms（国民に小火器の所持を禁止する）	□ The import of elephant ivory is banned.（象牙の輸入は禁止されている）

continued ▼

Check 1　Chants 》MP3-073

□ 0585 **insure** /inʃúər/ Part 5, 6	動 **～に**(…に備えて)**保険をかける**(against . . .) ➕ensure(～を保証する)と混同しないように注意 名insurance：保険
□ 0586 **construct** /kənstrʌ́kt/ Part 4	動 **～を**(…で)**建設する**(of [from] . . .)(≒build)(⇔destroy：～を破壊する) 名constructor：建設[建造]業者 名construction：❶建設、建築工事　❷構造 形constructive：(考えなどが)建設的な
□ 0587 **mend** /ménd/ Part 2, 3	動 ❶(衣服など)**を繕う**、修繕する(≒sew up)　❷～を修理する、直す(≒repair, fix)　➕この意味は主にイギリス英語　❸(事態など)を改善する、修復する
□ 0588 **strengthen** /stréŋkθən/ Part 5, 6	動 ❶**～を強化する**　❷強くなる(⇔weaken) 名strength：❶強み、長所　❷強さ 形strong：強い
□ 0589 **concentrate** /kɑ́nsəntrèit/ ❗アクセント注意 Part 2, 3	動 (～に)(意識を)**集中する**(on ～)(≒focus, pay attention) 名concentration：❶集中力　❷集中
□ 0590 **hail** /héil/ Part 1	動 **～を呼び止める** 名ひょう、あられ
□ 0591 **resist** /rizíst/ ❗定義注意 Part 2, 3	動 ❶(通例否定文で)**～を我慢する**、こらえる　❷～に抵抗[反抗]する(≒oppose) 名resistance：❶(～に対する)抵抗、反抗(to ～)　❷(～に対する)抵抗力(to ～) 形resistant：(～に)抵抗力のある(to ～)
□ 0592 **sew** /sóu/ ❗発音注意 Part 1	動 **～を縫う**(≒stitch) 名sewing：裁縫

Day 36 》MP3-071
Quick Review
答えは右ページ下

□ 居住	□ 繁栄	□ 災害	□ 意図
□ 部門	□ 類似点	□ 凝視	□ 議事録
□ 歩道	□ 愛情	□ 取り扱い	□ 範囲
□ レジ	□ 混乱	□ 身元	□ 品ぞろえ

Check 2　Phrase

Check 3　Sentence 》MP3-074

Check 2 Phrase	Check 3 Sentence
□ insure a house against fire（火事に備えて家に保険をかける）	□ Transported luggage and personal belongings are insured against theft.（輸送手荷物と所持品は盗難に備えて保険がかけられている）
□ construct a bridge（橋を建設する）	□ The house is constructed of bricks.（その家はれんがで建てられている）
□ mend shoes（靴を修繕する） □ mend her bicycle（彼女の自転車を修理する）	□ Can you mend this hole in my pocket?（ポケットのこの穴を繕ってくれますか？）
□ strengthen the economy（経済を強化する） □ strengthen against ～（～に対して強くなる）	□ The company needs to strengthen its financial base.（その会社は財政基盤を強化する必要がある）
□ concentrate on one's homework（宿題に集中する）	□ I can't concentrate because of the noise.（うるさくて集中できません）
□ hail a bus（バスを呼び止める）	□ The woman is hailing a cab.（女性はタクシーを呼び止めようとしている）
□ resist the impulse [temptation, urge] to do ～（～したい衝動を抑える） □ resist arrest（逮捕に抵抗する）	□ I couldn't resist buying new clothes.（私は新しい服を買うのを我慢できなかった）
□ sew a quilt（キルトを縫う）	□ A woman is sewing a blue cloth.（女性は青い布を縫っている）

Day 36 》MP3-071
Quick Review
答えは左ページ下

□ residence	□ prosperity	□ disaster	□ intent
□ sector	□ similarity	□ gaze	□ proceeding
□ sidewalk	□ affection	□ handling	□ scope
□ checkout	□ confusion	□ identity	□ selection

Day 38 動詞8

Check 1　Chants 》MP3-075

☐ 0593
infect
/infékt/
Part 2, 3
▸
動❶(コンピューターウイルスが)(ファイルなど)**に感染する**　❷(be infected withで)～に感染している
名infection：❶伝染病、感染症　❷伝染、感染
形infectious：伝染性の、伝染病の
▸

☐ 0594
skip
/skíp/
❗定義注意
Part 2, 3
▸
動❶**～を抜かす**、飛ばす　❷(授業など)を休む、サボる　❸軽く跳ぶ　❹～を軽く跳び越える
名スキップ
▸

☐ 0595
attain
/ətéin/
Part 4
▸
動(目標など)**を達成する**、成し遂げる(≒achieve, accomplish)
名attainment：❶達成　❷(獲得した)技能
▸

☐ 0596
quit
/kwít/
Part 2, 3
▸
動❶(仕事など)**を辞める**　❷辞職[退職]する(≒retire, resign)　❸(quit doingで)～することをやめる(≒stop doing)
▸

☐ 0597
exhaust
/igzɔ́:st/
❗発音注意
Part 5, 6
▸
動❶**～を**(ひどく)**疲れさせる**　❷～を使い尽くす
名排気ガス
名exhaustion：❶極度の疲労　❷使い尽くすこと
形exhausted：❶(～で)疲れ切った、力尽きた(from [with] ～)　❷使い尽くされた
▸

☐ 0598
manufacture
/mæ̀njufǽktʃər/
Part 7
▸
動(機械で大規模に)**～を製造**[生産]**する**(≒produce)
名❶製造、生産　❷(通例～s)製品
名manufacturer：製造会社、メーカー
▸

☐ 0599
grab
/grǽb/
Part 2, 3
▸
動❶**～を素早く食べる**　❷～をひっつかむ
名ひっつかむこと、ひったくり
▸

☐ 0600
stall
/stɔ́:l/
❗定義注意
Part 4
▸
動❶(車)**をエンストさせる**、～を立ち往生させる　❷エンストする、立ち往生する
名❶売店、屋台、露店　➕この意味ではPart 1で頻出　❷エンスト
▸

continued ▼

見出し語下の「❗定義注意」マークに気をつけてる？ このマークがついた単語の用法はTOEIC頻出のもの。定義をしっかりチェック！

□ 聞くだけモード Check 1
□ しっかりモード Check 1 ▸ 2
□ かんぺきモード Check 1 ▸ 2 ▸ 3

Check 2 Phrase	Check 3 Sentence 》MP3-076
□ infect a file（ファイルに感染する） □ be infected with flu（インフルエンザに感染している）	□ I think malware infected my computer.（マルウエアが私のコンピューターに感染したと思います）
□ skip a page（1ページ飛ばす） □ skip math class（数学の授業をサボる）	□ It's not a good thing to skip breakfast to lose weight.（減量するために朝食を抜くのはいいことではない）
□ attain one's objective（目標を達成する）	□ Singapore attained independence in 1965.（シンガポールは1965年に独立を果たした）
□ quit one's job（仕事を辞める） □ quit drinking alcohol（禁酒する）	□ Why did you quit college?（なぜ大学を中退したのですか？）
□ It exhausts me to do ～.（～するのは疲れる） □ exhaust the world's oil supply（世界の石油供給を使い果たす）	□ World Wars I and II exhausted Europe.（第1次・第2次世界大戦はヨーロッパを疲弊させた）
□ manufacture televisions（テレビを製造する） □ manufactured goods（製品）	□ The first typewriter was manufactured in 1874.（最初のタイプライターは1874年に製造された）
□ grab a hot dog（ホットドッグを素早く食べる） □ grab her hand（彼女の手をつかむ）	□ Why don't we grab a bite before the movie?（映画の前に軽く食事をしませんか？）➕grab a bite (to eat)で「軽く食事をする」という意味
□ stall a bike（オートバイをエンストさせる） □ stall due to lack of gas（ガス欠でエンストする）	□ Traffic is stalled on Highway 520 in both directions.（520号線は両方向とも渋滞している）

continued
▼

Check 1 Chants MP3-075

□ 0601 **convey** /kənvéi/ Part 7	動❶(思想・感情など)**を**(…に)**伝える**(to . . .)(≒communicate) ❷～を運ぶ(≒carry) 名conveyance：❶乗り物、輸送機関 ❷運搬、輸送 ❸(不動産などの)譲渡
□ 0602 **justify** /dʒʌ́stəfài/ Part 5, 6	動**～を正当化する** 名justification：正当化、(～を)正当とする理由(for ～)、(～に対する)弁明(for ～)
□ 0603 **confess** /kənfés/ Part 5, 6	動❶**～だと認める**、白状する(≒admit, acknowledge) ❷(confess toで)～を白状[自白]する 名confession：白状、自白
□ 0604 **highlight** /háilàit/ Part 7	動**～を強調する**、目立たせる(≒emphasize, stress) 名(催し物などの)ハイライト、呼び物
□ 0605 **inhabit** /inhǽbit/ Part 5, 6	動**～に住む**、生息する(≒live in, dwell in) ➕他動詞なので(×)inhabit inのように後に前置詞はつかない。inhibit(～を妨げる)と混同しないように注意 名inhabitant：住民、居住者
□ 0606 **spot** /spɑ́t/ ❗定義注意 Part 2, 3	動❶**～を見つける**、発見する(≒notice)、～を(…と)見抜く(as [for] . . .) ❷～に(…の)染みをつける(with . . .) 名❶場所 ❷斑点、染み
□ 0607 **commence** /kəméns/ Part 5, 6	動❶**～を開始する**、始める ❷(～で)始まる(with ～)(≒begin, start) 名commencement：❶開始、始まり ❷(大学・高校の)卒業式
□ 0608 **coordinate** /kouɔ́:rdənèit/ Part 5, 6	動(活動など)**を調整**[組織]**する**、取りまとめる(≒organize, arrange) 名coordination：(活動などの)調整 名coordinator：調整役、取りまとめ役、コーディネーター

Day 37 MP3-073
Quick Review
答えは右ページ下

□ ～を選別する	□ ～を整理する	□ ～に保険をかける	□ 集中する
□ ～を省略する	□ ～を果たす	□ ～を建設する	□ ～を呼び止める
□ ～を刺激する	□ 掃除機をかける	□ ～を繕う	□ ～を我慢する
□ ～を実行する	□ ～を禁止する	□ ～を強化する	□ ～を縫う

Check 2 Phrase

□ convey one's apologies to her(謝罪の言葉を彼女に伝える)
□ convey passengers(乗客を運ぶ)

▶

□ justify one's decision(自分の決断を正当化する)

▶

□ I have to confess (that) ～.(私は～だと認めなければならない)
□ confess to the murder(殺人を自白する)

▶

□ highlight the importance of ～(～の重要性を強調する)

▶

□ inhabit a remote island(離島に住む)

▶

□ spot mistakes in the report(その報告書の中に間違いを見つける)
□ a carpet spotted with coffee(コーヒーの染みがついたじゅうたん)

▶

□ commence the meeting(会議を開始する)
□ commence with a keynote address([会議などが]基調演説で始まる)

▶

□ coordinate the work of the team(チームによる作業を調整する)

▶

Check 3 Sentence 》MP3-076

□ If you see Paul, please convey my regards to him.(ポールに会ったら、よろしくお伝えください)

□ She tried to justify her actions.(彼女は自分の行動を正当化しようとした)

□ He confessed he had made a mistake.(彼は誤りを犯したと認めた)

□ You should highlight your skills and achievements in your résumé.(履歴書では、あなたの技能と業績を強調したほうがいい)

□ The region was once inhabited by several Native American tribes.(その地域にはかつて、アメリカ先住民のいくつかの部族が住んでいた)

□ The police spotted him driving over the speed limit.(警察は彼が制限速度を超えて運転しているところを発見した)

□ The factory will commence production early next year.(その工場は来年早々に生産を開始する予定だ)

□ Mr. Donovan is coordinating the campaign.(ドノバン氏がそのキャンペーンを取りまとめている)

Day 37 》MP3-073
Quick Review
答えは左ページ下

□ screen	□ file	□ insure	□ concentrate
□ omit	□ fulfill	□ construct	□ hail
□ stimulate	□ vacuum	□ mend	□ resist
□ execute	□ ban	□ strengthen	□ sew

Day 39 動詞9

Check 1 Chants 》 MP3-077

□ 0609
exercise
/éksərsàiz/
❶定義注意
Part 5, 6

動❶(権利など)**を行使する** ❷運動する
名❶運動 ❷(権力などの)行使(of ～)

□ 0610
extract
/ikstrǽkt/
❶アクセント注意
Part 5, 6

動❶**～を**(…から)**引き抜く**、引き出す(from . . .) ❷～を(…から)抽出する(from . . .)
名(/ékstrækt/)❶抽出物、エキス ❷(～からの)抜粋(from ～)
名extraction：❶摘出、抽出 ❷家系、血統

□ 0611
wander
/wándər/
Part 1

動(当てもなく)**歩き回る**、ぶらつく(≒stroll) ➕wonder(～だろうかと思う)と混同しないように注意

□ 0612
dominate
/dámənèit/
Part 5, 6

動**～を支配する**
名domination：支配
形dominant：支配的な、優勢な

□ 0613
remodel
/ri:mádl/
Part 2, 3

動**～を改築**[改装]**する**、模様替えする

□ 0614
rinse
/ríns/
❶定義注意
Part 1

動(コップ・口など)**をゆすぐ**、すすぐ、(汚れなど)をすすぎ落とす
名❶ゆすぐこと ❷リンス液

□ 0615
boast
/bóust/
Part 4

動❶(町などが)**～を誇りにしている** ➕「誇らしいものを持っている」といったニュアンス ❷(～を)自慢する(about [of] ～)(≒brag)

□ 0616
disclose
/disklóuz/
Part 5, 6

動(秘密など)**を明らかにする**、暴露する、暴く(≒reveal, expose, uncover)(⇔conceal：～を秘密にする)
名disclosure：公表、発表、暴露、発覚

continued ▼

つらくて挫折しそうになったら、Check 1の「聞くだけモード」だけでもOK。少しずつでもいいので、「継続する」ことを大切にしよう！

□ 聞くだけモード　Check 1
□ しっかりモード　Check 1 ▸ 2
□ かんぺきモード　Check 1 ▸ 2 ▸ 3

Check 2 Phrase	Check 3 Sentence 》MP3-078
□ exercise caution（注意［用心、警戒］する） □ exercise regularly（定期的に運動する）	□ We should exercise our right to vote.（私たちは投票する権利を行使すべきだ）
□ extract a cork from a bottle（瓶からコルクを引き抜く） □ extract DNA from bones（骨からDNAを抽出する）	□ You had better have your wisdom teeth extracted.（あなたは親知らずを抜いてもらったほうがいい）
□ wander around the city（街を歩き回る）	□ People are wandering around the street.（人々が通りをぶらついている）
□ dominate business（ビジネスを支配する）	□ The company dominates nearly half of the domestic market.（その会社は国内市場の半分近くを支配している）
□ remodel the kitchen（台所を改装する）	□ We're remodeling our house next year.（私たちは来年、自宅を改築するつもりだ）
□ rinse one's mouth（口をゆすぐ）	□ The man is rinsing the dishes.（男性は皿をすすいでいる）
□ boast five restaurants（［ホテルなどが］5つのレストランを誇りにしている） □ boast about one's achievements（業績を自慢する）	□ The city boasts beautiful beaches.（その街は美しいビーチを誇りにしている）
□ disclose details of the contract（契約の詳細を明らかにする）	□ The suspect disclosed the names of his accomplices.（その容疑者は共犯者の名前を明かした）

continued ▼

Check 1　Chants))) MP3-077

□ 0617
emerge
/imə́ːrdʒ/
Part 5, 6

動❶(～から)**現れる**(from ～)(≒appear)　❷(事実などが)明らかになる(≒come out)
名emergency：緊急[非常]事態、緊急[非常]の場合

□ 0618
transmit
/trænsmít, trænzmít/
❗発音注意
Part 5, 6

動❶(ニュースなど)**を放送する**、伝える　❷(病気など)を伝染させる、うつす
名transmission：❶(自動車の)変速装置、トランスミッション　❷伝達　❸送信、放送

□ 0619
annoy
/ənɔ́i/
Part 5, 6

動❶**～をいらいらさせる**、悩ます　❷(be annoyed at [with]で)～にいらいらしている
名annoyance：いら立たしさ、困惑、迷惑なこと[物]
形annoying：迷惑な、うるさい

□ 0620
consume
/kənsjúːm/
Part 4

動❶**～を消費する**　❷～を摂取する
名consumer：消費者
名consumption：消費、消費量[高]

□ 0621
declare
/dikléər/
Part 4

動❶**～を宣言**[公表、布告]**する**　❷(税関で)(課税品など)を申告する
名declaration：❶宣言、公表、布告　❷申告(書)

□ 0622
matter
/mǽtər/
❗定義注意
Part 4

動(通例itを主語にして)(～に)**重要**[重大]**である**、重大な関係がある(to ～)
名❶問題、事柄　❷物質(≒material, stuff, substance)(⇔spirit, mind)

□ 0623
illustrate
/íləstrèit/
Part 5, 6

動❶**～を説明する**、明らかにする(≒explain)　❷～に挿絵を入れる、(illustrate A with Bで)A(本など)にB(挿絵など)を入れる
名illustration：❶挿絵、イラスト　❷実例、説明

□ 0624
evolve
/iválv/
Part 5, 6

動❶(～から／…へ)**進化**[発展]**する**(from ～/into . . .)
❷～を進化[発展]させる　➕revolve(回転する)と混同しないように注意
名evolution：❶進化、進化論　❷発展、進展

Day 38))) MP3-075
Quick Review
答えは右ページ下

□ ～に感染する
□ ～を抜かす
□ ～を達成する
□ ～を辞める

□ ～を疲れさせる
□ ～を製造する
□ ～を素早く食べる
□ ～をエンストさせる

□ ～を伝える
□ ～を正当化する
□ ～だと認める
□ ～を強調する

□ ～に住む
□ ～を見つける
□ ～を開始する
□ ～を調整する

Check 2 Phrase

☐ emerge from the clouds（[太陽が]雲間から現れる）
☐ It emerges that ～.（～ということが明らかになる）

☐ transmit news（ニュースを放送する）
☐ be transmitted to humans by mosquitoes（[伝染病などが]蚊によって人にうつされる）

☐ annoy her with questions（いろいろと質問して彼女をいらいらさせる）
☐ be annoyed at his behavior（彼の態度にいらいらしている）

☐ consume energy（エネルギーを消費する）
☐ consume a healthy diet（健康的な食事を取る）

☐ declare a state of emergency（非常事態を宣言する）
☐ Anything to declare?（[税関で]課税品をお持ちですか？）

☐ It doesn't matter.（重要でない、関係ない、構わない）

☐ illustrate the main point（要点を説明する）
☐ be illustrated with photos（[本などに]写真が入っている）

☐ evolve into a leading company（一流企業へと進化する）
☐ evolve technology（技術を進化させる）

Check 3 Sentence 》MP3-078

☐ He emerged from the crowd.（彼は人込みの中から姿を現した）

☐ The game was transmitted live via satellite.（その試合は衛星中継で生放送された）

☐ Noise from the airport annoys nearby residents.（空港の騒音は近隣の住民を悩ませている）

☐ The US consumes 25 percent of the world's oil.（アメリカは世界の石油の25パーセントを消費している）

☐ The brokerage declared itself bankrupt yesterday.（その証券会社は昨日、破産を宣言した）

☐ It doesn't matter to me what others think.（他人がどう考えようと私には重要ではない）

☐ The chart illustrates how gas prices have climbed in the US.（その図はガソリン価格がどのようにアメリカで上昇したかを表している）

☐ Modern humans and apes evolved from a common ancestor.（現生人類と類人猿は共通の祖先から進化した）

Day 38 》MP3-075
Quick Review
答えは左ページ下

☐ infect	☐ exhaust	☐ convey	☐ inhabit
☐ skip	☐ manufacture	☐ justify	☐ spot
☐ attain	☐ grab	☐ confess	☐ commence
☐ quit	☐ stall	☐ highlight	☐ coordinate

Day 40 動詞10

Check 1 Chants MP3-079

☐ 0625
finalize
/fáinəlàiz/
Part 5, 6

動 **〜に決着をつける**、〜を仕上げる、完結させる(≒complete, conclude)
名final：❶最終試験 ❷(しばしばthe 〜s)決勝戦
形final：最後[最終]の
副finally：❶ついに、とうとう ❷最後に

☐ 0626
prolong
/prəlɔ́:ŋ/
Part 7

動 **〜を延長する**、長くする(≒lengthen)
形prolonged：長期の[に及ぶ]、長引く

☐ 0627
clap
/klǽp/
Part 1

動❶**拍手する**(≒applaud) ❷(手)をたたく
名clapping：拍手、手拍子

☐ 0628
cooperate
/kouápərèit/
Part 2, 3

動❶(〜と)**協力する**(with 〜) ❷(cooperate to doで)〜するために協力する、協力して〜する ➕corporate(企業の)と混同しないように注意
名cooperation：(〜の間の)協力(between 〜)
形cooperative：❶協力的な ❷協同の

☐ 0629
deregulate
/di:régjulèit/
Part 7

動 **〜の規制を緩和**[撤廃]**する**、〜を自由化する
名deregulation：規制緩和[撤廃]、自由化
動regulate：〜を規制[統制、管理]する

☐ 0630
drop
/dráp/
❗定義注意
Part 2, 3

動❶(計画など)**をやめる**、中止する ❷〜を落とす ❸落ちる ❹(価値などが)下落する
名❶しずく ❷(液体の)少量 ❸下落

☐ 0631
multiply
/mʌ́ltəplài/
Part 5, 6

動❶**〜を**(どんどん)**増やす** ❷増える(≒increase) ❸(multiply A by Bで)AにBを掛ける ➕「AをBで割る」はdivide A by B、「AとBを足す」はadd A and B、「AをBから引く」はsubtract A from B
形multiple：多数の、多種多様な

☐ 0632
stage
/stéidʒ/
❗定義注意
Part 7

動❶(ストライキなど)**を実施する**、企てる、計画する ❷〜を上演する
名❶(発達などの)段階、時期(≒phase) ❷舞台、ステージ

continued ▼

毎日繰り返し音声を聞いていれば、リスニング力もアップしているはず。英語ニュースなどを聞いて、効果を確認してみては？

□ 聞くだけモード　Check 1
□ しっかりモード　Check 1 ▸ 2
□ かんぺきモード　Check 1 ▸ 2 ▸ 3

Check 2 Phrase	Check 3 Sentence ⟫ MP3-080
□ finalize a deal（取引をまとめる）	□ The budget for the project has not been finalized yet.（そのプロジェクトの予算はまだ決まっていない）
□ prolong life（寿命を長くする）	□ He decided to prolong his stay in Tokyo for another week.（彼は東京での滞在をもう1週間延長することにした）
□ clap and cheer（拍手喝さいする） □ clap one's hands（手をたたく）	□ The audience is clapping in time to the music.（聴衆は音楽に合わせて手をたたいている）
□ refuse to cooperate（協力するのを拒む） □ cooperate to achieve the goal（目標を達成するために協力する）	□ The residents in the area cooperated with the police to find the missing girl.（その地域の住民たちは行方不明の少女を見つけるために警察と協力した）
□ deregulate the banking industry（銀行業の規制を緩和する）	□ The government plans to deregulate the communications market.（政府は通信市場の規制を緩和する予定だ）
□ drop everything（すべてを中止する） □ drop a vase from a table（テーブルから花瓶を落とす）	□ Can you drop what you're doing and help me?（していることをやめて、私を手伝ってくれますか？）
□ multiply the possibilities of ～（～の可能性を増す） □ multiply rapidly（急速に増加する）	□ We need to multiply the productivity of our employees.（私たちは従業員の生産性を高める必要がある）
□ stage a demonstration（デモを実施する） □ stage a play（劇を上演する）	□ The union will stage a strike tomorrow.（その労働組合は明日、ストライキを行う予定だ）

continued ▼

Check 1　Chants))) MP3-079

□ 0633
uncover
/ʌ̀nkʌ́vər/
Part 7

動❶(秘密など)**を暴露する**、打ち明ける(≒reveal, disclose, expose)、～を発見する　❷～の覆い[ふた]を取る

□ 0634
complicate
/kɑ́mpləkèit/
Part 5, 6

動❶(事)**を複雑にする**　❷(病気)を悪化させる
名complication：❶(通例～s)合併症　❷面倒な事態[問題]
形complicated：複雑な、込み入った

□ 0635
overflow
/òuvərflóu/
❶アクセント注意
Part 1

動❶(～で)**あふれる**(with ～)　❷(川などが)氾濫する　❸～を越えて氾濫する
名(/óuvərflòu/)❶氾濫、洪水　❷あふれ出た物、あふれた群衆

□ 0636
shorten
/ʃɔ́:rtn/
Part 4

動❶**～を短くする**　❷短くなる(⇔lengthen)
名shortage：(～の)不足(of ～)
形short：❶短い　❷(be short of [on]で)～が不足している
副shortly：❶間もなく、すぐに　❷少し(後、前)に

□ 0637
utilize
/jú:təlàiz/
Part 5, 6

動**～を**(…として)**利用する**、役立たせる(as . . .)(≒use)
名utilization：利用
名utility：❶(通例～ies)(水道などの)公共料金、公共施設　❷有用[実用]性

□ 0638
plow
/pláu/
❶発音注意
Part 1

動**～をすきで耕す**
名(農耕用の)すき

□ 0639
refuel
/ri:fjú:əl/
Part 4

動❶**～に燃料を補給する**　❷燃料の補給を受ける
名fuel：(～の)燃料(for ～)
動fuel：❶～に燃料を供給する　❷～を刺激[助長]する

□ 0640
salute
/səlú:t/
Part 1

動❶**～に敬礼する**　❷敬礼する
名敬礼

Day 39))) MP3-077
Quick Review
答えは右ページ下

□ ～を行使する
□ ～を引き抜く
□ 歩き回る
□ ～を支配する
□ ～を改築する
□ ～をゆすぐ
□ ～を誇りにしている
□ ～を明らかにする
□ 現れる
□ ～を放送する
□ ～をいらいらさせる
□ ～を消費する
□ ～を宣言する
□ 重要である
□ ～を説明する
□ 進化する

Check 2 Phrase

Check 3 Sentence 》MP3-080

□ uncover a scheme(陰謀を暴露する)
□ uncover the box(箱のふたを取る)
▸ □ Police still haven't uncovered any new evidence in the case.(警察はその事件における新しい証拠をまだ見つけていない)

□ to complicate matters(厄介なことには)
□ complicate the disease(病気を悪化させる)
▸ □ It will only complicate the situation if you do something.(あなたが何かをしても、状況を複雑にするだけだろう)

□ overflow with shoppers([店が]買い物客であふれかえる)
□ overflow the banks(堤防を越えて氾濫する)
▸ □ The bathtub is overflowing with water.(バスタブは水であふれている)

□ shorten the length of ~(~の長さを短くする)
□ shorten in winter([昼が]冬は短くなる)
▸ □ I shortened my stay in Beijing by two days.(私は北京での滞在を2日短くした)

□ utilize the sun as a heat source(太陽を熱源として利用する)
□ utilize solar energy for household use(家庭で太陽エネルギーを利用する)
▸ □ The building could be utilized as a library.(その建物は図書館として利用できるかもしれない)

□ plow a field(畑をすきで耕す)
▸ □ Some people are plowing the land.(何人かの人々が土地をすきで耕している)

□ refuel a plane(飛行機に燃料を補給する)
□ refuel in midair([飛行機が]上空で燃料補給を受ける)
▸ □ Refuel the car before returning it to the rental company.(レンタル会社に返す前に、車に燃料を補給してください)

□ salute the officer(将校に敬礼する)
▸ □ They're saluting the US flag.(彼らはアメリカ国旗に敬礼している)

Day 39 》MP3-077
Quick Review
答えは左ページ下

□ exercise	□ remodel	□ emerge	□ declare
□ extract	□ rinse	□ transmit	□ matter
□ wander	□ boast	□ annoy	□ illustrate
□ dominate	□ disclose	□ consume	□ evolve

Day 41 動詞11

Check 1 Chants MP3-081

□ 0641
weaken
/wíːkən/
Part 4

動❶**～を弱める**(⇔strengthen) ❷弱まる(⇔strengthen)
形weak：弱い

□ 0642
drain
/dréin/
❶定義注意
Part 7

動❶(資産など)**を枯渇**[消耗]**させる** ❷(液体)を(…から)排出させる(from . . .) ❸流れ出る
名 排水管[路]
名drainage：❶排水 ❷排水設備

□ 0643
chop
/tʃáp/
Part 1

動 **～を切り刻む**、細かく切る
名❶厚切りの肉片 ❷チョップ

□ 0644
cite
/sáit/
Part 7

動❶**～に言及する**(≒mention, refer to)、～を(…として)引き合いに出す(as . . .) ❷～を引用する(≒quote)
名citation：❶(裁判所への)召還 ❷表彰 ❸引用

□ 0645
define
/difáin/
Part 7

動❶**～を**(…と)**定義する**(as . . .) ❷～を明確にする、明らかにする
名definition：❶定義 ❷明確さ
形definite：明確な、明白な
副definitely：❶確かに、その通り ❷はっきりと、明確に

□ 0646
iron
/áiərn/
❶定義注意
Part 1

動 **～にアイロンをかける**(≒press)
名❶鉄 ❷アイロン
形 鉄の

□ 0647
air
/έər/
❶定義注意
Part 4

動❶**～を放送する** ❷放送される(≒broadcast)
名❶空気 ❷放送

□ 0648
question
/kwéstʃən/
❶定義注意
Part 4

動❶**～を疑う** ❷～に(…について)質問する(about [as to] . . .)
名❶質問(≒query)(⇔answer) ❷問題(≒problem, matter, issue) ❸(～についての)疑問(about ～)(≒doubt)

continued ▼

今日は「❗定義注意」の単語が続出！ TOEICならではの意味を、しっかりと押さえておこう。それでは、チャンツからスタート！

□ 聞くだけモード Check 1
□ しっかりモード Check 1 ▸ 2
□ かんぺきモード Check 1 ▸ 2 ▸ 3

Check 2 Phrase	Check 3 Sentence 》MP3-082
□ weaken the competitiveness of ～(～の競争力を弱める) □ steadily weaken(徐々に弱まる)	□ Income inequality is weakening the country's economy.(所得格差がその国の経済を弱めている)
□ drain the fund(資金を枯渇させる) □ drain the oil from the engine(エンジンからオイルを排出させる)	□ The country's resources had been drained by the war.(戦争によってその国の資源は枯渇した)
□ chop a carrot into pieces(ニンジンをみじん切りにする)	□ The woman is chopping vegetables.(女性は野菜を切り刻んでいる)
□ cite a few examples(2、3の例を挙げる) □ cite a passage from ～(～から一節を引用する)	□ The CEO cited several reasons for his resignation.(そのCEOは辞職の理由についていくつか言及した)
□ define a new word(新語を定義する) □ define one's responsibility(責任を明確にする)	□ In this dictionary, January is defined as "the first month of the year, between December and February."(この辞書では、1月は「1年の最初の月で、12月と2月の間」と定義されている)
□ iron trousers(ズボンにアイロンをかける)	□ The woman is ironing the shirt.(女性はシャツにアイロンをかけている)
□ be aired live(生放送される)	□ The movie will be aired on Channel 4 at 9 p.m. tonight.(その映画は今夜9時から4チャンネルで放送される)
□ question her story(彼女の話を疑う) □ question the man about the theft(その男性に窃盗について質問する)	□ The authenticity of the painting has been questioned.(その絵が本物であるかどうかが疑われている)

continued ▼

Check 1 Chants 》MP3-081

□ 0649 **near** /níər/ ❶定義注意 Part 7	動 **～に近づく**(≒approach) 形 (～に)近い(to ～) 副 近くに 前 ～の近くに 副nearly：ほとんど、ほぼ
□ 0650 **tighten** /táitn/ Part 5, 6	動❶(制限など)**をきつくする**、厳しくする ❷～をしっかり締める(⇔loosen) 形tight：❶(物などが)不足している、(金融が)ひっ迫した ❷(予定などが)ぎっしり詰まった ❸きつい
□ 0651 **ache** /éik/ Part 4	動(～で)**痛む**、うずく(from [with] ～) 名 痛み
□ 0652 **fascinate** /fǽsənèit/ Part 5, 6	動❶**～を魅了**[魅惑]**する** ❷(be fascinated by [with] ～で)～に魅了されている、うっとりしている 名fascination：魅了[魅惑](された状態) 形fascinating：魅力[魅惑]的な
□ 0653 **inherit** /inhérit/ Part 5, 6	動(財産など)**を**(…から)**相続する**、受け継ぐ(from . . .) 名inheritance：❶遺産、相続財産 ❷(前代などから)受け継いだもの、(無形の)遺産
□ 0654 **abandon** /əbǽndən/ Part 5, 6	動❶**～を断念する**、あきらめる(≒give up) ❷(人・家など)を見捨てる ❸(abandon oneself toで)(感情など)に身を任せる
□ 0655 **absorb** /æbzɔ́:rb/ Part 4	動❶**～を吸収する** ❷(be absorbed inで)～に夢中になっている、没頭している ❸(be absorbed intoで)～に合併[吸収]される 名absorption：❶吸収 ❷(～への)没頭(in ～) 形absorbing：非常に面白い
□ 0656 **assert** /əsɔ́:rt/ Part 5, 6	動 **～だと断言**[主張]**する**(≒claim, maintain, affirm, allege) 名assertion：(～という)主張(that節 ～) 形assertive：自己主張の強い

Day 40 》MP3-079
Quick Review
答えは右ページ下

□ ～に決着をつける	□ ～の規制を緩和する	□ ～を暴露する	□ ～を利用する
□ ～を延長する	□ ～をやめる	□ ～を複雑にする	□ ～をすきで耕す
□ 拍手する	□ ～を増やす	□ あふれる	□ ～に燃料を補給する
□ 協力する	□ ～を実施する	□ ～を短くする	□ ～に敬礼する

Check 2 Phrase

Check 3 Sentence MP3-082

Phrase	Sentence
□ near an end（終わりに近づく）	□ The construction of the new mall is nearing completion.（新しいショッピングモールの建設は完成に近づいている）
□ tighten regulations（規則をきつくする） □ tighten one's seat belt（シートベルトをしっかり締める）	□ The government will tighten controls on short selling of stocks.（政府は株の空売り規制を厳しくする予定だ）
□ have an aching back（背中が痛む）	□ I ache all over.（体中が痛い）
□ fascinate baseball fans（野球ファンを魅了する） □ be fascinated by the scenery（景色にうっとりしている）	□ The concert fascinated its audience.（そのコンサートは聴衆を魅了した）
□ inherit $100,000 from one's parents（両親から10万ドルを相続する）	□ He inherited the land from his father.（彼はその土地を父親から相続した）
□ abandon the climb because of bad weather（悪天候のため登頂を断念する） □ an abandoned car（乗り捨てられた車）	□ We abandoned the plan due to lack of funds.（資金不足のため私たちはその計画を断念した）
□ absorb water（水を吸収する） □ be absorbed in classical music（クラシック音楽に夢中になっている）	□ A child absorbs knowledge like a sponge.（子どもはスポンジのように知識を吸収する）
□ assert that he is innocent（彼は無罪だと断言する）	□ She asserts that he stole money from her.（彼が自分からお金を盗んだと彼女は主張している）

Day 40 MP3-079
Quick Review
答えは左ページ下

□ finalize	□ deregulate	□ uncover	□ utilize
□ prolong	□ drop	□ complicate	□ plow
□ clap	□ multiply	□ overflow	□ refuel
□ cooperate	□ stage	□ shorten	□ salute

Day 42 動詞12

Check 1 Chants 》MP3-083

☐ 0657
confront
/kənfrʌ́nt/
Part 4

動❶(困難など)**に直面する**、立ち向かう(≒face) ❷(困難などが)(人)に立ちはだかる
名confrontation:(～との)対面、直面(with ～)

☐ 0658
conquer
/káŋkər/
Part 5, 6

動❶**～を征服する** ❷(困難など)を克服する
名conquest:征服、克服
名conqueror:征服者、勝利者

☐ 0659
foster
/fɔ́:stər/
Part 7

動❶**～を促進**[育成]**する**(≒promote, encourage) ❷～を(里子として)育てる、養育する ➕「～を養子にする」はadopt
形里親[里子]の

☐ 0660
grasp
/grǽsp/
❗定義注意
Part 5, 6

動❶**～を理解**[把握]**する**(≒understand) ❷～を(しっかり)握る、つかむ
名❶理解(力)(≒understanding) ❷握ること

☐ 0661
halt
/hɔ́:lt/
Part 7

動❶**～を停止**[中止]**させる** ❷停止[中止]する(≒stop)
名停止、中断

☐ 0662
resemble
/rizémbl/
Part 5, 6

動**～に似ている**
名resemblance:(～と／…の間で)似ていること、(～との／…との間の)類似[相似](点)(to ～/between . . .)

☐ 0663
tap
/tǽp/
❗定義注意
Part 7

動(資源・土地など)**を開発**[開拓、利用]**する**
名蛇口(≒faucet)

☐ 0664
doubt
/dáut/
❗発音注意
Part 5, 6

動**～でないと思う**、～かどうか疑問に思う
名(～についての／…かどうかの)疑い(about [as to] ～/wh-[if]節 . . .)
形doubtful:疑わしい、不確かな
副doubtless:疑いもなく、確かに

continued ▼

今日でChapter 5は最後！　時間に余裕があったら、章末のReviewにも挑戦しておこう。忘れてしまった単語も結構あるのでは?!

□ 聞くだけモード　Check 1
□ しっかりモード　Check 1 ▶ 2
□ かんぺきモード　Check 1 ▶ 2 ▶ 3

Check 2 Phrase	Check 3 Sentence 》MP3-084
□ confront danger（危険に立ち向かう） □ be confronted with ～（～に直面している）	□ The country is confronting a financial crisis.（その国は金融危機に直面している）
□ conquer a nation（国を征服する） □ conquer difficulties（困難を克服する）	□ France was conquered by Germany in 1940 and liberated in 1944.（フランスは1940年にドイツに征服され、1944年に解放された）
□ foster democracy（民主主義を促進する） □ foster an orphan（孤児を養育する）	□ The program aims to foster better communication among staff.（その計画は社員間のよりよいコミュニケーションの促進を目指している）
□ grasp the main points of the lecture（講義の要点を理解する） □ grasp the rope（ロープを握る）	□ Do you grasp my meaning clearly?（私の言っていることの意味をちゃんと理解していますか?）
□ halt traffic（[悪天候などが]車の流れを止める） □ Halt!（止まれ！）	□ The electronics manufacturer has temporarily halted production lines for semiconductors.（その電機メーカーは半導体の生産ラインを一時的に停止させている）
□ closely resemble（～とよく似ている）	□ Jack and Tom resemble each other.（ジャックとトムは互いに似ている）
□ tap a new market（新しい市場を開拓する）	□ The area has the potential to tap solar energy.（その地域は太陽エネルギーを利用できる可能性がある）
□ doubt that he will come（彼が来るとは思わない） □ doubt if she will succeed（彼女が成功するかどうか疑問に思う）	□ I doubt that the project will be completed on schedule.（そのプロジェクトが予定通りに完了するとは私は思わない）

continued ▼

Check 1 Chants 》MP3-083

□ 0665
reproduce
/rìːprədjúːs/
Part 5, 6

動❶～を複製[複写、再現]する ❷繁殖する ❸～を繁殖させる
名reproduction：❶繁殖、生殖 ❷複製

□ 0666
subcontract
/sʌ̀bkɑ́ntrækt/
❶アクセント注意
Part 7

動～の下請け契約をする
名下請負、下請契約
名contract：(～との)契約(書)(with ～)
動contract：(～と)契約を結ぶ(with ～)

□ 0667
comprehend
/kɑ̀mprihénd/
❶アクセント注意
Part 5, 6

動～を(十分に)理解する(≒understand)
名comprehension：理解(力)
形comprehensible：(～にとって)分かりやすい、理解できる(to ～)

□ 0668
overtake
/òuvərtéik/
Part 5, 6

動～を追い越す、追い抜く、～に追いつく(≒catch up with)

□ 0669
portray
/pɔːrtréi/
Part 5, 6

動～を(絵・本などで)描く、表現する(≒describe, represent, depict)
名portrait：肖像画[写真]
名portrayal：描写

□ 0670
slip
/slíp/
❶定義注意
Part 4

動❶(質などが)悪化[低下]する(≒worsen) ❷(誤って)滑る、滑って転ぶ ➕意図的に「滑る」はslide ❸こっそりと動く
名❶伝票、スリップ ❷(ちょっとした)間違い
形slippery：❶滑りやすい ❷理解しにくい

□ 0671
spark
/spɑ́ːrk/
❶定義注意
Part 4

動❶～を誘発する、～への引き金となる ❷(興味など)を刺激する ❸火花を出す
名火花

□ 0672
sustain
/səstéin/
Part 7

動❶～を維持する、持続させる(≒maintain) ❷(損失など)を被る(≒suffer) ❸～を養う
形sustainable：持続可能な、環境を破壊しない
名sustainability：持続可能性

Day 41 》MP3-081 Quick Review
答えは右ページ下

□ ～を弱める
□ ～を枯渇させる
□ ～を切り刻む
□ ～に言及する
□ ～を定義する
□ ～にアイロンをかける
□ ～を放送する
□ ～を疑う
□ ～に近づく
□ ～をきつくする
□ 痛む
□ ～を魅了する
□ ～を相続する
□ ～を断念する
□ ～を吸収する
□ ～だと断言する

Check 2 Phrase

Check 3 Sentence MP3-084

□ reproduce the picture（その絵を複写する）
□ reproduce oneself（繁殖する）

▸ □ These speakers can reproduce orchestral sounds.（これらのスピーカーはオーケストラの音を再現することができる）

□ subcontract the whole of the works（その仕事を丸ごと下請け契約をする）

▸ □ Most of the construction of the house was subcontracted to a local builder.（その家の建築のほとんどは地元の建設会社に下請けされた）

□ comprehend the phenomenon（その現象を理解する）

▸ □ He fully comprehends the importance of the job.（彼はその仕事の重要性を十分に理解している）

□ overtake Japan in terms of GDP（GDPの点で日本を追い越す）

▸ □ It is said that India will overtake China in population.（インドは人口で中国を追い越すだろうと言われている）

□ portray life in the raw（ありのままの人生を描く）

▸ □ The painting portrays the world 100 years from now.（その絵は今から100年後の世界を描いている）

□ slip noticeably（著しく悪化する）
□ slip on the icy sidewalk（氷が張った歩道で滑って転ぶ）

▸ □ Sales slipped from $3 million to $2.5 million last year.（昨年、売上高は300万ドルから250万ドルに低下した）

□ spark a national debate（全国的な議論を引き起こす）
□ spark his curiosity（彼の好奇心を刺激する）

▸ □ The country's determination to develop a nuclear weapon could spark a war.（核兵器を開発するというその国の決断は戦争を誘発するかもしれない）

□ sustain one's health（健康を維持する）
□ sustain a severe injury（重傷を負う）

▸ □ The country will sustain economic growth of close to 9 percent.（その国は9パーセント近い経済成長を維持するだろう）

Day 41 MP3-081
Quick Review
答えは左ページ下

□ weaken □ define □ near □ inherit
□ drain □ iron □ tighten □ abandon
□ chop □ air □ ache □ absorb
□ cite □ question □ fascinate □ assert

Chapter 5 Review

左ページの(1)～(20)の動詞の同意・類義語［熟語］（≒）を右ページのA～Tから選び、カッコの中に答えを書き込もう。意味が分からないときは、見出し番号を参照して復習しておこう（答えは右ページ下)。

- □ (1) omit (0578) ≒は? (　　)
- □ (2) execute (0580) ≒は? (　　)
- □ (3) ban (0584) ≒は? (　　)
- □ (4) mend (0587) ≒は? (　　)
- □ (5) attain (0595) ≒は? (　　)
- □ (6) manufacture (0598) ≒は? (　　)
- □ (7) highlight (0604) ≒は? (　　)
- □ (8) spot (0606) ≒は? (　　)
- □ (9) wander (0611) ≒は? (　　)
- □ (10) emerge (0617) ≒は? (　　)
- □ (11) illustrate (0623) ≒は? (　　)
- □ (12) finalize (0625) ≒は? (　　)
- □ (13) clap (0627) ≒は? (　　)
- □ (14) utilize (0637) ≒は? (　　)
- □ (15) cite (0644) ≒は? (　　)
- □ (16) near (0649) ≒は? (　　)
- □ (17) assert (0656) ≒は? (　　)
- □ (18) confront (0657) ≒は? (　　)
- □ (19) foster (0659) ≒は? (　　)
- □ (20) grasp (0660) ≒は? (　　)

A. notice
B. mention
C. carry out
D. explain
E. use
F. forbid
G. approach
H. produce
I. face
J. leave out
K. conclude
L. understand
M. achieve
N. applaud
O. claim
P. sew up
Q. promote
R. emphasize
S. stroll
T. appear

【解答】(1) J (2) C (3) F (4) P (5) M (6) H (7) R (8) A (9) S (10) T
(11) D (12) K (13) N (14) E (15) B (16) G (17) O (18) I (19) Q (20) L

CHAPTER 6
形容詞：必修96

Chapter 6では、TOEIC必修の形容詞96をマスターします。単語は「繰り返しの学習」で身につけるもの。目・耳・口をフル動員して、あきらめることなく学習を続けていきましょう！

TOEIC的格言

He that falls today may rise tomorrow.

七転び八起き。
［直訳］今日転んだ者は、明日は立ち上がるだろう。

Day 43 形容詞7

Check 1 Chants 》MP3-085

□ 0673 **genuine** /dʒénjuin/ ❶アクセント注意 Part 2, 3	形❶(物などが)**本物の**(≒real)(⇔fake:偽の) ❷誠実な(≒sincere) 副genuinely:誠実に、心から、純粋に
□ 0674 **vital** /váitl/ Part 7	形❶(~にとって)**極めて重要**[重大]**な**、不可欠な(to [for] ~)(≒crucial) ❷活気のある、生き生きとした 名vitality:❶活力、生命力 ❷(制度などの)持続力 副vitally:極めて重大に、絶対に
□ 0675 **occasional** /əkéiʒənəl/ Part 5, 6	形**時々**[時折]**の**(⇔frequent:たびたびの) 名occasion:❶(特定の)時、場合 ❷(~のための/…する)機会(for ~/to do) ❸(特別な)出来事 動occasion:~を生じさせる 副occasionally:時々、時折
□ 0676 **overwhelming** /òuvərhwélmiŋ/ Part 7	形**圧倒的な** 動overwhelm:❶~を圧倒する ❷(be overwhelmed by [with]で)~に圧倒されている
□ 0677 **tremendous** /triméndəs/ Part 5, 6	形❶**ものすごい**、すさまじい ❷素晴らしい(≒excellent)
□ 0678 **countless** /káuntlis/ Part 4	形**数え切れない**(ほどの)、無数の 名count:計算 動count:❶~を数える ❷~を勘定[数、考慮]に入れる ❸(count onで)~に頼る、~を当てにする、~を期待する
□ 0679 **disappointing** /dìsəpɔ́intiŋ/ Part 2, 3	形**期待外れの**、失望[がっかり]させる 名disappointment:失望 動disappoint:❶~を失望させる、がっかりさせる ❷(be disappointed with [at, about]で)~に失望している、がっかりしている
□ 0680 **exhausted** /igzɔ́:stid/ Part 5, 6	形❶(~で)**疲れ切った**、力尽きた(from [with, by] ~)(≒tired) ❷使い尽くされた 名exhaust:排気ガス 動exhaust:❶~を疲れさせる ❷~を使い尽くす 名exhaustion:❶極度の疲労 ❷使い尽くすこと

continued ▼

Chapter 6では、6日をかけて必修形容詞96をチェック。まずはチャンツを聞いて、単語を「耳」からインプット！

□ 聞くだけモード　Check 1
□ しっかりモード　Check 1 ▸ 2
□ かんぺきモード　Check 1 ▸ 2 ▸ 3

Check 2　Phrase

Check 3　Sentence 》MP3-086

□ genuine leather（本革）
□ a genuine person（誠実な人）
▸ □ I don't know whether the painting is genuine or not.（私はその絵画が本物かどうか分からない）

□ play a vital role in ~（～で極めて重要な役割を果たす）
□ a vital man（元気のよい男性）
▸ □ It is vital that you attend the meeting.（あなたがその会議に出席することが極めて重要だ）

□ have occasional headaches（時々頭痛がする）
□ an occasional traveler（時々旅行をする人）
▸ □ I make occasional visits to art museums.（私は美術館に時々行く）

□ an overwhelming victory（圧倒的勝利）
▸ □ The overwhelming majority support the plan.（圧倒的多数がその計画を支持している）

□ tremendous appetite（ものすごい食欲）
□ a tremendous athlete（素晴らしい運動選手）
▸ □ The progress in information technology is tremendous.（情報技術の進歩はすさまじい）

□ countless times（数え切れないほど何度も）
▸ □ She spent countless hours trying to find a solution to the problem.（彼女はその問題の解決策を見つけようと途方もない時間を費やした）

□ a disappointing result（期待外れの結果）
▸ □ The movie was somewhat disappointing.（その映画は少し期待外れだった）

□ be exhausted from studying（勉強で疲れ切っている）
□ an exhausted oil field（枯渇した油田）
▸ □ I'm exhausted from working all day.（私は1日中働いて疲れ切っている）

continued ▼

Check 1　Chants 》MP3-085

□ 0681
extraordinary
/ikstrɔ́ːrdənèri/
Part 5, 6
▸
形 **並外れた**、驚くべき、異常な、風変わりな
形ordinary：❶普通の、通常の　❷平凡な
副extraordinarily：非常に、並外れて
▸

□ 0682
immense
/iméns/
Part 5, 6
▸
形 **巨大な**、多大な(≒huge, enormous, massive)
副immensely：非常に、とても
▸

□ 0683
constant
/kɑ́nstənt/
Part 5, 6
▸
形❶**絶え間ない**(≒continual, continuous)　❷一定[不変]の(≒fixed)
副constantly：絶えず、しょっちゅう
▸

□ 0684
satisfactory
/sæ̀tisfǽktəri/
Part 5, 6
▸
形(〜にとって)**満足な**、納得のいく(to [for] 〜)
名satisfaction：満足、充足
動satisfy：❶〜を満足させる　❷(必要など)を満たす　❸(be satisfied withで)〜に満足している
▸

□ 0685
lasting
/lǽstiŋ/
Part 7
▸
形 **長続き**[長持ち]**する**、耐久力のある
動last：❶続く、継続する　❷長持ちする
▸

□ 0686
unlikely
/ʌ̀nláikli/
Part 2, 3
▸
形 **ありそうもない**、起こりそうもない、(〜)しそうもない(to do)(⇔likely)
前unlike：❶〜と違って　❷〜らしくない
▸

□ 0687
inspiring
/inspáiəriŋ/
Part 4
▸
形(人を)**鼓舞**[触発]**する**(≒inspirational)
動inspire：❶〜を鼓舞[刺激、触発]する　❷(inspire A to doで)Aを〜する気にさせる、Aを奮起させて〜させる
名inspiration：❶(〜に対して)鼓舞[刺激]する物[人](for 〜)　❷霊感、インスピレーション
▸

□ 0688
long-term
/lɔ́ːŋtə̀ːrm/
Part 7
▸
形 **長期**(間)**の**、長期的な(⇔short-term)
名term：期間
▸

Day 42 》MP3-083
Quick Review
答えは右ページ下

□ 〜に直面する
□ 〜を征服する
□ 〜を促進する
□ 〜を理解する
□ 〜を停止させる
□ 〜に似ている
□ 〜を開発する
□ 〜でないと思う
□ 〜を複製する
□ 〜の下請け契約をする
□ 〜を理解する
□ 〜を追い越す
□ 〜を描く
□ 悪化する
□ 〜を誘発する
□ 〜を維持する

Check 2 Phrase		Check 3 Sentence 》MP3-086
□ extraordinary beauty（並外れた美しさ） □ extraordinary weather（異常な天候）	▶	□ She has an extraordinary talent for music.（彼女には並外れた音楽の才能がある）
□ an immense palace（巨大な宮殿） □ an immense debt（多大な借金）	▶	□ Illegal immigration into the US has become an immense issue.（アメリカへの不法移住は大きな問題になっている）
□ the constant noise（絶え間ない騒音） □ at a constant speed（一定の速度で）	▶	□ I'm sick of his constant complaining.（私は彼の絶え間ない愚痴にうんざりしている）
□ a satisfactory answer [explanation]（納得のいく回答[説明]）	▶	□ The student obtained a satisfactory mark in the examination.（その生徒は試験で満足のいく点数を取った）
□ a lasting peace（恒久平和） □ leave a lasting impression on ～（～にいつまでも消えない印象を残す）	▶	□ I formed a lasting friendship with him.（私は彼と永遠の友情を結んだ）
□ an unlikely story（ありそうもない話） □ an unlikely pair [couple]（意外なペア[カップル]）	▶	□ It is unlikely that we will achieve our sales target this year.（今年は売上目標を達成しそうもない）
□ an inspiring book（人を鼓舞する本）	▶	□ Her speech was emotional and inspiring.（彼女のスピーチは感動的で人を鼓舞するものだった）
□ a long-term investment（長期投資） □ the long-term effects of ～（～の長期的な影響）	▶	□ We need to set a long-term goal.（私たちは長期目標を設定する必要がある）

Day 42 》MP3-083
Quick Review
答えは左ページ下

□ confront	□ halt	□ reproduce	□ portray
□ conquer	□ resemble	□ subcontract	□ slip
□ foster	□ tap	□ comprehend	□ spark
□ grasp	□ doubt	□ overtake	□ sustain

Day 44 形容詞8

Check 1 Chants 》MP3-087

□ 0689 **promotional** /prəmóuʃənəl/ Part 7	形 **宣伝**[プロモーション](用)**の** 動promote：❶～を(…に)昇進させる(to . . .) ❷～の販売を促進する、～の宣伝活動をする 名promotion：❶(～への)昇進(to ～) ❷販売促進
□ 0690 **intense** /inténs/ Part 5, 6	形 **激しい**、強烈[猛烈]な 名intensity：激しさ、強烈さ 動intensify：❶強まる、激しくなる ❷～を強める、激しくする 形intensive：❶集中的な、徹底的な ❷(農業が)集約的な
□ 0691 **urban** /ə́ːrbən/ Part 5, 6	形 **都市**[都会]**の**(⇔rural, rustic) 動urbanize：～を都市[都会]化する
□ 0692 **competent** /kámpətənt/ Part 7	形❶(仕事などに)**有能な**(at [in] ～)(≒skilled)、(～する)能力のある(to do)(≒able, capable)、(～するのに)適格な(to do) ❷(仕事が)満足のいく(≒satisfactory) 名competence：❶能力、力量 ❷法的権限
□ 0693 **sophisticated** /səfístəkèitid/ Part 2, 3	形❶**洗練された**、教養のある ❷(機械などが)精巧な 名sophistication：❶洗練 ❷精巧 名sophisticate：洗練された人、教養人 動sophisticate：～を洗練させる
□ 0694 **ambitious** /æmbíʃəs/ Part 2, 3	形❶**野心**[大望]**のある** ❷(計画などが)野心[意欲]的な、大がかりな 名ambition：(～しようとする)野心、大望(to do)
□ 0695 **monetary** /mánətèri/ Part 7	形❶**通貨**[貨幣]**の** ❷金融[財政]の、金銭的な
□ 0696 **precise** /prisáis/ Part 5, 6	形 **正確な**(≒right, correct, exact, accurate) ➕concise(簡潔な)と混同しないように注意 名precision：正確さ 副precisely：正確に、ちょうど

continued ▼

「声に出す」練習もずいぶん慣れてきたのでは？次はチャンツの「単語」だけでなく、Check 2の「フレーズ」の音読にも挑戦してみよう！

□ 聞くだけモード　Check 1
□ しっかりモード　Check 1 ▸ 2
□ かんぺきモード　Check 1 ▸ 2 ▸ 3

Check 2 Phrase	Check 3 Sentence 》MP3-088
□ a promotional video（宣伝ビデオ） □ promotional material（宣伝用の資料）	□ The promotional campaign is highly successful.（その宣伝キャンペーンは大成功だった）
□ intense heat（激しい暑さ） □ an intense smell（強烈なにおい）	□ There has been an intense debate over the issue.（その問題をめぐっては激しい議論がなされている）
□ urban development（都市開発）	□ Air pollution is a serious urban problem.（大気汚染は深刻な都市問題だ）
□ a competent mechanic（有能な機械工） □ a competent job（満足のいく仕事）	□ I don't think he is competent to manage the company.（彼に会社を経営する能力があるとは私は思わない）
□ a sophisticated woman（洗練された女性） □ a highly sophisticated machine（非常に精巧な機械）	□ The district is one of the most sophisticated areas in the city.（その地区は市の中で最も洗練された地域の1つだ）
□ an ambitious entrepreneur（野心のある起業家） □ an ambitious plan（大胆な計画）	□ He is an ambitious and hard-working employee.（彼は大望のある、勤勉な従業員だ）
□ the monetary system（貨幣制度） □ a monetary policy（金融政策）	□ The monetary unit in Germany is the euro.（ドイツの通貨単位はユーロだ）
□ precise measurements（正確な寸法） □ at the precise moment（まさにその時に）	□ The precise location of the sunken ship is still unknown.（その沈没船の正確な位置はいまだに分かっていない）

continued ▼

Check 1　Chants 》MP3-087

□ 0697
registered
/rédʒistərd/
Part 2, 3

形❶**登録**[登記]**された**　❷(郵便が)書留の
名registration：登録、登記、記録
名register：登録[記録](簿)
動register：❶～を登録[記録]する　❷～を書留にする　❸(register forで)～の入学[受講]手続きをする

□ 0698
anonymous
/ənánəməs/
Part 5, 6

形**匿名の**(≒unnamed)　➕unanimous(満場[全員]一致の)と混同しないように注意
名anonymity：匿名

□ 0699
crucial
/krú:ʃəl/
Part 7

形(～にとって)**非常に重要**[重大]**な**(≒vital)、決定的な(to [for] ～)
副crucially：決定的に

□ 0700
vigorous
/vígərəs/
Part 5, 6

形❶**精力**[積極]**的な**、強硬な　❷健康[丈夫]な　➕rigorous(厳格な)と混同しないように注意
名vigor：精力、活力
副vigorously：精力的に、力強く

□ 0701
abstract
/æbstrǽkt, ǽbstrækt/
❗アクセント注意
Part 7

形**抽象的な**(⇔concrete：具体的な)
名(/ǽbstrækt/)❶抽象(概念)　❷要約、摘要
名abstraction：❶抽象概念[観念]　❷放心(状態)

□ 0702
dairy
/déəri/
Part 1

形**乳製品の**、酪農業の　➕daily(毎日の)と混同しないように注意

□ 0703
detailed
/dí:teild/
Part 2, 3

形**詳細な**
名detail：❶(～s)詳細　❷細部
動detail：～を詳しく述べる

□ 0704
elaborate
/ilǽbərət/
❗発音注意
Part 5, 6

形❶**精巧**[精密]**な**、手の込んだ　❷入念な
動(/ilǽbərèit/)(elaborate onで)～について詳しく述べる
名elaboration：念入りに作ること、推敲
副elaborately：精巧に、入念に

Day 43 》MP3-085
Quick Review
答えは右ページ下

□ 本物の
□ 極めて重要な
□ 時々の
□ 圧倒的な
□ ものすごい
□ 数え切れない
□ 期待外れの
□ 疲れ切った
□ 並外れた
□ 巨大な
□ 絶え間ない
□ 満足な
□ 長続きする
□ ありそうもない
□ 鼓舞する
□ 長期の

Check 2 Phrase

Check 3 Sentence 》MP3-088

□ a registered trademark（登録商標）
□ by registered mail（書留郵便で）
▸ □ Mr. James is the registered owner of the house.（ジェームズ氏がその家の登録名義人だ）

□ an anonymous letter（匿名の手紙）
□ remain anonymous（匿名のままでいる）
▸ □ The money was donated by an anonymous donor.（そのお金は匿名の寄贈者によって寄付された）

□ a crucial moment [point]（決定的な瞬間[点]）
□ It is crucial that ～.（～ということは非常に重要である）
▸ □ The new policy is crucial to the development of our company.（新しい方針が我が社の発展にとって非常に重要だ）

□ a vigorous debate（活発な議論）
□ a vigorous old man（元気な老人）
▸ □ He is a vigorous opponent of a tax increase.（彼は増税の強硬な反対者だ）

□ an abstract concept [painting]（抽象概念[画]）
▸ □ "Happiness" and "peace" are abstract nouns.（「幸福」と「平和」は抽象名詞だ）

□ dairy cattle（乳牛）
□ a dairy farmer（酪農家）
▸ □ Dairy products are on store shelves.（乳製品が店の棚にある）

□ a detailed explanation [account]（詳細な説明）
▸ □ Could you write a detailed report of the meeting?（その会議の詳細な報告書を書いてくれますか？）

□ an elaborate machine（精巧な機械）
□ elaborate preparations（入念な準備）
▸ □ Elaborate ornamentation is characteristic of the Victorian style.（手の込んだ装飾はビクトリア朝様式の特徴である）

Day 43 》MP3-085
Quick Review
答えは左ページ下

□ genuine	□ tremendous	□ extraordinary	□ lasting
□ vital	□ countless	□ immense	□ unlikely
□ occasional	□ disappointing	□ constant	□ inspiring
□ overwhelming	□ exhausted	□ satisfactory	□ long-term

Day 45 形容詞9

Check 1 Chants 》MP3-089

□ 0705
fascinating
/fǽsənèitiŋ/
Part 4

形 **魅力[魅惑]的な**
名fascination：魅了[魅惑](された状態)
動fascinate：❶～を魅了[魅惑]する ❷(be fascinated by [with] ～で)～に魅了されている、うっとりしている

□ 0706
infant
/ínfənt/
Part 7

形 ❶**幼児**[乳児](期)**の** ❷(産業などが)初期(段階)の、揺籃期の
名(通例1歳未満の)乳児、幼児
名infancy：❶幼時 ❷(発達の)初期

□ 0707
unexpected
/ʌ̀nikspéktid/
Part 5, 6

形 **思いがけない**、予期しない(⇔expected)
動expect：～を期待する、～を予期[予想]する
副unexpectedly：❶突然に ❷意外なことに

□ 0708
voluntary
/vɑ́ləntèri/
Part 5, 6

形 **ボランティアの**、自発的な(⇔compulsory, obligatory：強制的な)
名volunteer：無償奉仕者、ボランティア
動volunteer：❶(～を)進んで引き受ける(for ～) ❷(volunteer to doで)～しようと進んで申し出る

□ 0709
advanced
/ædvǽnst/
Part 4

形 ❶(国などが)**先進の**、進歩した ❷(知識・技術などが)上級の、高等の(⇔elementary：初歩の)
名advance：❶進歩 ❷前進 ❸前払い金
動advance：❶進歩する ❷前進する ❸～を前進させる

□ 0710
aggressive
/əgrésiv/
Part 2, 3

形 ❶**積極的な** ❷攻撃的な(⇔defensive)
名aggression：❶攻撃性 ❷攻撃
副aggressively：❶積極的に ❷攻撃的に

□ 0711
continuous
/kəntínjuəs/
Part 5, 6

形 **絶え間ない**、連続した(≒continual, constant)
副continuously：連続して、連続的に、間断なく
動continue：❶続く ❷～を続ける ❸(continue to do [doing]で)～し続ける
名continuity：連続性

□ 0712
dominant
/dɑ́mənənt/
Part 5, 6

形 **支配的な**、優勢な
動dominate：～を支配する
名domination：支配

continued ▼

疲れているときは、「聞き流す」学習だけでもOK。大切なのは途中で挫折しないこと。でもテキストを使った復習も忘れずにね！

□ 聞くだけモード　Check 1
□ しっかりモード　Check 1 ▸ 2
□ かんぺきモード　Check 1 ▸ 2 ▸ 3

Check 2 Phrase	Check 3 Sentence 》MP3-090
□ a fascinating man（魅力的な男性） □ It is fascinating to do ～.（～するのはとても面白い）	□ I found the movie fascinating.（私はその映画をとても面白いと思った）
□ an infant daughter [son]（女[男]の赤ん坊） □ an infant industry（揺籃期の産業、新興産業）	□ Play is essential for infant development.（遊びは幼児の発育に不可欠だ）
□ an unexpected pleasure（思いがけない喜び） □ an unexpected result（予期せぬ結果）	□ I was surprised at her unexpected visit.（彼女の思いがけない訪問に私は驚いた）
□ a voluntary donation（自発的な寄付） □ on a voluntary basis（ボランティアとして）	□ She does voluntary work for a local charity.（彼女は地元の慈善団体でボランティア活動をしている）
□ advanced technology（先進技術） □ an advanced English course（上級英語コース）	□ The leaders of several advanced countries gathered to discuss the current economic crisis.（現在の経済危機について話し合うために先進諸国の首脳たちが集まった）
□ an aggressive promotion campaign（積極的な販売促進運動） □ get aggressive（攻撃的になる）	□ The company has aggressive plans to expand overseas.（その会社には海外への積極的な拡大計画がある）
□ continuous growth（絶え間ない成長）	□ The continuous rain has caused landslides.（絶え間ない雨で地滑りが起きている）
□ a dominant military power（支配的な軍事力）	□ The group holds a dominant position in the housing market.（その企業グループは住宅市場で支配的な地位を占めている）

continued ▼

Check 1　Chants ⟫ MP3-089

□ 0713
external
/ikstə́ːrnl/
Part 5, 6

形 **外部の**、外的な(≒outside)(⇔internal)

□ 0714
missing
/mísiŋ/
Part 4

形❶**見当たらない**、なくなっている　❷行方不明の
動miss：❶～に乗り遅れる　❷～を見逃す　❸～がいないのを寂しく思う

□ 0715
agricultural
/æ̀grikʌ́ltʃərəl/
Part 4

形 **農業の**
名agriculture：農業

□ 0716
classified
/klǽsəfàid/
Part 7

形❶**分類された**　❷(文書などが)機密[極秘]扱いの
名classification：❶分類　❷範疇
動classify：❶(classify A as [into] Bで)AをBに分類する　❷(文書など)を機密扱いにする

□ 0717
doubtful
/dáutfəl/
Part 5, 6

形 **疑わしい**、不確かな
動doubt：～でないと思う、～かどうか疑問に思う
名doubt：(～についての／…かどうかの)疑い(about [as to] ～/wh-[if]節 . . .)
副doubtless：疑いもなく、確かに

□ 0718
respectful
/rispéktfəl/
Part 5, 6

形(～に)**敬意を表する**、礼儀正しい、丁寧な(of [to] ～)　➕respective(それぞれの)と混同しないように注意
名respect：❶尊敬、敬意　❷尊重、配慮
動respect：～を尊敬[尊重]する

□ 0719
abrupt
/əbrʌ́pt/
Part 5, 6

形 **突然の**、唐突な(≒sudden, unexpected)
副abruptly：突然、唐突に

□ 0720
alike
/əláik/
Part 7

形 **似ている**(≒similar)　➕叙述用法のみ
副 同様に(≒equally)

Day 44 ⟫ MP3-087
Quick Review
答えは右ページ下

□ 宣伝の
□ 激しい
□ 都市の
□ 有能な
□ 洗練された
□ 野心のある
□ 通貨の
□ 正確な
□ 登録された
□ 匿名の
□ 非常に重要な
□ 精力的な
□ 抽象的な
□ 乳製品の
□ 詳細な
□ 精巧な

Check 2 Phrase

Check 3 Sentence MP3-090

□ an external audit(外部監査)

▸ □ Dr. Harrison is a member of the external advisory committee.(ハリソン博士はその外部諮問委員会のメンバーだ)

□ a missing page(抜けているページ)

□ a missing person(行方不明者)

▸ □ One of my bags is missing.(私のかばんが1つ見当たらない)

□ agricultural production(農業生産)

□ agricultural land(農地)

▸ □ The county agricultural fair will be held from September 5 to 7.(郡の農業見本市が9月5日から7日まで開催される)

□ a classified telephone directory(職業別電話帳)

□ classified documents [information](機密文書[情報])

▸ □ Many employers use classified ads to find employees.(多くの雇用主は従業員を見つけるために分類広告を使っている)

□ It is doubtful if [whether] ~.(~かどうか疑わしい)

□ It is doubtful that ~.(~ということは疑わしい)

▸ □ His story sounded doubtful to me.(彼の話は私には疑わしく聞こえた)

□ be respectful of other cultures(異文化を尊重する)

□ a respectful tone of voice(礼儀正しい口調)

▸ □ We should be respectful of others.(私たちは他者に敬意を表するべきだ)

□ an abrupt change(突然の変更)

▸ □ The train came to an abrupt halt.(その電車は突然停車した)

□ be exactly alike(全くよく似ている)

▸ □ The twin sisters are so much alike that it's difficult to tell one from the other.(その双子の姉妹は非常によく似ているので、区別がつきにくい)

Day 44 MP3-087
Quick Review
答えは左ページ下

□ promotional	□ sophisticated	□ registered	□ abstract
□ intense	□ ambitious	□ anonymous	□ dairy
□ urban	□ monetary	□ crucial	□ detailed
□ competent	□ precise	□ vigorous	□ elaborate

Day 46 形容詞10

Check 1 Chants 》MP3-091

□ 0721 **confusing** /kənfjúːziŋ/ Part 2, 3	形 **分かりにくい**、混乱させる 動confuse：❶(confuse A with Bで)AをBと間違える ❷(be confused aboutで)～に困惑[当惑]している 名confusion：❶(～についての)混乱(about [over, as to] ～) ❷(～との／…の間の)混同(with ～/between . . .)
□ 0722 **cooperative** /kouápərətiv/ Part 5, 6	形❶**協力的な**(≒helpful) ❷協同の(≒collaborative, collective, combined) 動cooperate：❶(～と)協力する(with ～) ❷(cooperate to doで)～するために協力する、協力して～する 名cooperation：(～の間の)協力(between ～)
□ 0723 **combined** /kəmbáind/ Part 5, 6	形 **共同**[協力、組み合わせ]**による**(≒cooperative, collaborative, collective) 動combine：(combine A with Bで)AをBと結合[合体]させる 名combination：結合、組み合わせ
□ 0724 **distinctive** /distíŋktiv/ Part 5, 6	形 **独特な**、特有な、特徴的な(≒unique, distinguishing, characteristic) 動distinguish：(distinguish A from Bで)AをBと区別する 形distinct：❶はっきりした、明瞭な ❷異なった、別個の 名distinction：(～の間の)区別、差別(between ～)
□ 0725 **on-site** /ánsáit/ Part 7	形 **社内の**、現場[現地]の(⇔off-site) 名site：現場
□ 0726 **acute** /əkjúːt/ Part 2, 3	形❶(痛みなどが)**激しい**(≒sharp)、(病気が)急性の(⇔chronic：慢性の) ❷(状況などが)深刻な(≒severe, serious) ❸(感覚が)鋭い(≒keen)
□ 0727 **abundant** /əbʌ́ndənt/ Part 4	形 **豊富な**(≒plentiful, ample, affluent) 名abundance：豊富、多数、多量
□ 0728 **bankrupt** /bǽŋkrʌpt/ Part 4	形 **破産**[倒産]**した**(≒broke) 名破産者 名bankruptcy：破産、倒産

continued ▼

なかなか覚えられないときこそ「音読」を！　面倒くさがっていては、いつになっても語彙は身につかない。口を積極的に動かそう！

□ 聞くだけモード　Check 1
□ しっかりモード　Check 1 ▸ 2
□ かんぺきモード　Check 1 ▸ 2 ▸ 3

Check 2 Phrase		Check 3 Sentence 》MP3-092
□ confusing instructions（分かりにくい指示）	▸	□ Her explanation was really confusing.（彼女の説明は本当に分かりにくかった）
□ cooperative colleagues（協力的な同僚たち） □ cooperative activity（協同作業）	▸	□ We appreciate your cooperative attitude.（皆さんの協力的な姿勢に感謝します）
□ a combined effort（協力、力を合わせた取り組み）	▸	□ Shareholders will own 70 percent of the combined company.（株主たちはその合併会社の70パーセントを所有することになる）
□ a distinctive style（独特なスタイル）	▸	□ The singer has a distinctive deep voice.（その歌手は独特な深い声をしている）
□ on-site inspections（現場検証、現地査察）	▸	□ Some businesses have an on-site daycare center.（社内託児所がある会社もある）
□ acute tuberculosis（急性結核） □ acute shortages of food（深刻な食料不足）	▸	□ Radiation therapy can cause acute pain.（放射線治療は激しい痛みをもたらすことがある）
□ an abundant supply of food（豊富な食料の供給）	▸	□ There is abundant evidence for the past presence of water on Mars.（火星にかつて水があったことの豊富な証拠がある）
□ go bankrupt（破産［倒産］する）	▸	□ The country's economy is virtually bankrupt.（その国の経済は実質的に破綻している）

continued
▼

Check 1　Chants 》MP3-091

□ 0729
compulsory
/kəmpʌ́lsəri/
Part 7

▶ 形**義務的な**、強制的な(≒obligatory, mandatory)(⇔voluntary：自発的な)
動compel：(compel A to doで)Aに無理やり[強いて]～させる ▶

□ 0730
inevitable
/inévətəbl/
Part 5, 6

▶ 形**避けられない**、不可避の、必然の(≒unavoidable)
名(the ～)避けられないこと[もの]
副inevitably：必然的に、必ず ▶

□ 0731
organic
/ɔːrgǽnik/
Part 4

▶ 形❶**有機栽培**[農法]**の**　❷有機体の(⇔inorganic：無機物の)　❸有機的な
名organism：❶有機体、生物　❷有機的組織体 ▶

□ 0732
rigid
/rídʒid/
Part 5, 6

▶ 形❶**厳格な**、厳しい(≒strict, rigorous, stringent)　❷柔軟性のない(⇔flexible)　❸堅い(≒firm, stiff)
副rigidly：❶厳格に　❷堅く ▶

□ 0733
sole
/sóul/
Part 7

▶ 形❶(通例the ～)**唯一の**　❷独占的な(≒exclusive)
副solely：❶ただ1人で、単独で　❷ただ、単に、専ら、全く ▶

□ 0734
splendid
/spléndid/
Part 4

▶ 形❶**素晴らしい**、素敵な(≒fine)　❷豪華な、見事な
名splendor：❶豪華さ　❷雄大さ ▶

□ 0735
concerned
/kənsə́ːrnd/
Part 4

▶ 形❶(通例名詞の後に置いて)**関係**[関与]**している**　❷心配そうな　❸(be concerned about [for]で)～を心配している　❹(be concerned with [in]で)～に関係している
名concern：懸念、関心事
前concerning：～に関して、～に関する ▶

□ 0736
harsh
/háːrʃ/
Part 7

▶ 形❶(気候などが)**厳しい**(⇔mild, comfortable)、過酷[残酷]な(≒cruel)　❷(色・光などが)不快な、どぎつい、(声・音などが)耳[目]障りな
副harshly：❶厳しく　❷耳[目]障りになるほど ▶

Day 45 》MP3-089
Quick Review
答えは右ページ下

□ 魅力的な
□ 幼児の
□ 思いがけない
□ ボランティアの
□ 先進の
□ 積極的な
□ 絶え間ない
□ 支配的な
□ 外部の
□ 見当たらない
□ 農業の
□ 分類された
□ 疑わしい
□ 敬意を表する
□ 突然の
□ 似ている

Check 2 Phrase	Check 3 Sentence 》MP3-092
□ compulsory education(義務教育)	□ Attendance at the seminar is compulsory.(そのセミナーへの出席は義務となっている)
□ an inevitable result [consequence, outcome](必然の結果)	□ Without government assistance, the company's collapse would be inevitable.(政府の支援がなければ、その会社の倒産は避けられないだろう)
□ organic farming(有機農業) □ organic matter(有機物)	□ Demand for organic vegetables is increasing.(有機栽培野菜への需要が増えている)
□ rigid methods(厳格な方法) □ rigid rules(柔軟性のない規則)	□ He maintains a rigid separation of private and public life.(彼は私的な生活と公的な生活を厳密に分けている)
□ the sole purpose [reason](唯一の目的[理由]) □ the sole right(独占権)	□ She was the sole survivor of the accident.(彼女はその事故の唯一の生存者だった)
□ splendid weather(素晴らしい天気) □ a splendid view of Mount Fuji(富士山の見事な眺め)	□ We had a splendid holiday in France.(私たちはフランスで素晴らしい休暇を過ごした)
□ the party concerned(関係当事者) □ with a concerned look(心配そうな顔つきで)	□ The closure of the factory was a shock to all concerned.(その工場の閉鎖は関係者全員にとってショックだった)
□ a harsh winter(厳しい冬) □ a harsh voice(耳障りな声)	□ The movie has received harsh reviews from critics.(その映画は評論家たちから厳しい批評を受けた)

Day 45 》MP3-089
Quick Review
答えは左ページ下

□ fascinating	□ advanced	□ external	□ doubtful
□ infant	□ aggressive	□ missing	□ respectful
□ unexpected	□ continuous	□ agricultural	□ abrupt
□ voluntary	□ dominant	□ classified	□ alike

Day 47 形容詞11

Check 1 Chants 》MP3-093

□ 0737
illegal
/ilíːgəl/
Part 2, 3

形 **違法[不法]の**(≒unlawful)(⇔legal)
副illegally：違法[不法]に

□ 0738
industrious
/indʌ́striəs/
Part 5, 6

形 **勤勉な**(≒hardworking, diligent) ➕industrial(産業の)と混同しないように注意
名industry：❶産業、(産業各部門の)～業 ❷勤勉
名industriousness：勤勉さ

□ 0739
optional
/ɑ́pʃənl/
Part 7

形 **随意[任意]の**、自由選択の(⇔compulsory, obligatory：義務的な)
名option：(～する)選択、選択肢、選択権(of doing [to do])

□ 0740
proficient
/prəfíʃənt/
Part 7

形 (～に)**堪能な**、熟達[熟練]した(in [at] ～)(≒skilled)
名proficiency：堪能、熟達、熟練

□ 0741
steep
/stíːp/
Part 7

形 ❶(増加などが)**急激な** ❷(坂などが)険しい、急な ❸(値段が)不当に高い
名steeple：(教会などの)尖塔
副steeply：❶急に ❷急勾配に

□ 0742
superior
/səpíəriər/
Part 5, 6

形 ❶**優れた**、優秀な ❷(be superior toで)～より優れている、勝っている(⇔be inferior to)
名上司、上役
名superiority：(～に対する／…における)優越、優勢(to [over] ～/in . . .)

□ 0743
conventional
/kənvénʃənl/
Part 5, 6

形 ❶**従来の**、慣例[慣習]の ❷月並みな、平凡な(⇔unconventional)
名convention：❶代表者会議[大会] ❷慣習、慣例

□ 0744
devoted
/divóutid/
Part 7

形 (～に)**献身的な**、愛情深い(to ～)(≒dedicated)
名devotion：(～への)献身、専念(to ～)
動devote：❶(devote A to Bで)A(時間など)をB(仕事・目的など)にささげる、充てる ❷(devote oneself toで)～に専念する、一身をささげる

continued ▼

Quick Reviewは使ってる？ 昨日覚えた単語でも、記憶に残っているとは限らない。学習の合間に軽くチェックするだけでも効果は抜群！

□ 聞くだけモード　Check 1
□ しっかりモード　Check 1 ▸ 2
□ かんぺきモード　Check 1 ▸ 2 ▸ 3

Check 2　Phrase		Check 3　Sentence 》 MP3-094
□ illegal drugs（違法薬物） □ It is illegal to do ～.（～することは違法だ）	▸	□ The minimum fine for illegal parking is $50.（違法駐車に対する最低罰金は50ドルだ）
□ an industrious pupil（勤勉な生徒）	▸	□ He is a competent and industrious employee.（彼は有能で勤勉な従業員だ）
□ an optional subject（選択科目）	▸	□ Attendance at the workshop is optional.（その研修会への出席は任意となっている）
□ be proficient in three languages（3カ国語に堪能である） □ be proficient at one's job（仕事に熟達している）	▸	□ Applicants must be proficient in English.（応募者は英語に堪能でなければならない）
□ a steep increase in prices（物価の急激な上昇） □ a steep hill（険しい丘）	▸	□ There was a steep rise in unemployment last year.（昨年、失業者数の急激な増加があった）
□ a superior doctor（優れた医者） □ be superior to anything（どんなものより優れている）	▸	□ She graduated from the university with a superior academic record.（彼女は優れた学業成績でその大学を卒業した）
□ a conventional method（従来の方法） □ (the) conventional wisdom（世間の通念）	▸	□ Organic farming is labor-intensive, whereas conventional farming is capital-intensive.（有機農業が労働集約的なのに対し、従来農業は資本集約的である）
□ a devoted wife（献身的な妻）	▸	□ Mike is a devoted family man.（マイクは家庭を大切にする献身的な男性だ）

continued
▼

Check 1　Chants))) MP3-093

□ 0745
harmful
/hɑ́ːrmfəl/
Part 4
▸
形(～に)**有害な**、害を及ぼす(to ～)(⇔harmless)
名harm：害、損害
動harm：～を害する、傷つける
▸

□ 0746
mere
/míər/
Part 5, 6
▸
形**単なる**、ほんの、ただの～にすぎない
副merely：単に、ただ
▸

□ 0747
successive
/səksésiv/
Part 5, 6
▸
形**連続する**、継続的な(≒consecutive)
名succession：❶連続　❷(～の)継承(to ～)
名successor：後任[後継]者、相続者
動succeed：❶(succeed inで)～に成功する　❷(succeed toで)～を継承[相続]する、～の後任となる
▸

□ 0748
widespread
/wáidspréd/
Part 5, 6
▸
形**広く行き渡った**、普及した、広範囲に及ぶ
名spread：普及
動spread：❶～を広げる　❷広がる　❸～を広める　❹広まる
▸

□ 0749
agreeable
/əgríːəbl/
❶定義注意
Part 4
▸
形❶**気持ちのよい**、愉快な(≒pleasant)　❷感じのよい、愛想のよい(≒likable)　❸(～に)合意できる(to ～)
動agree：❶(agree on [about]で)～の点で意見が一致する　❷(agree withで)～に賛成[同意]する
名agreement：❶協定、契約　❷合意
▸

□ 0750
core
/kɔ́ːr/
Part 7
▸
形**中核**[中心]**となる**(≒central)
名(問題などの)核心、中心(of ～)
▸

□ 0751
grand
/grǽnd/
Part 4
▸
形❶**壮大**[雄大]**な**(≒magnificent)　❷偉大[崇高]な
▸

□ 0752
historical
/histɔ́ːrikəl/
Part 5, 6
▸
形**歴史的な**、歴史に関する　➕historicは「歴史のある、歴史的に重要な」
名history：歴史
名historian：歴史家
▸

Day 46))) MP3-091
Quick Review
答えは右ページ下

□ 分かりにくい
□ 協力的な
□ 共同による
□ 独特な
□ 社内の
□ 激しい
□ 豊富な
□ 破産した
□ 義務的な
□ 避けられない
□ 有機栽培の
□ 厳格な
□ 唯一の
□ 素晴らしい
□ 関係している
□ 厳しい

Check 2 Phrase

Check 3 Sentence))) MP3-094

Check 2 Phrase	Check 3 Sentence
□ the harmful effects of global warming（地球温暖化の有害な影響）	□ Greenhouse gas emissions are harmful to the environment.（温室効果ガスの放出は自然環境に害を及ぼす）
□ a mere rumor（単なるうわさ）	□ The ticket for the concert costs a mere $5.（そのコンサートのチケットはほんの5ドルだ）
□ for five successive days（5日間連続して） □ successive governments（歴代政府）	□ The politician has won three successive elections.（その政治家は3回連続で選挙に勝っている）
□ a widespread superstition（広く行き渡った迷信） □ a widespread influence（広範囲に及ぶ影響）	□ The use of illegal drugs is widespread among young people.（違法薬物の使用が若者の間で広まっている）
□ an agreeable climate（気持ちのよい天候） □ an agreeable person（感じのよい人）	□ We spent several agreeable days there.（私たちはそこで気持ちのよい数日を過ごした）
□ the core issue（中核となる問題）	□ The manufacturer is concentrating on its core business.（そのメーカーは中核事業に集中している）
□ on a grand scale（大規模に） □ a grand idea（崇高な考え）	□ You can enjoy a grand view of the Rocky Mountains from the hotel windows.（ホテルの窓からはロッキー山脈の壮大な眺めを楽しむことができる）
□ a historical document（歴史的文書）	□ This place has historical importance.（この場所は歴史的な重要性を持っている）

Day 46))) MP3-091
Quick Review
答えは左ページ下

□ confusing	□ on-site	□ compulsory	□ sole
□ cooperative	□ acute	□ inevitable	□ splendid
□ combined	□ abundant	□ organic	□ concerned
□ distinctive	□ bankrupt	□ rigid	□ harsh

Day 48 形容詞12

Check 1 Chants 》MP3-095

□ 0753
structural
/strʌ́ktʃərəl/
Part 5, 6

形**構造(上)の**
名structure：❶建造[建築]物　❷構造、構成
動structure：～を組織[構造]化する

□ 0754
suspicious
/səspíʃəs/
Part 7

形❶**怪しい**、不審な、疑わしい、疑いを起こさせる　❷(～について)疑わしく思っている(of [about] ～)
名suspicion：(～に対する)疑い、容疑(about [against, for] ～)
副suspiciously：❶疑い深く　❷いやに、やけに

□ 0755
embarrassing
/imbǽrəsiŋ/
Part 2, 3

形**恥ずかしい**、ばつ[間]の悪い、厄介な
動embarrass：❶～に恥ずかしい思いをさせる　❷(be embarrassed aboutで)～で恥ずかしい(思いをする)
名embarrassment：❶当惑、困惑　❷当惑の種

□ 0756
incorrect
/ìnkərékt/
Part 7

形(情報などが)**間違った**、不正確な(≒wrong)(⇔correct)
副incorrectly：間違って、不正確に

□ 0757
instant
/ínstənt/
Part 5, 6

形❶**すぐの**、即座の(≒immediate)　❷(飲食物が)インスタントの、即席の
副instantly：すぐに、即座に

□ 0758
prolonged
/prəlɔ́:ŋd/
Part 5, 6

形**長期の**[に及ぶ]、長引く(≒lengthy)
動prolong：～を延長する、長くする

□ 0759
confused
/kənfjú:zd/
Part 5, 6

形(人が)**混乱した**、(～で)困惑[当惑]した(about ～)
動confuse：❶(confuse A with Bで)AをBと間違える　❷(be confused aboutで)～に困惑[当惑]している
名confusion：❶(～についての)混乱(about [over, as to] ～)　❷(～との／…の間の)混同(with ～/between . . .)

□ 0760
patterned
/pǽtərnd/
❗発音注意
Part 1

形**模様[柄]のある**(⇔plain：無地の)
名pattern：模様、柄

continued ▼

今日でChapter 6は最後！　時間に余裕があったら、章末のReviewにも挑戦しておこう。忘れてしまった単語も結構あるのでは?!

□ 聞くだけモード　Check 1
□ しっかりモード　Check 1 ▸ 2
□ かんぺきモード　Check 1 ▸ 2 ▸ 3

Check 2 Phrase	Check 3 Sentence 》MP3-096
□ structural defects（構造上の欠陥）	□ The bridge suffered structural damage due to the heavy rain.（豪雨のため、その橋は構造的な損傷を受けた）
□ under [in] suspicious circumstances（不審な状況下で） □ be suspicious of his story（彼の話を疑わしく思っている）	□ Please report any suspicious people or activities immediately to the police.（不審者や不審な行為を見つけた場合はすぐに警察に通報してください）
□ an embarrassing moment（ばつの悪い瞬間） □ an embarrassing situation（厄介な状況）	□ I'll never make such an embarrassing mistake again.（こんな恥ずかしい間違いは二度としません）
□ an incorrect answer（間違った答え） □ grammatically incorrect（文法的に間違った）	□ The information proved to be incorrect.（その情報は間違っていることが分かった）
□ instant access to ～（～をすぐに利用[入手]できること） □ instant soup（即席スープ）	□ Their first album was an instant success.（彼らの最初のアルバムはすぐにヒットした）
□ prolonged use of ～（～の長期使用）	□ The region is experiencing a prolonged heat wave.（その地域は長引く猛暑に見舞われている）
□ a confused state of mind（混乱した精神状態） □ get confused（混乱する、当惑する）	□ He got confused when he heard the news.（その知らせを聞くと、彼は混乱した）
□ patterned wallpaper（模様のある壁紙）	□ The woman is wearing a patterned dress.（女性は模様のあるドレスを着ている）

continued ▼

Check 1 Chants 》MP3-095

□ 0761
relaxed
/rilǽkst/
Part 2, 3

形 **くつろいだ**、リラックスした(⇔tense：緊張した)
動relax：❶くつろぐ、リラックスする ❷～をくつろがせる、リラックスさせる
形relaxing：くつろがせる、リラックスさせる
名relaxation：くつろぎ、息抜き

□ 0762
short-sleeved
/ʃɔ́ːrtslíːvd/
Part 1

形 **半袖の** ➕「長袖の」はlong-sleeved
名sleeve：袖

□ 0763
wasteful
/wéistfəl/
Part 7

形 **無駄(遣い)の多い**、浪費的な
動waste：(金・時間など)を(…で)浪費する、無駄にする(on . . .)
名waste：❶廃棄物 ❷(～の)浪費(of ～)

□ 0764
cozy
/kóuzi/
Part 5, 6

形 **居心地のよい**、気持ちのいい(≒comfortable)

□ 0765
humble
/hʌ́mbl/
Part 5, 6

形❶**謙虚な**(≒modest)(⇔proud) ❷質素な
名humility：謙遜、謙虚

□ 0766
upward
/ʌ́pwərd/
Part 4

形 **上向きの**、上方への(⇔downward)
副 上方へ、上向きに

□ 0767
environmental
/invàiərənméntl/
Part 2, 3

形 **環境(上)の**、周囲の
名environment：❶(the ～)自然環境 ❷環境、周囲の状況
名environmentalist：自然保護論者
副environmentally：環境保護に関して

□ 0768
internal
/intə́ːrnl/
Part 5, 6

形❶**内部の**(≒inner)(⇔external) ❷国内の(≒domestic)(⇔foreign)

Day 47 》MP3-093
Quick Review
答えは右ページ下

□ 違法の
□ 勤勉な
□ 随意の
□ 堪能な
□ 急激な
□ 優れた
□ 従来の
□ 献身的な
□ 有害な
□ 単なる
□ 連続する
□ 広く行き渡った
□ 気持ちのよい
□ 中核となる
□ 壮大な
□ 歴史的な

Check 2 Phrase

Check 3 Sentence 》MP3-096

□ look relaxed（くつろいでいるように見える）
□ in a relaxed manner（くつろいだ態度で、くつろいで）
▶ □ I feel relaxed when I listen to classical music.（クラシック音楽を聴くと、私はくつろぎを感じる）

□ a short-sleeved shirt（半袖のシャツ）
▶ □ She's wearing a short-sleeved dress.（彼女は半袖のワンピースを着ている）

□ a wasteful use of fuel（燃料の無駄遣い）
▶ □ We should avoid wasteful expenditure.（私たちは無駄の多い支出を避けるべきだ）

□ a cozy room（居心地のいい部屋）
▶ □ The hotel was cozy and the staff were friendly.（そのホテルは居心地がよく、従業員は親切だった）

□ a humble attitude（謙虚な態度）
□ lead a humble life（質素な生活を送る）
▶ □ She is humble about her talents.（彼女は自分の才能に対して謙虚だ）

□ an upward current（上昇気流）
▶ □ Food prices are on an upward trend.（食品価格は上昇傾向にある）

□ environmental pollution（環境汚染）
□ the environmental movement（環境保護運動）
▶ □ The government should tackle environmental problems more aggressively.（政府はもっと積極的に環境問題に取り組むべきだ）

□ internal organs（内臓）
□ internal affairs（国内問題）
▶ □ The company had conducted an internal investigation into an alleged embezzlement.（その会社は横領疑惑の内部調査をした）

Day 47 》MP3-093
Quick Review
答えは左ページ下

□ illegal	□ steep	□ harmful	□ agreeable
□ industrious	□ superior	□ mere	□ core
□ optional	□ conventional	□ successive	□ grand
□ proficient	□ devoted	□ widespread	□ historical

Chapter 6 Review

左ページの(1)～(20)の形容詞の同意・類義語（≒）を右ページのＡ～Ｔから選び、カッコの中に答えを書き込もう。意味が分からないときは、見出し番号を参照して復習しておこう（答えは右ページ下）。

☐ (1) genuine (0673) ≒は?（　　）

☐ (2) vital (0674) ≒は?（　　）

☐ (3) immense (0682) ≒は?（　　）

☐ (4) constant (0683) ≒は?（　　）

☐ (5) inspiring (0687) ≒は?（　　）

☐ (6) precise (0696) ≒は?（　　）

☐ (7) anonymous (0698) ≒は?（　　）

☐ (8) external (0713) ≒は?（　　）

☐ (9) abrupt (0719) ≒は?（　　）

☐ (10) alike (0720) ≒は?（　　）

☐ (11) cooperative (0722) ≒は?（　　）

☐ (12) distinctive (0724) ≒は?（　　）

☐ (13) abundant (0727) ≒は?（　　）

☐ (14) compulsory (0729) ≒は?（　　）

☐ (15) successive (0747) ≒は?（　　）

☐ (16) agreeable (0749) ≒は?（　　）

☐ (17) core (0750) ≒は?（　　）

☐ (18) grand (0751) ≒は?（　　）

☐ (19) incorrect (0756) ≒は?（　　）

☐ (20) instant (0757) ≒は?（　　）

A. outside
B. huge
C. obligatory
D. unnamed
E. crucial
F. pleasant
G. plentiful
H. accurate
I. immediate
J. real
K. similar
L. sudden
M. magnificent
N. unique
O. continual
P. central
Q. helpful
R. wrong
S. inspirational
T. consecutive

【解答】(1) J (2) E (3) B (4) O (5) S (6) H (7) D (8) A (9) L (10) K
(11) Q (12) N (13) G (14) C (15) T (16) F (17) P (18) M (19) R (20) I

CHAPTER 7
副詞：必修48

Chapter 7では、TOEIC必修の副詞48をチェック。このChapterが終われば、単語編は終了です。せっかく覚えた単語も、使わなければ「宝の持ち腐れ」です。何かの機会に使ってみては？

TOEIC的格言

A book that remains shut is but a block.

宝の持ち腐れ。
[直訳] 閉じたままの本は塊でしかない。

Day 49 副詞1

Check 1 Chants))) MP3-097

□ 0769
approximately
/əprɑ́ksəmətli/
Part 5, 6
▸
副**おおよそ**、約(≒about)
動approximate：おおよそ〜になる、〜に近い
形approximate：おおよその
▸

□ 0770
relatively
/rélətivli/
Part 5, 6
▸
副**比較的**、割合に
名relative：親戚、親類
形relative：❶ある程度の ❷(〜に)関連した(to 〜)
▸

□ 0771
steadily
/stédili/
Part 5, 6
▸
副**徐々に**、だんだん、着実に、着々と
形steady：❶安定した、固定された ❷着実な、堅実な
▸

□ 0772
eventually
/ivéntʃuəli/
Part 5, 6
▸
副**結局**、ついに、いつかは
名event：❶出来事、行事 ❷(the 〜)結果、成り行き
形eventual：いつかは起こる[生じる]、最後の
▸

□ 0773
absolutely
/æbsəlú:tli/
Part 2, 3
▸
副❶**完全に**、全く(≒completely) ❷(返事として)その通り、(否定文で)絶対に
形absolute：全くの、完全な
▸

□ 0774
exclusively
/iksklú:sivli/
Part 5, 6
▸
副**専ら**、全く〜のみ、独占[排他]的に
名exclusion：(〜からの)除外、排除(from 〜)
動exclude：(exclude A from Bで)AをBから締め出す、排除する
形exclusive：❶独占的な ❷排他的な ❸高級な
▸

□ 0775
frequently
/frí:kwəntli/
Part 2, 3
▸
副**頻繁に**、しばしば(≒often, a lot)
名frequency：❶頻度 ❷頻発 ❸周波数、振動数
動frequent：〜によく行く
形frequent：たびたびの、頻繁に起こる
▸

□ 0776
precisely
/prisáisli/
Part 5, 6
▸
副**正確に**、ちょうど(≒exactly)
名precision：正確さ
形precise：正確な
▸

continued ▼

Chapter 7では、3日をかけて必修副詞48をチェック。まずはチャンツを聞いて、単語を「耳」からインプット！

□ 聞くだけモード Check 1
□ しっかりモード Check 1 ▸ 2
□ かんぺきモード Check 1 ▸ 2 ▸ 3

Check 2 Phrase & Sentence		Check 3 Sentence 》MP3-098
□ approximately correct（ほぼ正しい）	▸	□ The construction of the condominium will be completed in approximately 24 months.（そのマンションの建設はおおよそ24カ月後に完了する予定だ）
□ a relatively expensive hotel（比較的高いホテル） □ relatively speaking（比較して言えば）	▸	□ It was relatively warm today.（今日は比較的暖かかった）
□ develop steadily（徐々に［着実に］発展する）	▸	□ The unemployment rate has declined steadily.（失業率は徐々に低下している）
□ She will eventually marry someone.（彼女はいつかは誰かと結婚するだろう）	▸	□ Eventually, he agreed with the plan.（結局、彼はその計画に賛成した）
□ "Can I go out tonight?" "Absolutely not."（「今夜、外出してもいい？」「絶対にだめよ」）	▸	□ She knows absolutely nothing about sports.（彼女はスポーツのことを全く何も知らない）
□ be exclusively available to ~（～のみ利用［入手］できる）	▸	□ This restaurant is exclusively for guests staying at our hotel.（このレストランは当ホテルの宿泊客専用だ）
□ frequently asked questions（よくある質問）➕FAQはこの頭文字を取ったもの	▸	□ My computer crashes frequently.（私のコンピューターは頻繁にクラッシュする）
□ at 8 p.m. precisely（午後8時ちょうどに）	▸	□ I can't remember precisely what she said to me.（私は彼女が私に言ったことを正確に思い出せない）

continued ▼

Check 1 Chants 》MP3-097

□ 0777 **currently** /kə́ːrəntli/ Part 5, 6	副 **現在は**、現在のところ(≒now) 名current：❶(川などの)流れ ❷電流 形current：現在の、今の 名currency：通貨、貨幣
□ 0778 **overtime** /óuvərtàim/ Part 2, 3	副 **時間外に** 名❶残業 ❷残業手当
□ 0779 **nevertheless** /nèvərðəlés/ ❶アクセント注意 Part 5, 6	副 **それにもかかわらず**(≒nonetheless, however)
□ 0780 **shortly** /ʃɔ́ːrtli/ Part 4	副❶**間もなく**、すぐに(≒soon) ❷少し(後、前)に 名shortage：(～の)不足(of ～) 動shorten：❶～を短くする ❷短くなる 形short：❶短い ❷(be short of [on]で)～が不足している
□ 0781 **definitely** /défənitli/ Part 2, 3	副❶(返事として)**確かに**、その通り ❷はっきりと、明確に 名definition：❶定義 ❷明確さ 動define：❶～を(…と)定義する(as . . .) ❷～を明確にする、明らかにする 形definite：明確な、明白な
□ 0782 **unfortunately** /ʌ̀nfɔ́ːrtʃənətli/ Part 2, 3	副 **残念ながら**、あいにく、不運にも(⇔fortunately) 名unfortunate：不運[不幸]な人 形unfortunate：不運[不幸]な
□ 0783 **promptly** /prɑ́mptli/ Part 5, 6	副❶**即座に**、敏速に(≒quickly) ❷(ある時刻)ちょうど、きっかり(≒punctually, on time) 形prompt：❶即座[即刻]の ❷時間を守る 動prompt：❶～を引き起こす ❷(prompt A to doで)Aに～するよう促す
□ 0784 **regularly** /régjulərli/ Part 5, 6	副❶**定期的に**、規則正しく ❷いつも(≒often) 名regular：常連、お得意 形regular：❶通常の、普通の ❷規則的な 名regulation：❶規則 ❷規制 動regulate：～を規制[統制、管理]する

Day 48 》MP3-095
Quick Review
答えは右ページ下

□ 構造の
□ 怪しい
□ 恥ずかしい
□ 間違った
□ すぐの
□ 長期の
□ 混乱した
□ 模様のある
□ くつろいだ
□ 半袖の
□ 無駄の多い
□ 居心地のよい
□ 謙虚な
□ 上向きの
□ 環境の
□ 内部の

Check 2 Phrase & Sentence

Check 3 Sentence MP3-098

□ Eric is currently staying in Hong Kong.（エリックは現在、香港に滞在中だ）

□ The issue is currently under consideration.（その問題は現在のところ検討中だ）

□ work overtime（残業する）

□ The company forced employees to work overtime without pay.（その会社は従業員たちにサービス残業するように強制した）

□ a small but nevertheless significant change（わずかだが、それにもかかわらず重要な変化）

□ It was raining; nevertheless she went shopping.（雨が降っていたにもかかわらず、彼女は買い物に出かけた）

□ be back shortly（もうすぐ帰ってくる）

□ shortly before 8 a.m.（午前8時少し前に）

□ We will shortly be landing at Hong Kong International Airport.（当機は間もなく香港国際空港に着陸します）➕機内アナウンス

□ The prime minister definitely said that he would resign.（首相は辞職すると明言した）

□ "Are you coming to the party tonight?" "Definitely."（「今夜、パーティーに来るよね？」「もちろん」）

□ Unfortunately, racial discrimination still exists.（残念ながら、人種差別はいまだに存在する）

□ Unfortunately, she was out when I called.（私が電話をした時、彼女はあいにく外出中だった）

□ do things promptly（物事を迅速にこなす）

□ arrive promptly at 1 p.m.（午後1時ちょうどに到着する）

□ You should answer customers' e-mails as promptly as possible.（顧客からの電子メールにはできるだけ早く返事を出したほうがいい）

□ attend school regularly（規則正しく学校に通う）

□ regularly occur（［事故などが］よく起こる）

□ The doctor advised me to exercise regularly to prevent obesity.（肥満にならないために定期的に運動するようその医者は私に勧めた）

Day 48 MP3-095
Quick Review
答えは左ページ下

□ structural	□ instant	□ relaxed	□ humble
□ suspicious	□ prolonged	□ short-sleeved	□ upward
□ embarrassing	□ confused	□ wasteful	□ environmental
□ incorrect	□ patterned	□ cozy	□ internal

Day 50 副詞2

Check 1　Chants 》MP3-099

□ 0785 **fully** /fúli/ Part 5, 6	副❶**完全に**、全く(≒completely)　❷(数詞の前に置いて)丸々 形full：❶(～で)いっぱいの、満ちた(of ～)　❷完全な、詳細な　❸最大[最高]限度の
□ 0786 **occasionally** /əkéiʒənəli/ Part 2, 3	副**時々**、時折(≒at times, now and then) 名occasion：❶(特定の)時、場合　❷(～のための／…する)機会(for ～/to do)　❸(特別な)出来事 動occasion：～を生じさせる 形occasional：時々[時折]の
□ 0787 **consequently** /kάnsəkwèntli/ ❶アクセント注意 Part 5, 6	副**その結果**、従って(≒as a result, therefore, thus) 名consequence：(通例～s)(～の)結果、影響(of ～) 形consequent：(～の)結果として起こる(on [upon, to] ～)
□ 0788 **briefly** /brí:fli/ Part 4	副❶**少しの間**、しばらく　❷手短に(≒in brief [short]) 形brief：❶短時間の　❷(話などが)簡潔な 名brief：簡潔な説明 動brief：(brief A on Bで)AにBの概要を伝える 名briefing：打ち合わせ会合、状況[事情]説明会
□ 0789 **nearly** /níərli/ Part 5, 6	副**ほとんど**、ほぼ(≒almost) 動near：～に近づく 形near：(～に)近い(to ～) 副near：近くに 前near：～の近くに
□ 0790 **adequately** /ǽdikwətli/ Part 5, 6	副**十分に**、適切に 形adequate：❶(～のために)十分な(量の)(for ～)　❷(～に)適した(for [to] ～)
□ 0791 **furthermore** /fə́:rðərmɔ̀:r/ Part 5, 6	副**その上**、さらに(≒moreover, besides, in addition)
□ 0792 **therefore** /ðέərfɔ̀:r/ Part 5, 6	副**従って**、それ故に(≒as a result, consequently, thus)

continued ▼

本書も残すところあと3週間＝21日！ TOEICで「800点」を突破する日も少しずつ近づいている！ この調子で頑張っていこう。

□ 聞くだけモード Check 1
□ しっかりモード Check 1 ▸ 2
□ かんぺきモード Check 1 ▸ 2 ▸ 3

Check 2 Phrase & Sentence	Check 3 Sentence MP3-100
□ fully recover from an illness（病気から完全に回復する） □ for fully 20 years（丸20年間）	□ It seemed that he fully understood what I had said.（彼は私の言ったことを完全に理解しているようだった）
□ meet her occasionally（彼女に時々会う）	□ Everyone makes a mistake occasionally.（誰でも時々失敗はする）
□ He was late for work so many times, and consequently got fired.（彼は何度も仕事に遅刻した結果、首になった）	□ It started to rain heavily and consequently the baseball game was called off.（雨が激しく降り始めたので、その野球の試合は中止になった）
□ only briefly（短い間だけ） □ explain briefly what happened（何が起きたか手短に説明する）	□ We briefly discussed the matter.（私たちはその件について少しの間話し合った）
□ nearly always（ほとんどいつも） □ nearly everyone（ほぼ全員）	□ It's been nearly three months since she quit the job.（彼女がその仕事を辞めてからほぼ3カ月になる）
□ be adequately prepared to do ～（～する用意が十分にできている）	□ Japanese students are not adequately educated to communicate in English.（日本の生徒は英語で意志疎通する教育を十分に受けていない）
□ She is intelligent and furthermore she is very kind.（彼女は頭がいい上に、とても優しい）	□ This meal is delicious; furthermore it's good for your health.（この料理はおいしい上に、健康にいい）
□ I think, therefore I am.（我思う、故に我あり）➕フランスの哲学者デカルト（1596-1650）の言葉の英訳	□ I missed the train and therefore was late for school.（私は電車に乗り遅れたので、学校に遅刻した）

continued ▼

Check 1 Chants MP3-099

□ 0793 **automatically** /ɔ̀:təmǽtikəli/ Part 4	副 **自動的に** 形 automatic：自動(式)の 動 automate：～を自動化する、オートメーション化する 形 automated：自動化された、オートメーション化された
□ 0794 **diligently** /díləʤəntli/ Part 5, 6	副 **勤勉に**、こつこつと 名 diligence：(～での)勤勉、不断の努力(in ～) 形 diligent：(～に)勤勉な(in [about] ～)
□ 0795 **previously** /prí:viəsli/ ❶発音注意 Part 5, 6	副 **以前に**[は] 形 previous：以前の、前の
□ 0796 **apparently** /əpέərəntli, əpǽrəntli/ ❶発音注意 Part 2, 3	副 **どうやら**[見たところでは]**～らしい** 名 appearance：❶登場 ❷見かけ、外見 ❸出演、出場 動 appear：❶～のように見える[思える] ❷(appear to doで)～するように見える ❸現れる 形 apparent：明らかな、明白な
□ 0797 **beforehand** /bifɔ́:rhæ̀nd/ Part 4	副 **あらかじめ**、前もって(≒in advance)(⇔afterward：後で)
□ 0798 **thoroughly** /θɔ́:rouli/ イ/θʌ́rəli/ ❶発音注意 Part 5, 6	副 **徹底的に**、完全に 形 thorough：徹底的な、完全な、周到な
□ 0799 **specifically** /spisífikəli/ Part 4	副 ❶**はっきりと**、明確に(≒clearly) ❷特に、とりわけ(≒especially) 形 specific：❶特定の ❷明確な ❸(～に)特有の(to ～) 動 specify：～を明確に述べる、明記する、指定する 名 specification：(通例～s)仕様書、設計明細書
□ 0800 **independently** /ìndipéndəntli/ Part 4	副 **独力で**、自立[独立]して、自主的に(≒on one's own) 形 independent：❶自主性のある、自立的な ❷(be independent ofで)～から独立[自立]している 名 independence：(～からの)独立(from ～)

Day 49 MP3-097
Quick Review
答えは右ページ下

□ おおよそ	□ 完全に	□ 現在は	□ 確かに
□ 比較的	□ 専ら	□ 時間外に	□ 残念ながら
□ 徐々に	□ 頻繁に	□ それにもかかわらず	□ 即座に
□ 結局	□ 正確に	□ 間もなく	□ 定期的に

Check 2 Phrase & Sentence

Check 3 Sentence MP3-100

□ switch off automatically(自動的に電源が切れる)

▸ □ The door opens and closes automatically.(そのドアは自動的に開閉する)

□ work diligently(勤勉に働く)

▸ □ He studied diligently and finally received his doctorate.(彼は勤勉に勉強し、ついに博士号を取得した)

□ a previously read book(以前に読んだ本)

□ three months previously([ある時点から]3カ月前に)

▸ □ The country's famine is far worse than previously reported.(その国の飢饉は以前に報告されていたよりもはるかに悪化している)

□ Apparently, we're having snow tomorrow.(どうやら明日は雪が降るらしい)

▸ □ Apparently, the situation is still getting worse.(見たところでは、状況はまだ悪化しているようだ)

□ reserve a hotel room beforehand(あらかじめホテルの部屋を予約する)

▸ □ I told her beforehand that I would be late.(私は遅れることを彼女にあらかじめ伝えた)

□ thoroughly investigate the cause of the accident(その事故の原因を徹底的に調査する)

▸ □ Wash your hands thoroughly before and after food preparation.(食事の準備の前後には手をしっかりと洗ってください)

□ specifically say ~(はっきりと~だと言う)

□ be designed specifically for ~(特に~向けである)

▸ □ I specifically told him not to be late.(私は遅刻しないようにと彼にはっきりと言った)

□ think [work] independently(独りで考える[働く])

▸ □ Are you living independently?(あなたは自活していますか?)

Day 49 MP3-097
Quick Review
答えは左ページ下

□ approximately	□ absolutely	□ currently	□ definitely
□ relatively	□ exclusively	□ overtime	□ unfortunately
□ steadily	□ frequently	□ nevertheless	□ promptly
□ eventually	□ precisely	□ shortly	□ regularly

Day 51 副詞3

Check 1　Chants 》MP3-101

□ 0801
strictly
/stríktli/
Part 7

副 ❶**厳しく**　❷厳密に
形strict：(～に対して／…に関して)厳しい、厳格な(with ～/about [on] . . .)

□ 0802
accurately
/ǽkjurətli/
Part 5, 6

副 **正確**[精密]**に**
名accuracy：正確さ、精密さ
形accurate：❶正確な　❷精密な

□ 0803
efficiently
/ifíʃəntli/
Part 2, 3

副 **能率**[効果]**的に**
名efficiency：効率、能率
形efficient：❶効率[能率]的な　❷有能な

□ 0804
originally
/ərídʒənəli/
Part 7

副 ❶**最初は**、初めは(≒at first)　❷出身は
名origin：❶(しばしば～s)(～の)起源、由来(of ～)　❷(しばしば～s)生まれ、血統
名original：(the ～)原物、原作
形original：❶最初の　❷独創的な　❸原作の

□ 0805
fairly
/féərli/
Part 5, 6

副 ❶**まあまあ**、まずまず　➕「平均以上だが『very』ではない」というニュアンス　❷公正[公平]に
形fair：❶公正[公平]な　❷まあまあの、普通の
副fair：公正に、フェアに

□ 0806
favorably
/féivərəbli/
Part 5, 6

副 ❶**好意的に**　❷優位に、有利に
名favor：❶親切な行為、恩恵　❷支持、援助
形favorable：❶好意的な　❷(～のために／…にとって)好都合な(for ～/to . . .)
形favorite：お気に入りの、大好きな

□ 0807
firmly
/fə́ːrmli/
Part 5, 6

副 ❶**固く**、断固として　❷(動かないように)しっかりと
形firm：硬い
名firm：会社、(組織としての)事務所

□ 0808
heavily
/hévili/
Part 5, 6

副 ❶**激しく**、ひどく、大いに　❷大量に、たくさん
形heavy：❶重い　❷大きい、多い　❸(交通・雨などが)激しい

continued ▼

今日でChapter 7は最後！　時間に余裕があったら、章末のReviewにも挑戦しておこう。忘れてしまった単語も結構あるのでは?!

□ 聞くだけモード　Check 1
□ しっかりモード　Check 1 ▸ 2
□ かんぺきモード　Check 1 ▸ 2 ▸ 3

Check 2　Phrase	Check 3　Sentence 》MP3-102
□ be strictly enforced（[規則などが] 厳格に実施されている） □ strictly speaking（厳密に言えば）	□ The use of cellphones in the library is strictly forbidden.（図書館内での携帯電話の使用は厳しく禁止されている）
□ play a piece accurately（曲を正確に演奏する）	□ It is difficult to predict the weather accurately more than three days in advance.（3日より先の天気を正確に予測するのは難しい）
□ run a business efficiently（能率的に事業を経営する）	□ The financial system is functioning efficiently.（金融システムは効率的に機能している）
□ as originally expected（最初に期待したように） □ originally came from Italy（イタリアの出身である）	□ I was originally against the plan but changed my mind.（私は最初はその計画に反対だったが、考えを変えた）
□ fairly cheap（まあまあ安い） □ treat people fairly（人々を公平に扱う）	□ She speaks Chinese fairly well.（彼女は中国語をまあまあうまく話す）
□ speak favorably of him（彼のことを好意的に言う） □ compare favorably with ～（～より優れている、～に引けを取らない）	□ Most critics reviewed the movie favorably.（ほとんどの評論家はその映画を好意的に論評した）
□ say firmly（断固とした口調で言う） □ close the door firmly（しっかりとドアを閉める）	□ She firmly believes that she is right.（彼女は自分は正しいと固く信じている）
□ depend heavily on ～（～に大きく依存する） □ drink heavily（大酒を飲む）	□ He was heavily criticized by the press.（彼は報道機関に激しく非難された）

continued ▼

Check 1 Chants 》MP3-101

□ 0809
somewhat
/sʌ́mhwʌ̀t/
Part 2, 3

副**多少**、いくらか、若干(≒a little, a bit, to some extent, rather)

□ 0810
consistently
/kənsístəntli/
Part 5, 6

副**一貫して**、絶えず、いつも(≒always)
形consistent:❶(言行などが)首尾一貫した(in ~) ❷(成長などが)堅実な、安定した ❸(be consistent withで)(言行などが)~と一致[調和、両立]している
名consistency:(~の)一貫性(in ~)

□ 0811
prominently
/prámənəntli/
Part 5, 6

副**目立つように**、目につきやすく
形prominent:❶(~の点で)著名[有名]な、卓越した(in ~) ❷目立った、重要な ❸(歯などが)突き出た
名prominence:❶目立つこと、卓越 ❷突出物

□ 0812
remarkably
/rimá:rkəbli/
Part 5, 6

副**驚くほど**、著しく、非常に
形remarkable:(~で)注目すべき、顕著な(for ~)
動remark:~と述べる、言う
名remark:(~についての)発言、見解、所見、感想(about [on] ~)

□ 0813
securely
/sikjúərli/
Part 5, 6

副**しっかりと**、安全に
形secure:❶安全な ❷確実な
動secure:❶~を確保する ❷~を(…から)守る(from . . .)
名security:❶警備、防護 ❷安全 ❸(~ies)有価証券

□ 0814
solely
/sóulli/
Part 5, 6

副❶**ただ1人で**、単独で(≒alone) ❷ただ、単に(≒only)、専ら、全く
形sole:❶(通例the ~)唯一の ❷独占的な

□ 0815
constantly
/kánstəntli/
Part 5, 6

副**絶えず**、しょっちゅう(≒always, all the time)
形constant:❶絶え間ない ❷一定[不変]の

□ 0816
physically
/fízikəli/
Part 7

副❶**肉体**[身体]**的に**(⇔mentally:精神的に) ❷物理的に
形physical:❶身体[肉体]の ❷物質[物理]的な
名physical:身体[健康]検査

Day 50 》MP3-099
Quick Review
答えは右ページ下

□ 完全に	□ ほとんど	□ 自動的に	□ あらかじめ
□ 時々	□ 十分に	□ 勤勉に	□ 徹底的に
□ その結果	□ その上	□ 以前に	□ はっきりと
□ 少しの間	□ 従って	□ どうやら~らしい	□ 独力で

Check 2 Phrase

Check 3 Sentence 》MP3-102

□ change somewhat(多少変化する)
□ be somewhat tired(若干疲れている)
▶
□ The situation has improved somewhat.(状況は多少改善している)

□ consistently support the idea(その考えを一貫して支持する)
▶
□ They have consistently opposed stronger regulation.(彼らは一貫して規制強化に反対している)

□ place ads prominently on one's site(広告をウェブサイトに目立つように配置する)
▶
□ Family photographs were prominently displayed in his house.(彼の家には家族の写真が目立つように飾られていた)

□ increase remarkably(著しく増加する)
□ remarkably beautiful(非常に美しい)
▶
□ She looked remarkably healthy.(彼女は驚くほど健康そうに見えた)

□ fasten one's seat belt securely(シートベルトをしっかりと締める)
▶
□ Make sure the door is securely locked.(ドアにしっかりと鍵がかかっているか確かめてください)

□ solely responsible(全責任がある)
□ solely because ~(~だけの理由で)
▶
□ Mr. Brown is not solely to blame.(ブラウン氏ただ1人に責任があるわけではない)

□ argue constantly(しょっちゅう口論する)
▶
□ The world of business is constantly changing.(ビジネスの世界は絶えず変化している)

□ physically disabled(身体障害のある、体が不自由な)
□ physically impossible(物理的に不可能な)
▶
□ The job was both physically and mentally demanding.(その仕事は肉体的にも精神的にもきつかった)

Day 50 》MP3-099
Quick Review
答えは左ページ下

□ fully
□ occasionally
□ consequently
□ briefly
□ nearly
□ adequately
□ furthermore
□ therefore
□ automatically
□ diligently
□ previously
□ apparently
□ beforehand
□ thoroughly
□ specifically
□ independently

Chapter 7 Review

左ページの(1)～(17)の副詞の同意・類義語［熟語］（≒）を右ページのA～Qから選び、カッコの中に答えを書き込もう。意味が分からないときは、見出し番号を参照して復習しておこう（答えは右ページ下）。

☐ (1) approximately (0769) ≒は? (　　)
☐ (2) absolutely (0773) ≒は? (　　)
☐ (3) frequently (0775) ≒は? (　　)
☐ (4) precisely (0776) ≒は? (　　)
☐ (5) currently (0777) ≒は? (　　)
☐ (6) nevertheless (0779) ≒は? (　　)
☐ (7) shortly (0780) ≒は? (　　)
☐ (8) promptly (0783) ≒は? (　　)
☐ (9) occasionally (0786) ≒は? (　　)
☐ (10) furthermore (0791) ≒は? (　　)
☐ (11) therefore (0792) ≒は? (　　)
☐ (12) beforehand (0797) ≒は? (　　)
☐ (13) specifically (0799) ≒は? (　　)
☐ (14) independently (0800) ≒は? (　　)
☐ (15) originally (0804) ≒は? (　　)
☐ (16) somewhat (0809) ≒は? (　　)
☐ (17) constantly (0815) ≒は? (　　)

A. always
B. often
C. moreover
D. at times
E. completely
F. exactly
G. at first
H. quickly
I. about
J. in advance
K. nonetheless
L. consequently
M. a little
N. now
O. clearly
P. soon
Q. on one's own

【解答】(1) I (2) E (3) B (4) F (5) N (6) K (7) P (8) H (9) D (10) C (11) L (12) J (13) O (14) Q (15) G (16) M (17) A

CHAPTER 8
動詞句

Chapter 8からは「熟語編」が始まります。このChapterでは、動詞表現240を見ていきましょう。本書でも最も長い、まさに「胸突き八丁」のChapter。ここを乗り切れば、ゴールはすぐそこに見えてくる！

TOEIC的格言

Everything comes to him who waits.

待てば海路の日和あり。
[直訳] 待つ者にはすべてがやって来る。

Day 52

動詞句1
「動詞＋副詞［前置詞］」型1

Check 1　Chants 》MP3-103

□ 0817
specialize in
Part 5, 6

～を専門にする、専攻する　➕通例、大学院レベルで「専攻する」ことを表す。学部レベルで「～を専攻する」はmajor in
名special：❶特別料理、特売品　❷特別番組
形special：特別な

□ 0818
apply for
Part 2, 3

～を申し込む、～に応募する、～を志願する　➕apply toは「(規則などが)～に適用される」
名application：❶(～への)申し込み(書)、申請(書)(for ～)　❷(コンピューターの)アプリケーション
名applicant：(～への)志願者、応募者(for ～)

□ 0819
lean against [on]
Part 1

～に寄りかかる、もたれる
形lean：❶細身で健康な　❷(肉が)脂肪の少ない

□ 0820
fill out [in]
Part 4

～に必要事項を記入する

□ 0821
consist of
Part 5, 6

～から成り立つ、構成される(≒be comprised of, be composed of, be made up of)
名consistency：(～の)一貫性(in ～)
形consistent：❶首尾一貫した　❷堅実な、安定した　❸(be consistent withで)～と一致[調和、両立]している

□ 0822
object to
Part 5, 6

～に反対[抗議]する
名objection：(～に対する)反対、異議(to [against] ～)
形objectionable：不快な、気に障る

□ 0823
comply with
Part 5, 6

(規則など)**に従う**、応じる(≒obey, follow, conform to [with], abide by)
名compliance：(法令)順守、(命令などに)従うこと(with ～)

□ 0824
refrain from
Part 4

～を差し控える、慎む(≒abstain from)

continued ▼

Chapter 8では、動詞句240をチェック。まずは、5日をかけて「動詞＋副詞[前置詞]」型の表現を見ていこう。

□ 聞くだけモード　Check 1
□ しっかりモード　Check 1 ▸ 2
□ かんぺきモード　Check 1 ▸ 2 ▸ 3

Check 2　Phrase	Check 3　Sentence 》MP3-104
□ specialize in economics（経済学を専攻する）	□ The restaurant specializes in seafood.（そのレストランはシーフードを専門にしている）
□ apply for unemployment benefits（失業手当を申請する）	□ Have you applied for the job yet?（その仕事にもう応募しましたか？）
□ lean against the wall（壁に寄りかかる）	□ The bicycle is leaning against the railing.（自転車が手すりに寄りかかっている）
□ fill out a questionnaire（アンケート用紙に記入する）	□ Please fill out this form before the school year begins.（学年が始まる前に、この用紙に必要事項を記入してください）
□ consist of 40 students（[クラスなどが]40人の生徒で構成されている）	□ The mall consists of nearly 200 shops.（そのショッピングモールは200近くの店から成っている）
□ object to war（戦争に反対する）	□ The opposition parties strongly objected to the economic measures.（野党はその経済対策に強く反対した）
□ comply with the law（法律に従う）	□ There are fines and penalties for failure to comply with the regulations.（規則に従わなかった場合は罰金と罰則がある）
□ refrain from sweets（甘い物を我慢する）	□ Please refrain from using cellphones.（携帯電話の使用はご遠慮ください）

continued
▼

Check 1　Chants 》MP3-103

□ 0825
account for
Part 5, 6

❶(ある割合)**を占める**　❷〜(の理由・原因)を説明する
名account：❶(銀行)口座　❷(金銭の)計算書　❸得意先
名accountant：会計士
名accounting：会計(学)、経理

□ 0826
hang up
Part 4

❶**電話を切る**(⇔hold on：電話を切らないでおく)　❷(電話)を切る

□ 0827
count on
Part 2, 3

〜に頼る、〜を当てにする、〜を期待する(≒depend on, rely on, look to, turn to)
名count：計算
形countless：数え切れない(ほどの)、無数の

□ 0828
lay off
Part 7

〜を一時解雇する
名layoff：一時解雇、レイオフ

□ 0829
turn out
Part 5, 6

❶**結局は〜になる**、〜であることが判明する　❷(〜に)出席する、出かける(for 〜)
名turnout：❶出席者数　❷投票者数、投票率

□ 0830
result in
Part 7

〜という結果になる　➕result fromは「〜に起因[由来]する」
名result：❶(〜の)結果(of 〜)　❷(〜s)成果

□ 0831
inquire about
Part 2, 3

(…に)**〜について尋ねる**、問い合わせる(of . . .)
名inquiry：❶(〜についての)問い合わせ、質問(about 〜)　❷(事件などの)調査(into 〜)

□ 0832
compensate for
Part 5, 6

(損失など)**の埋め合わせをする**、〜を償う、補う(≒make up for)
名compensation：❶(〜に対する)補償[賠償](金)(for 〜)　❷報酬

Day 51 》MP3-101
Quick Review
答えは右ページ下

□ 厳しく
□ 正確に
□ 能率的に
□ 最初は
□ まあまあ
□ 好意的に
□ 固く
□ 激しく
□ 多少
□ 一貫して
□ 目立つように
□ 驚くほど
□ しっかりと
□ ただ1人で
□ 絶えず
□ 肉体的に

Check 2 Phrase

□ account for a half [third](半分[3分の1]を占める)

□ account for the accident(その事故の原因を説明する)

□ hang up on him(彼との電話を切る)

□ hang up the phone(電話を切る)

□ count on others for help(他人の助けに頼る)

□ lay off employees(従業員たちを一時解雇する)

□ turn out (to be) true(本当であることが判明する)

□ turn out for the event(その行事に出かける)

□ result in success [failure](成功[失敗]に終わる)

□ inquire about prices(価格について尋ねる)

□ compensate for lack of experience(経験不足を補う)

Check 3 Sentence ♪ MP3-104

□ Women account for the majority of part-time workers.(女性がパート従業員の大半を占めている)

□ The number you have dialed is busy. Please hang up and dial again.(おかけになった電話番号は込み合っています。電話を切っておかけ直しください)➕電話の録音メッセージ

□ You can always count on me.(いつでも私に頼ってくれていいですよ)

□ More than 500 workers were laid off following the closure of the factory.(その工場の閉鎖の後、500人以上の労働者が解雇された)

□ Unfortunately, his efforts turned out to be ineffective.(残念ながら、彼の努力は結局無駄になった)

□ The earthquake resulted in the loss of more than 6,400 lives.(その地震によって6400人以上の命が奪われた)

□ I'm calling to inquire about the job opening in the newspaper ad.(新聞広告に載っていた求人についてお尋ねしたくお電話しております)

□ The construction period will be extended for another week to compensate for the lost time.(損失時間を埋め合わせるために、建設期間はもう1週間延長される予定だ)

Day 51 ♪ MP3-101
Quick Review
答えは左ページ下

□ strictly	□ fairly	□ somewhat	□ securely
□ accurately	□ favorably	□ consistently	□ solely
□ efficiently	□ firmly	□ prominently	□ constantly
□ originally	□ heavily	□ remarkably	□ physically

Day 53

動詞句2
「動詞＋副詞［前置詞］」型2

Check 1 Chants MP3-105

□ 0833 **report to** ❶定義注意 Part 7	**❶～の部下である**、監督下にある ❷～に出頭する、出向く 名report：❶報告(書) ❷報道
□ 0834 **coincide with** Part 5, 6	**❶～と同時に起こる** ❷(意見などが)～と一致する 名coincidence：(偶然の)一致
□ 0835 **respond to** Part 2, 3	**❶～に応答**[返答]**する** ❷～に反応する(≒react to) 名response：❶(～への)返答、応答(to ～) ❷(～に対する／…からの)反応(to ～/from . . .) 名respondent：応答[回答]者
□ 0836 **stop by** Part 2, 3	(場所)**に立ち寄る**(≒stop off in [at])
□ 0837 **proceed to** Part 4	**～へ進む**、向かう ➕proceed withは「～を続ける」 名proceed：(～s)収益、売上高 名proceeding：❶(～s)議事録 ❷(～s)(法的)手続き ❸進行 名procedure：❶手順、順序、方法 ❷(正式な)手続き
□ 0838 **come down with** Part 5, 6	(風邪など)**にかかる**、(病気)で倒れる
□ 0839 **comment on** Part 5, 6	**～について論評**[コメント]**する** 名comment：(～についての)論評、コメント(about [on] ～)
□ 0840 **kneel down** Part 1	**ひざをつく**、ひざまずく 名knee：ひざ

continued ▼

「動詞＋副詞[前置詞]」型の表現は「丸ごと1つの動詞」として覚えることが大切。そのためにも「聞いて音読する」ことを忘れずに！

□ 聞くだけモード　Check 1
□ しっかりモード　Check 1 ▸ 2
□ かんぺきモード　Check 1 ▸ 2 ▸ 3

Check 2 Phrase		Check 3 Sentence 》MP3-106
□ report directly to ～(～の直属の部下である) □ report to the office(事務所に出向く)	▸	□ In your new post, you will report to Mr. Wright.(新しい部署では、あなたはライト氏の部下になる)
□ happen to coincide with ～(偶然～と同時に起こる) □ coincide with his opinion(彼の意見と一致する)	▸	□ Unfortunately, my holiday coincided with heavy rain.(残念なことに、私の休日は豪雨と重なってしまった)
□ respond to a question(質問に答える) □ respond to stimuli(刺激に反応する)	▸	□ Nearly 100 people have responded to our job ads.(100人近い人々が私たちの求人広告に応募してきた)
□ stop by the post office(郵便局に立ち寄る)	▸	□ I stopped by a convenience store on my way home.(私は家に帰る途中にコンビニに立ち寄った)
□ proceed to the next subject(次の議題に進む)	▸	□ All passengers for Flight BA104 please proceed to Gate 15.(BA104便にご搭乗のお客様は15番ゲートへお進みください)➕空港のアナウンス
□ come down with a cold(風邪をひく)	▸	□ Unfortunately, he has come down with the flu.(残念なことに、彼はインフルエンザにかかってしまった)
□ comment on the current economic situation(現在の経済状況について論評する)	▸	□ The president refused to comment on specifics in the report.(大統領はその報告書の詳細についてコメントするのを拒んだ)
□ kneel down on one knee(片ひざをつく)	▸	□ The man is kneeling down on the floor.(男性は床にひざをつけている)

continued
▼

Check 1　Chants 》MP3-105

□ 0841
correspond to [with]
Part 5, 6
❶**〜に一致する**　❷(correspond toで)〜に相当する
❸(correspond withで)〜と文通する
名correspondent：(新聞・テレビなどの)特派員、通信員
名correspondence：❶一致　❷文通、通信

□ 0842
abide by
Part 7
(規則・決定など)**に従う**(≒obey, follow, comply with, conform to [with])、(約束など)を忠実に守る

□ 0843
approve of
Part 2, 3
〜に賛成する
名approval：(〜に対する)承認、賛成、認可(for 〜)

□ 0844
drop off
Part 2, 3
(人・荷物など)**を降ろす**、(物)を置いていく(⇔pick up)

□ 0845
contribute to
Part 5, 6
〜に貢献[寄与]**する**、〜の一因[一助]となる
名contribution：❶(〜への)貢献、寄与(to [toward] 〜)　❷(〜への)寄付(金)(to [toward] 〜)

□ 0846
register for
Part 2, 3
〜の入学[受講]**手続きをする**
名register：登録[記録](簿)
名registration：登録、登記、記録
形registered：❶登録[登記]された　❷(郵便が)書留の

□ 0847
lay out
Part 1
〜を広げる、並べる
名layout：❶配置、設計　❷(雑誌などの)割りつけ、レイアウト

□ 0848
cope with
Part 7
(問題など)**に**(うまく)**対処する**、〜を(うまく)処理する

Day 52 》MP3-103
Quick Review
答えは右ページ下

□ 〜を専門にする
□ 〜を申し込む
□ 〜に寄りかかる
□ 〜に必要事項を記入する
□ 〜から成り立つ
□ 〜に反対する
□ 〜に従う
□ 〜を差し控える
□ 〜を占める
□ 電話を切る
□ 〜に頼る
□ 〜を一時解雇する
□ 結局は〜になる
□ 〜という結果になる
□ 〜について尋ねる
□ 〜の埋め合わせをする

Check 2 Phrase

☐ correspond to [with] one's words（[行動などが]発言と一致する）
☐ correspond with one's pen pal（ペンフレンドと文通する）

☐ abide by the decision（決定に従う）

☐ approve of the plan（その計画に賛成する）

☐ drop her off at the station（彼女を駅で降ろす）

☐ contribute to the victory（勝利に貢献する）
☐ contribute to someone's death（[病気などが]～の死の一因となる）

☐ register for the university（その大学の入学手続きをする）

☐ lay out the cards on the table（テーブルにカードを並べる）

☐ cope with difficulties（難局にうまく対処する）

Check 3 Sentence 》MP3-106

☐ The defendant's statement corresponded to the facts.（被告人の供述は事実と一致していた）

☐ Every member company must abide by the code of ethics.（すべての会員企業はその倫理規定に従わなければならない）

☐ His parents didn't approve of his decision to quit the company.（彼の両親はその会社を辞めるという彼の決心に賛成しなかった）

☐ Can you drop me off here?（ここで降ろしてくれますか?）

☐ Japan has been contributing to world peace and security.（日本は世界の平和と安全に貢献してきた）

☐ Have you already registered for the workshop?（研修会の受講手続きをもうしましたか?）

☐ An outfit is laid out on the bed.（服がベッドに広げられている）

☐ Many companies are struggling to cope with a deepening recession.（多くの企業は深刻化する景気後退に対処しようと努力している）

Day 52 》MP3-103
Quick Review
答えは左ページ下

☐ specialize in
☐ apply for
☐ lean against
☐ fill out
☐ consist of
☐ object to
☐ comply with
☐ refrain from
☐ account for
☐ hang up
☐ count on
☐ lay off
☐ turn out
☐ result in
☐ inquire about
☐ compensate for

Day 54

動詞句3
「動詞＋副詞［前置詞］」型3

Check 1　Chants 》MP3-107

□ 0849 **recover from** Part 5, 6	**～から回復する**(≒get better from) 名recovery：❶(～からの)回復(from ～)　❷(～を)取り戻すこと(of ～)
□ 0850 **keep up with** Part 5, 6	**～に**(遅れないで)**ついていく**　➕catch up withは「～に追いつく」
□ 0851 **pay off** Part 5, 6	❶(借金など)**を完済する**　❷うまくいく、成功する(≒succeed)
□ 0852 **show up** Part 2, 3	**到着する**、姿を現す(≒arrive, appear) 名show：❶番組　❷見せ物、ショー　❸展示会
□ 0853 **shut down** Part 4	❶(工場など)**を閉鎖する**　❷(工場などが)操業[営業]を停止する
□ 0854 **aim at** Part 5, 6	**～を目指す**、狙う 名aim：❶(～の)目標、目的(of ～)　❷狙い
□ 0855 **eat out** Part 2, 3	**外食する**(⇔eat in：家で食事をする)
□ 0856 **go ahead with** Part 5, 6	(計画など)**を実施**[実行]**する**、進める

continued ▼

Check 2の「フレーズ」の音読をやってる？　慣れてきたら、Check 3の「センテンス」にも挑戦してみよう。定着度がさらにアップするよ！

□ 聞くだけモード　Check 1
□ しっかりモード　Check 1 ▸ 2
□ かんぺきモード　Check 1 ▸ 2 ▸ 3

Check 2 Phrase		Check 3 Sentence))) MP3-108
□ recover from an illness（病気から回復する）	▸	□ The country is recovering from its economic crisis.（その国は経済危機から立ち直ろうとしている）
□ keep up with current events（最近の出来事についていく）	▸	□ Keeping up with demand is our biggest challenge.（需要についていくことが我が社の最大の課題だ）
□ pay off one's debt（借金を完済する） □ finally pay off（やっとうまくいく）	▸	□ I will pay off my mortgage in 20 years.（私は住宅ローンを20年で完済する予定だ）
□ show up late for work（仕事に遅刻する）	▸	□ What time is Richard showing up?（リチャードは何時にやって来ますか？）
□ shut down an airport（空港を閉鎖する） □ shut down temporarily（一時的に操業を中止する）	▸	□ The company announced plans to shut down three factories as part of restructuring.（その会社はリストラの一環として3つの工場を閉鎖する計画を発表した）
□ aim at reducing costs（経費の削減を目指す） □ aim at the target（標的を狙う）	▸	□ The talks aimed at ending North Korea's nuclear weapons programs.（その会談では北朝鮮の核兵器計画を終了させることが目標とされた）
□ eat out once a week（週に1度外食する）	▸	□ I seldom eat out.（私はめったに外食しない）
□ go ahead with the plan（その計画を実施する）	▸	□ We received permission to go ahead with the event.（私たちはそのイベントを実施する許可を得た）

continued
▼

Check 1 Chants))) MP3-107

□ 0857 **qualify as** [for] Part 7	**～の資格を得る**、～として適任である 名qualification：❶(～する)資格(to do) ❷(～の)適性、資質(for ～) 形qualified：資格[免許]のある
□ 0858 **take on** Part 2, 3	(仕事など)**を引き受ける**、(責任など)を負う
□ 0859 **drop by** Part 2, 3	(ちょっと)**立ち寄る**、ひょっこり訪ねる(≒drop in) ➕「予告なしに立ち寄る」といったニュアンス
□ 0860 **stem from** Part 5, 6	(問題などが)**～から生じる**、～に起因する(≒result from)
□ 0861 **consent to** Part 7	**～に同意する**、～を承諾[許可]する 名consent：(～に対する)同意、許可(to ～) 名consensus：❶合意 ❷(意見などの)一致、コンセンサス
□ 0862 **consult with** Part 5, 6	**～と話し合う**、相談する 名consultation：(～との／…についての)相談、協議(with ～/on [about] . . .) 名consultant：(会社などの)コンサルタント、顧問
□ 0863 **make out** Part 4	❶(小切手など)**を**(…あてに)**作成する**、書く(to . . .) ❷(通例canを伴って)～を理解する(≒understand)
□ 0864 **turn down** Part 2, 3	❶(申し出など)**を断る**、はねつける(≒reject, refuse) ❷(ラジオなど)の音を低く[小さく]する(⇔turn up)

Day 53))) MP3-105
Quick Review
答えは右ページ下

□ ～の部下である
□ ～と同時に起こる
□ ～に応答する
□ ～に立ち寄る
□ ～へ進む
□ ～にかかる
□ ～について論評する
□ ひざをつく
□ ～に一致する
□ ～に従う
□ ～に賛成する
□ ～を降ろす
□ ～に貢献する
□ ～の入学手続きをする
□ ～を広げる
□ ～に対処する

Check 2 Phrase

Check 3 Sentence 》MP3-108

Phrase	Sentence
□ qualify as a doctor（医師の資格を取る）	□ Practical training is compulsory to qualify as a nurse.（看護師になるには実地研修が必須だ）
□ take on new responsibilities（新たな責任を負う）	□ No one wants to take on the job.（誰もその仕事を引き受けたがらない）
□ drop by on one's way to ～（～に行く途中に立ち寄る）	□ Please drop by again soon.（近いうちにまた立ち寄ってください）
□ stem from one's childhood（幼少期に起因する）	□ The conflict stemmed from a misunderstanding.（その衝突は誤解から生じた）
□ consent to his plan（彼の計画に同意する）	□ He didn't consent to his daughter's marriage.（彼は娘の結婚に同意しなかった）
□ consult with a lawyer（弁護士と話し合う）	□ You should consult with a health-care professional before starting any diet.（ダイエットをする前には、医療専門家に相談したほうがいい）
□ make out a bill（請求書を作成する） □ can hardly make out what he is saying（彼の言っていることがほとんど理解できない）	□ To donate money, please make out a check to the Red Cross.（献金するには、赤十字あてに小切手を作成してください）
□ turn down his offer（彼の申し出を断る） □ turn down the radio（ラジオの音を低くする）	□ She turned down his invitation to dinner.（彼女は彼の夕食への誘いを断った）

Day 53 》MP3-105
Quick Review
答えは左ページ下

□ report to	□ proceed to	□ correspond to	□ contribute to
□ coincide with	□ come down with	□ abide by	□ register for
□ respond to	□ comment on	□ approve of	□ lay out
□ stop by	□ kneel down	□ drop off	□ cope with

Day 55

動詞句4
「動詞＋副詞［前置詞］」型4

Check 1　Chants ♪ MP3-109

□ 0865
get together
Part 2, 3

集まる、(～と)会う(with ～)
名get-together：親睦[懇親]会、(非公式の)会合、集まり

□ 0866
persist in
Part 5, 6

～を辛抱強く続ける、貫く　➕悪い意味で「～に固執する」という意味でも用いられる
名persistence：粘り強さ、不屈の精神
形persistent：粘り強い、不屈の
副persistently：粘り強く

□ 0867
benefit from [by]
Part 5, 6

～によって利益を得る
名benefit：❶(通例～s)給付金、手当　❷利益
形beneficial：(～にとって)有益な、(～の)ためになる(to ～)

□ 0868
hold on
Part 4

電話を切らないでおく、待つ(≒hang on)(⇔hang up：電話を切る)

□ 0869
look through
Part 1

(書類など)**に目を通す**、～を詳しく調べる

□ 0870
set off
Part 7

❶(～に向けて)**出発する**(for ～)(≒depart, set out)
❷～を作動させる

□ 0871
withdraw from
Part 4

～から退く、撤退する
名withdrawal：❶預金の引き出し　❷撤退、撤兵　❸(約束などの)撤回

□ 0872
conflict with
Part 5, 6

～と対立[矛盾、衝突]**する**(≒disagree with)
名conflict：❶(～との／…の間の)対立、葛藤(with ～/between . . .)　❷(～との／…の間の)争い(with ～/between . . .)

continued ▼

チャンツを聞いているだけでは、正しい発音はなかなか身につかない。つぶやくだけでもOKなので、必ず口を動かそう！

□ 聞くだけモード　Check 1
□ しっかりモード　Check 1 ▸ 2
□ かんぺきモード　Check 1 ▸ 2 ▸ 3

Check 2 Phrase		Check 3 Sentence 》MP3-110
□ get together annually（年に1度集まる） □ get together with old friends（旧友たちと会う）	▸	□ Why don't we get together for lunch sometime?（いつかお会いして昼食というのはどうですか？）
□ persist in one's efforts（努力を辛抱強く続ける）	▸	□ She persisted in her work.（彼女は自分の仕事を辛抱強く続けた）
□ benefit from investments（投資によって利益を得る）	▸	□ Consumers will benefit from a reduction in income tax.（消費者は所得減税によって利益を得るだろう）
□ hold on a minute（［電話を切らないで］しばらくの間待つ）	▸	□ Please hold on while I transfer you.（おつなぎする間、電話を切らずにお待ちください）
□ look through a newspaper（新聞に目を通す）	▸	□ They are looking through the documents.（彼らは書類に目を通している）
□ set off on foot（歩いて出発する） □ set off an alarm（警報器を鳴らす）	▸	□ We set off for Philadelphia the next morning.（翌朝、私たちはフィラデルフィアに向けて出発した）
□ withdraw from Iraq（［軍が］イラクから撤退する） □ withdraw from the tournament（トーナメントを棄権する）	▸	□ The automaker decided to withdraw from the Japanese market.（その自動車メーカーは日本市場から撤退することを決定した）
□ conflict with public opinion（世論と対立する）	▸	□ These two laws conflict with each other.（これらの2つの法律は互いに矛盾している）

continued
▼

Check 1 Chants 》MP3-109

☐ 0873
look to
Part 5, 6

～に(…を)**頼る**(for . . .)、～を当てにする(≒depend on, rely on, count on, turn to)

☐ 0874
substitute for
Part 5, 6

～の代わりをする、～の代用[代理]になる
名substitute：代理人、代用品
形substitute：代理[代用]の
名substitution：❶代理、代用 ❷代理人、代用品

☐ 0875
turn to
Part 2, 3

～に(助けなどを)**求める**、頼る(for . . .)(≒depend on, rely on, count on, look to)

☐ 0876
page through
Part 1

(雑誌など)**のページを**(ぱらぱらと)**めくる**、～に目を通す(≒flick through, leaf through)

☐ 0877
hear from
Part 2, 3

～から連絡[手紙、電話]**をもらう** ➕hear ofは「～について伝え聞く、～のうわさを聞く」

☐ 0878
look up
Part 2, 3

(単語など)**を**(辞書などで)**調べる**(in . . .)

☐ 0879
throw away
Part 2, 3

❶**～を捨てる**(≒get rid of, throw out) ❷(機会など)をふいにする、見逃す

☐ 0880
live up to
Part 2, 3

(期待など)**に応える**、沿う

Day 54 》MP3-107
Quick Review
答えは右ページ下

☐ ～から回復する
☐ ～についていく
☐ ～を完済する
☐ 到着する
☐ ～を閉鎖する
☐ ～を目指す
☐ 外食する
☐ ～を実施する
☐ ～の資格を得る
☐ ～を引き受ける
☐ 立ち寄る
☐ ～から生じる
☐ ～に同意する
☐ ～と話し合う
☐ ～を作成する
☐ ～を断る

Check 2 Phrase

Check 3 Sentence 》MP3-110

Check 2 Phrase	Check 3 Sentence
□ look to the UN for help(国連に支援を頼る)	□ The world is looking to America to solve the economic crisis.(世界はアメリカが経済危機を解決することを期待している)
□ substitute for someone's mother(〜の母親代わりをする)	□ The understudy will substitute for the actress who is sick.(代役が病気の女優の代わりをする予定だ)
□ turn to him for advice(彼にアドバイスを求める)	□ You can always turn to me for help.(いつでも私に助けを求めてください)
□ page through a book(本のページをめくる)	□ A man is paging through a newspaper.(男性は新聞のページをめくっている)
□ hear from an old friend(旧友から連絡をもらう)	□ Have you heard from Carol recently?(最近、キャロルから連絡はありましたか?)
□ look up "capitalism" in the encyclopedia(「資本主義」を百科事典で調べる)	□ If you don't know the word, why don't you look it up in the dictionary?(その言葉を知らないなら、辞書で調べたらどうですか?)
□ throw away old clothes(古着を捨てる) □ throw away the best chance(最高のチャンスを逃す)	□ Why don't you throw away those old magazines of yours?(その古い雑誌は捨てたらどうですか?)
□ live up to one's promise(約束を果たす)	□ The movie lived up to my expectations.(その映画は私の期待に応えるものだった)

Day 54 》MP3-107
Quick Review
答えは左ページ下

□ recover from	□ shut down	□ qualify as	□ consent to
□ keep up with	□ aim at	□ take on	□ consult with
□ pay off	□ eat out	□ drop by	□ make out
□ show up	□ go ahead with	□ stem from	□ turn down

Day 56

動詞句5
「動詞＋副詞［前置詞］」型5

Check 1 Chants))) MP3-111

□ 0881
back up
Part 4

❶(交通など)**を渋滞**[停滞]**させる** ❷渋滞する ❸～のバックアップを取る ❹後退する
名backup：❶(コンピューターの)バックアップ ❷交代要員、代替物

□ 0882
bring in
Part 2, 3

❶**～を**(…してもらうように)**参加させる**、導入する(to do) ❷(金額)を稼ぐ

□ 0883
clear up
Part 2, 3

❶(問題など)**を解決する**、解く ❷～を片づける ❸(天気が)晴れ上がる
形clear：❶(道が)すいている ❷澄んだ ❸はっきりした
副clearly：❶明らかに ❷はっきりと

□ 0884
embark on [upon]
Part 4

❶(事業など)**に着手する**、乗り出す ❷～に搭乗[乗船]する
名embarkation：❶乗船、搭乗：積み込み ❷(事業などへの)乗り出し、進出(on [upon] ～)

□ 0885
file for
Part 2, 3

～を申請する、願い出る

□ 0886
proceed with
Part 5, 6

～を続ける(≒continue)
名proceed：(～s)収益、売上高
名proceeding：❶(～s)議事録 ❷(～s)(法的)手続き ❸進行
名procedure：❶手順、順序 ❷(正式な)手続き

□ 0887
succeed to
Part 5, 6

～を継承[相続]**する**、～の後任となる ➕succeed inは「～に成功する」
名succession：❶連続 ❷(～の)継承(to ～)
名successor：後任[後継]者、相続者
形successive：連続する、継続的な

□ 0888
attend to
Part 4

❶(仕事など)**を処理する**(≒deal with) ❷～の世話をする(≒take care of) ❸～に注意を払う(≒pay attention to)
名attention：❶(～への)注意(to ～) ❷(～への)配慮(to ～)

continued ▼

Quick Reviewは使ってる？　昨日覚えた表現でも、記憶に残っているとは限らない。学習の合間に軽くチェックするだけでも効果は抜群！

□ 聞くだけモード　Check 1
□ しっかりモード　Check 1 ▸ 2
□ かんぺきモード　Check 1 ▸ 2 ▸ 3

Check 2　Phrase	Check 3　Sentence 》MP3-112
□ back up traffic（交通を渋滞させる） □ back up an important file（大切なファイルのバックアップを取る）	□ The traffic on Highway 82 is backed up due to an accident.（事故のため82号線は渋滞している）
□ bring in an expert to deal with the situation（事態に対処してもらうよう専門家を参加させる）	□ More than 100 police officers were brought in to guard the event.（そのイベントを警備するために100人以上の警官が動員された）
□ clear up a mystery（謎を解く） □ clear up the kitchen（台所を片づける）	□ The murder case was cleared up in a short time.（その殺人事件は短期間で解決した）
□ embark on a new business（新事業に着手する） □ embark on a plane（飛行機に搭乗する）	□ The government is embarking on a major reform of education.（政府は教育の大改革に着手しようとしている）
□ file for divorce（離婚を申請する）	□ The company filed for bankruptcy with nearly $10 billion of debt.（その会社は100億ドル近い借金を抱えて破産を申請した）
□ proceed with one's work（仕事を続ける）	□ The plaintiff decided not to proceed with the case.（原告は裁判を続けないことを決定した）
□ succeed to the throne [presidency]（王位［大統領職］を継承する）	□ Robert succeeded to his father's estate.（ロバートは父親の財産を相続した）
□ attend to one's work（仕事を処理する） □ attend to a patient（患者の世話をする）	□ We should attend to the problem immediately.（私たちはその問題にすぐに対処したほうがいい）

continued ▼

Check 1　Chants 》MP3-111

□ 0889
bring together
Part 4

～を呼び集める、～を寄せ集める

□ 0890
get along with
Part 4

～と仲よくやっていく

□ 0891
insist on
Part 5, 6

～を強く要求する
名insistence：強い主張、断言
形insistent：ぜひ(～)したい(on doing [that節 ～])、(要求などが)執拗な、しつこい

□ 0892
run short of
Part 4

～を切らす、～に不足する(≒run out of)
名shortage：(～の)不足(of ～)
形short：❶短い　❷(be short of [on]で)～が不足している

□ 0893
call in
Part 2, 3

❶**電話で報告**［通報］**する**　❷(医者・専門家など)を呼ぶ

□ 0894
sum up
Part 2, 3

❶**～を要約する**(≒summarize)　❷要約する

□ 0895
wear out
Part 5, 6

❶**擦り減る**、擦り切れる　❷～を擦り減らす、～を擦り切らす　❸～を疲れ果てさせる(≒exhaust)

□ 0896
add to
Part 5, 6

～を増やす(≒increase)
名addition：❶追加　❷追加分　❸足し算
形additional：追加の

Day 55 》MP3-109
Quick Review
答えは右ページ下

□ 集まる
□ ～を辛抱強く続ける
□ ～によって利益を得る
□ 電話を切らないでおく
□ ～に目を通す
□ 出発する
□ ～から退く
□ ～と対立する
□ ～に頼る
□ ～の代わりをする
□ ～に求める
□ ～のページをめくる
□ ～から連絡をもらう
□ ～を調べる
□ ～を捨てる
□ ～に応える

Check 2 Phrase

□ bring information together（情報を集める）

□ get along with coworkers（同僚たちと仲よくやっていく）

□ insist on attendance at lectures（講義への出席を強く要求する）

□ run short of money（金を切らす）

□ call in to say that she will be late（彼女が遅刻することを伝えるために電話をする）

□ call in a doctor（医者を呼ぶ）

□ sum up the speech（そのスピーチを要約する）

□ to sum up（要約すれば、要するに）

□ begin to wear out（擦り切れ始める）

□ wear out a carpet（じゅうたんを擦り減らす）

□ add to one's savings（貯金を増やす）

□ add to the problem（問題を大きくする）

Check 3 Sentence 》MP3-112

□ Experts were brought together to work on the project.（そのプロジェクトに取り組むために専門家たちが集められた）

□ Do you get along with your neighbors?（近所の人たちとはうまくいっていますか?）

□ Shareholders insist on a high return on their investments.（株主たちは投資に対する高い利回りを強く要求する）

□ We are running short of time to complete the project.（そのプロジェクトを完了するための時間がなくなってきている）

□ Why don't you call in sick today?（今日は病欠すると電話で報告したらどうですか?）

□ Can you sum up the main points in a sentence or two?（要点を1、2文で要約してくれますか?）

□ Tires wear out faster when they do not have the correct air pressure.（空気圧が適正でない場合、タイヤはより早く擦り減る）

□ The economic stimulus plan would only add to budget deficits.（その経済刺激計画は財政赤字を増やすだけになるかもしれない）

Day 55 》MP3-109
Quick Review
答えは左ページ下

□ get together
□ persist in
□ benefit from
□ hold on
□ look through
□ set off
□ withdraw from
□ conflict with
□ look to
□ substitute for
□ turn to
□ page through
□ hear from
□ look up
□ throw away
□ live up to

Day 57

動詞句6
「動詞＋A＋前置詞＋B」型1

Check 1　Chants 》MP3-113

□ 0897 **invest** A **in** B Part 2, 3	**A**(金など)**をBに投資する** 名investment：(～への)投資、出資(in ～) 名investor：投資家、投資者
□ 0898 **combine** A **with** B Part 5, 6	**AをBと結合**[合体]**させる**、AとBを組み合わせる 形combined：共同[協力、組み合わせ]による 名combination：結合、組み合わせ
□ 0899 **impose** A **on** B Part 7	❶**A**(義務・税など)**をBに課す**、負わす　❷A(意見など)をBに押しつける 名imposition：❶(税・重荷などを)課すこと　❷賦課物、義務、負担 形imposing：堂々とした、印象的な
□ 0900 **assign** A **to** B Part 5, 6	❶**AをB**(地位など)**に任命する**、就かせる(≒appoint A as [to] B)　❷AをBに割り当てる 名assignment：❶任務、(仕事などの)割り当て　❷宿題、研究課題
□ 0901 **convince** A **of** B Part 2, 3	**AにBを確信**[納得]**させる**(≒persuade A of B) 名conviction：❶確信、信念　❷(犯罪に対する)有罪判決(for ～) 形convincing：❶説得力のある　❷もっともらしい　❸(勝利などが)圧倒的な
□ 0902 **alert** A **to** B Part 7	**AにBについて注意を促す**、AにBを警告する 名alert：(警戒)警報、警戒態勢 形alert：❶(～に)油断のない、用心深い(to ～)　❷機敏な
□ 0903 **prefer** A **to** B Part 2, 3	**AをBより好む** 名preference：❶(～に対する)好み(for ～)　❷優先 形preferable：(～より)好ましい(to ～) 副preferably：できれば、希望を言えば
□ 0904 **relocate** A **to** B Part 2, 3	**AをBに移転**[移動]**させる**、AをBに転勤させる 名relocation：移転、転勤

continued ▼

今日から3日間は、「動詞＋A＋前置詞＋B」型の表現をチェック！　まずはチャンツを聞いて、表現を「耳」からインプットしよう。

□ 聞くだけモード　Check 1
□ しっかりモード　Check 1 ▸ 2
□ かんぺきモード　Check 1 ▸ 2 ▸ 3

Check 2　Phrase	Check 3　Sentence 》MP3-114
□ invest $1,000 in stocks（1000ドルを株に投資する）	□ The company invested $800 million in constructing five overseas plants.（その会社は5つの海外工場の建設に8億ドルを投資した）
□ combine one's hobby with one's job（趣味と仕事を兼ねる）	□ Diet should be combined with exercise.（ダイエットは運動と組み合わされるべきだ）
□ impose a fine on him（彼に罰金を科す） □ impose one's ideas on others（自分の考えを他人に押しつける）	□ The US has imposed economic sanctions on North Korea and Iran.（アメリカは北朝鮮とイランに経済制裁を課した）
□ assign him to the newly created post（彼を新しく作られた職に任命する）	□ I was assigned to the R&D department last month.（先月、私は研究開発部に配属された）
□ convince the jury of one's innocence（陪審員団に無罪を納得させる） □ convince oneself of ～（～を確信している）	□ We are convinced of the importance of environmental issues.（私たちは環境問題の重要性を確信している）
□ alert the public to the emergency（一般の人々に緊急事態について注意を促す）	□ The sign alerts drivers to a traffic signal ahead.（その標識は前方の交通信号について運転手に注意を促している）
□ prefer soccer to baseball（野球よりもサッカーが好きである）	□ I prefer chicken to beef.（私は牛肉よりも鶏肉のほうが好きだ）
□ relocate headquarters to Tokyo（本社を東京に移転する）	□ She will be relocated to Los Angeles next month.（彼女は来月、ロサンゼルスに転勤になる予定だ）

continued ▼

Check 1 Chants 》MP3-113

□ 0905
aim A at B
Part 5, 6

AをBに向ける
名aim：❶(～の)目標、目的(of ～) ❷狙い

□ 0906
reward A with B
Part 7

AにBで報いる、返礼する
名reward：❶(～に対する)報酬、ほうび(for ～) ❷(～に対する)報奨金(for ～)
形rewarding：価値がある、やりがいがある

□ 0907
insert A in [into] B
Part 1

AをBに差し込む、挿入する
名insert：❶折り込み広告 ❷挿入物
名insertion：❶挿入 ❷挿入物、書き込み

□ 0908
furnish A with B
Part 7

❶**A**(部屋など)**にB**(家具など)**を備えつける** ❷AにBを供給する(≒provide A with B, supply A with B)
名furniture：(集合的に)家具

□ 0909
elect A to B
Part 5, 6

AをB(役職・地位)**に選ぶ**、選任する
名election：❶選挙 ❷選ぶ[選ばれる]こと
名elector：選挙人、有権者
名electorate：(集合的に)選挙民、有権者
形electoral：❶選挙の ❷選挙人の

□ 0910
transform A into B
Part 5, 6

AをBに変形[変質]**させる**(≒change A into B)
名transformation：(～から／…への)変化、変形、変質(from ～/to . . .)

□ 0911
trace A (back) to B
Part 7

A(事柄など)**をBまでたどる**、追跡[調査]する
名trace：❶痕跡、形跡 ❷(a trace of ～で)微量の～、ほんのわずかの～

□ 0912
associate A with B
Part 5, 6

AをBと結びつけて考える、AからBを連想する(≒connect A with B)
名associate：同僚、仲間
名association：❶(共通の目的のための)協会、団体 ❷(～との)提携、つき合い(with ～)

Day 56 》MP3-111
Quick Review
答えは右ページ下

□ ～を渋滞させる
□ ～を参加させる
□ ～を解決する
□ ～に着手する
□ ～を申請する
□ ～を続ける
□ ～を継承する
□ ～を処理する
□ ～を呼び集める
□ ～と仲よくやっていく
□ ～を強く要求する
□ ～を切らす
□ 電話で報告する
□ ～を要約する
□ 擦り減る
□ ～を増やす

Check 2 Phrase

□ aim a gun at a target(銃を標的に向ける)

□ reward him with a bonus(彼にボーナスで報いる)

□ insert one's card in an ATM(ATMにカードを入れる)

□ furnish the room with a bed(部屋にベッドを備えつける)

□ furnish him with information(彼に情報を提供する)

□ elect him to the chair(彼を議長に選ぶ)

□ transform clay into a vase(粘土から花瓶を作る)

□ trace one's ancestry to ～(祖先を～までたどる)

□ associate hay fever with spring(花粉症から春を連想する)

Check 3 Sentence 》MP3-114

□ This movie is aimed at kids.(この映画は子ども向けだ)

□ His efforts were rewarded with a $10,000 grant.(彼の努力は1万ドルの助成金で報われた)

□ The man is inserting the key in the lock.(男性は錠に鍵を差し込んでいる)

□ The house is fully furnished with brand-new furniture.(その家には新品の家具が全室備えつけられている)

□ Mr. Obama was elected to the office of US president in 2008.(オバマ氏は2008年にアメリカ大統領の職に選ばれた)

□ The building will be transformed into a city museum.(その建物は市立美術館に変わる予定だ)

□ The practice of applying fertilizer can be traced to the ancient Greeks and Romans.(肥料の使用の習慣は古代ギリシャ人とローマ人までたどることができる)

□ People tend to associate poverty with crime.(人々は貧困を犯罪と結びつけて考える傾向がある)

Day 56 》MP3-111
Quick Review
答えは左ページ下

□ back up
□ bring in
□ clear up
□ embark on
□ file for
□ proceed with
□ succeed to
□ attend to
□ bring together
□ get along with
□ insist on
□ run short of
□ call in
□ sum up
□ wear out
□ add to

Day 58

動詞句7
「動詞＋A＋前置詞＋B」型2

Check 1　Chants 》MP3-115

□ 0913
put A through to B
Part 2, 3

Aの電話をBにつなぐ、A(電話)をBにつなぐ(≒connect A to [with] B)

□ 0914
sue A for B
Part 2, 3

AをBで訴える、告訴する
名suit：訴訟

□ 0915
dedicate A to B
Part 4

A(一生など)**をB**(目的など)**にささげる**
名dedication：(～への)献身(to ～)
形dedicated：❶熱心な、献身的な、ひたむきな　❷(装置などが)ある特定の目的用の、専用の

□ 0916
commit A to B
Part 5, 6

AをBに委託[委任]**する**
名commitment：❶(～の／…するという)約束、誓約(to ～/to do)　❷(～への)献身(to ～)
名commission：❶(代理業務に対する)手数料、歩合(on ～)　❷(任務の)委任、委託　❸(集合的に)委員会

□ 0917
focus A on B
Part 7

A(注意など)**をBに集中させる**
名focus：❶焦点　❷(興味・注目などの)中心、焦点
形focal：❶焦点の　❷重要な

□ 0918
appropriate A for B
Part 5, 6

A(金など)**をBのために充てる**、使用する
形appropriate：❶適切な　❷(be appropriate forで)～に適している、ふさわしい

□ 0919
charge A with B
Part 4

AをBのかどで告発する、非難する(≒accuse A of B, blame A for B)
名charge：❶料金　❷責任　❸(～に対する)告発(against ～)

□ 0920
replace A as B
Part 5, 6

BとしてAに取って代わる、BとしてAの後任になる
名replacement：(～の)後任[後継]者、取り換え品(for ～)

continued ▼

「動詞＋A＋前置詞＋B」型の表現は、Aを主語にした受け身の文で使われることも多い。その場合の語順もしっかり押さえておこう。

□ 聞くだけモード　Check 1
□ しっかりモード　Check 1 ▶ 2
□ かんぺきモード　Check 1 ▶ 2 ▶ 3

Check 2 Phrase		Check 3 Sentence MP3-116
□ put a call through to the public relations(電話を広報部につなぐ)	▶	□ Could you put me through to the sales department?(販売部に電話をつないでいただけますか?)
□ sue the publisher for libel(その出版社を名誉毀損で訴える)	▶	□ My boss was sued for sexual harassment.(私の上司はセクハラで訴えられた)
□ dedicate one's life to music(音楽に一生をささげる)	▶	□ She dedicated her life to helping the sick and poor.(彼女は病人や貧者の救済に一生をささげた)
□ commit one's life to God(運命を神に託す)	▶	□ The property was committed to his care.(その財産は彼の管理に託された)
□ focus one's attention [mind] on ～(～に注意[気持ち]を集中させる)	▶	□ The government should focus its efforts on conservation of the environment.(政府は自然環境の保護に努力を集中するべきだ)
□ appropriate funds for new product development(資金を新製品の開発のために充てる)	▶	□ Approximately $500 billion is appropriated for defense programs annually.(毎年、約5000億ドルが防衛計画に充てられている)
□ charge him with theft(窃盗のかどで彼を告発する) □ charge her with lying(うそを言ったと彼女を非難する)	▶	□ The suspect was charged with robbery.(その容疑者は強盗罪で告発された)
□ replace agriculture as the main industry([製造業などが]主産業として農業に取って代わる)	▶	□ Mr. Scott will replace Mr. Thompson as the new CEO of the company.(スコット氏はトンプソン氏に代わってその会社の新CEOになる予定だ)

continued
▼

Check 1　Chants 》MP3-115

□ 0921
classify A **as** [into] B
Part 5, 6
▸
AをBに分類する
名classification：❶分類　❷範疇
形classified：❶分類された　❷(文書などが)機密[極秘]扱いの
▸

□ 0922
assist A **with** [in] B
Part 5, 6
▸
A(人)のB(仕事など)を助ける、手伝う(≒help A with B, aid A with B)
名assistance：援助
名assistant：助手、アシスタント
形assistant：補佐[補助]の、副～
▸

□ 0923
confine A **to** B
Part 5, 6
▸
❶**AをB(の範囲)に制限[限定]する**(≒limit A to B, restrict A to B)　❷AをBに閉じ込める、監禁する
名confinement：監禁
形confined：(場所が)限られた、狭い
▸

□ 0924
confuse A **with** B
Part 5, 6
▸
AをBと間違える、混同する(≒mistake A for B)
名confusion：❶(～についての)混乱(about [over, as to] ～)　❷(～との／…の間の)混同(with ～/between . . .)
形confusing：分かりにくい、混乱させる
形confused：(人が)混乱した、困惑[当惑]した
▸

□ 0925
connect A **with** B
Part 5, 6
▸
AをBと関係づける(≒associate A with B)
名connection：❶(～との／…との間の)関係、つながり(with ～/between . . .)　❷接続
▸

□ 0926
divide A **by** B
Part 5, 6
▸
A(数)をB(数)で割る　➕「AにBを掛ける」はmultiply A by B、「AとBを足す」はadd A and B、「AをBから引く」はsubtract A from B
名division：❶(会社などの)部局、部門　❷(～への)分割(into ～)　❸割り算
▸

□ 0927
familiarize A **with** B
Part 7
▸
AをBに慣れさせる、精通させる
名familiarity：❶(～に)精通していること(with ～)　❷気安さ
形familiar：❶(be familiar withで)～に精通している　❷(be familiar toで)～によく知られている
▸

□ 0928
identify A **as** B
Part 5, 6
▸
AをBであると確認[認定、特定]する
名identity：❶身元、正体　❷同一性、アイデンティティー
名identification：身分証明書、身元確認
▸

Day 57 》MP3-113
Quick Review
答えは右ページ下

□ AをBに投資する　□ AにBを確信させる　□ AをBに向ける　□ AをBに選ぶ
□ AをBと結合させる　□ AにBについて注意を促す　□ AにBで報いる　□ AをBに変形させる
□ AをBに課す　□ AをBより好む　□ AをBに差し込む　□ AをBまでたどる
□ AをBに任命する　□ AをBに移転させる　□ AにBを備えつける　□ AをBと結びつけて考える

Check 2 Phrase

Check 3 Sentence 》MP3-116

Phrase	Sentence
□ classify an injury as serious (けがを重度に分類する)	□ Whales are classified as mammals.（クジラは哺乳類に分類される）
□ assist her with her homework（彼女の宿題を手伝う）	□ The NPO assists immigrants with applications for citizenship.（そのNPOは移民たちの市民権の申請を支援している）
□ confine one's efforts to ～（～に努力を集中する） □ confine him to prison（彼を投獄する）	□ The use of controlled drugs is confined to medical and scientific purposes.（規制薬物の使用は医療・科学目的に制限されている）
□ confuse her with her sister（彼女を彼女の姉と間違える）	□ Some people confuse Iran with Iraq.（イランをイラクと間違える人もいる）
□ confidential information connected with national security（国の安全保障に関連した機密情報）	□ There was little evidence to connect the defendant with the crime.（被告をその犯罪と関係づける証拠はほとんどなかった）
□ divide 36 by 6（36を6で割る）	□ 20 divided by 5 is 4.（20割る5は4）
□ familiarize students with the Internet（生徒たちをインターネットに精通させる） □ familiarize oneself with ～（～に精通する、慣れる）	□ Cathy readily familiarized herself with the new surroundings on campus.（キャシーはすぐにキャンパスの新しい環境に慣れた）
□ identify the bill as counterfeit（その紙幣を偽物と確認する）	□ The painting was identified as the work of Goya.（その絵はゴヤの作品だと確認された）

Day 57 》MP3-113
Quick Review
答えは左ページ下

□ invest A in B	□ convince A of B	□ aim A at B	□ elect A to B
□ combine A with B	□ alert A to B	□ reward A with B	□ transform A into B
□ impose A on B	□ prefer A to B	□ insert A in B	□ trace A to B
□ assign A to B	□ relocate A to B	□ furnish A with B	□ associate A with B

Day 59 動詞句8
「動詞＋A＋前置詞＋B」型3

Check 1 Chants 》MP3-117

□ 0929 **link** A **to** [with] B Part 7	**AをBに関連させる**、関連づける 名link：❶(～との／…の間の)関連、つながり、きずな(with ～/between . . .) ❷(鎖の)輪 名linkage：(～との／…の間の)結合、つながり(with ～/between . . .)
□ 0930 **load** A **with** B Part 1	**A(トラックなど)にB(荷)を積む** ➕load A into [onto] Bは「A(荷)をB(トラックなど)に積む」 名load：積み荷
□ 0931 **scold** A **for** B Part 5, 6	**A(主に子ども)をBの理由でしかる**、説教する(≒blame A for B, reproach A for B, rebuke A for B)
□ 0932 **trade** A **for** B Part 5, 6	**AをB(物)と交換する**(≒exchange A for B) ➕「AをB(人)と交換する」はtrade A with B 名trade：❶(～との)貿易、通商(with ～) ❷商売、(the ～)(修飾語と共に)～業 名trading：❶取引 ❷証券取引
□ 0933 **blame** A **on** B Part 5, 6	**AをBの責任[せい]にする**、AのことでBを非難する、責める ➕blame A on B＝blame B for A 名blame：(～に対する)非難、責任(for ～)
□ 0934 **clear** A **of** B Part 1	❶**A(場所)からBを取り除く**、排除する(≒clear B from A) ❷A(人)のB(疑いなど)を晴らす 形clear：❶(道が)すいている ❷澄んだ ❸はっきりした 副clearly：❶明らかに ❷はっきりと
□ 0935 **dismiss** A **as** B Part 4	**A(提案など)をBだとして退ける**、忘れてしまう 名dismissal：❶(～からの)解雇、免職(from ～) ❷(考えなどの)放棄、(告訴などの)却下
□ 0936 **excuse** A **for** B Part 5, 6	**AのB(行為)を許す**(≒forgive A for B) 名excuse：(～に対する)言い訳、弁解(for ～)

continued ▼

熟語がなかなか身につかないのは、表現の「幅」が長いから。そんなときこそ、繰り返しの音読が不可欠だよ！

□ 聞くだけモード　Check 1
□ しっかりモード　Check 1 ▸ 2
□ かんぺきモード　Check 1 ▸ 2 ▸ 3

Check 2 Phrase	Check 3 Sentence ») MP3-118
□ link the rise in hurricanes to global warming（ハリケーンの増加を地球温暖化に関連づける） ▸	□ One-third of all cancers can be linked to smoking.（すべてのがんの3分の1は喫煙と関連がある可能性がある）
□ load a ship with cargo = load cargo onto a ship（船に貨物を積む） ▸	□ They are loading the truck with furniture.（彼らはトラックに家具を積んでいる）
□ scold the student for being late（遅刻を理由にその生徒をしかる） ▸	□ She scolded her daughter for her late hours.（彼女は娘の夜更かしをしかった）
□ trade one's old car for a new one（古い車を新車に替える） ▸	□ If you could trade your life for someone else's, whose life would you want?（自分の人生を誰かの人生と交換できるとしたら、誰の人生がいいですか？）
□ blame the accident on her（その事故を彼女の責任にする） ▸	□ Don't blame your failures on others.（自分の失敗を他人のせいにしてはいけません）
□ clear the table of dishes（テーブルから皿を片づける） □ be cleared of the charge of murder（殺人の容疑が晴れる） ▸	□ The man is clearing the road of snow.（男性は道の雪かきをしている）
□ dismiss the idea as silly [ridiculous]（その考えをばかげているとして退ける） ▸	□ His proposal was dismissed as unrealistic.（彼の提案は非現実的だとして退けられた）
□ excuse her for being late for work（彼女が仕事に遅刻したことを許す） ▸	□ We'll excuse you for what you did this time.（今回は、あなたのしたことを大目に見るつもりだ）

continued ▼

Check 1 Chants))) MP3-117

□ 0937
forgive A for B
Part 5, 6
▸
AのB(罪など)を許す(≒excuse A for B)
名forgiveness：許すこと、容赦
▸

□ 0938
guard A against B
Part 5, 6
▸
AをBから守る、保護する(≒protect A against B)
名guard：❶警備員、看守 ❷見張り、監視
▸

□ 0939
keep A away from B
Part 4
▸
AをBから遠ざけておく、AをBに近づけない
▸

□ 0940
name A after B
Part 4
▸
AにBの名を取って名づける
名name：❶名前 ❷評判、名声
▸

□ 0941
relieve A of B
Part 5, 6
▸
❶**AからB(責任など)を取り除く**、軽減する ❷AをB(職)から解任[解雇]する
名relief：❶安心 ❷(苦痛などの)緩和 ❸救済
形relieved：(be relieved to doで)～して安心[ほっと]している
▸

□ 0942
rescue A from B
Part 5, 6
▸
AをBから救助[救出]する(≒save A from B)
名rescue：救助、救出
▸

□ 0943
select A as B
Part 4
▸
AをBとして選出する
名selection：❶品ぞろえ ❷選択、選抜 ❸(～から)選ばれた物[人](from ～)
形select：えり抜きの、選ばれた
▸

□ 0944
show A around B
Part 2, 3
▸
AにB(場所)を案内して回る、見学させる
名show：❶番組 ❷見せ物、ショー ❸展示会
▸

Day 58))) MP3-115
Quick Review
答えは右ページ下

□ Aの電話をBにつなぐ
□ AをBで訴える
□ AをBにささげる
□ AをBに委託する
□ AをBに集中させる
□ AをBのために充てる
□ AをBのかどで告発する
□ Bとして Aに取って代わる
□ AをBに分類する
□ AのBを助ける
□ AをBに制限する
□ AをBと間違える
□ AをBと関係づける
□ AをBで割る
□ AをBに慣れさせる
□ AをBであると確認する

Check 2 Phrase

□ forgive him for his sins(彼の[道徳上の]罪を許す)

□ guard the nation against terrorist threats(テロの脅威から国を守る)

□ keep children away from danger(子どもたちを危険から遠ざけておく)

□ name the baby girl Alice after her grandmother(祖母の名を取ってその女の赤ちゃんにアリスと名づける)

□ relieve the patient of pain(患者から痛みを取り除く)

□ be relieved of the post of governor(知事職から解任される)

□ rescue the company from bankruptcy(その会社を倒産から救う)

□ select him as a candidate(彼を候補者として選ぶ)

□ show tourists around Tokyo(観光客たちに東京を案内して回る)

Check 3 Sentence 》MP3-118

□ Please forgive me for not having written you for a long time.(長い間お手紙を出さなくて申し訳ありません)

□ The government has announced plans to guard the public against the virus.(政府はそのウイルスから国民を守る計画を発表した)

□ Keep valuables away from windows and doors.(貴重品は窓やドアから遠ざけておきましょう)

□ He was named Aaron after his grandfather.(彼は祖父の名を取ってアーロンと名づけられた)

□ They are seeking ways to relieve the company of its massive debt.(彼らは会社の巨額の負債を軽減する方法を探っている)

□ The firefighter rescued a child from a burning house.(その消防士は燃え盛る家から子どもを救助した)

□ Miss Gordon was selected as mayor last year.(ゴードンさんは昨年、市長に選ばれた)

□ Let me show you around our factory.(当社の工場をご案内しましょう)

Day 58 》MP3-115
Quick Review
答えは左ページ下

□ put A through to B	□ focus A on B	□ classify A as B	□ connect A with B
□ sue A for B	□ appropriate A for B	□ assist A with B	□ divide A by B
□ dedicate A to B	□ charge A with B	□ confine A to B	□ familiarize A with B
□ commit A to B	□ replace A as B	□ confuse A with B	□ identify A as B

Day 60

動詞句9
「動詞＋to do [doing]」型1

Check 1 Chants 》MP3-119

□ 0945
hesitate to do
Part 4

〜するのをためらう ➕この意味では(×)hesitate doingとは言えない
名hesitation：(〜することの)ためらい、躊躇(in 〜)

□ 0946
regret to do
Part 4

残念ながら〜する(≒be sorry to do) ➕regret doingは「〜したことを後悔する」
名regret：後悔
形regrettable：残念[遺憾]な
副regrettably：遺憾ながら、残念なことには

□ 0947
tend to do
Part 7

〜しがちである、〜する傾向がある(≒be likely to do, be apt to do, be liable to do, be inclined to do) ➕この意味では(×)tend doingとは言えない
名tendency：(〜への／…する)傾向、性向(toward [to] 〜/to do)

□ 0948
attempt to do
Part 2, 3

〜しようと試みる(≒try to do) ➕この意味でattempt doingと言うのはまれ
名attempt：(〜する)試み、企て(to do [at doing])

□ 0949
consider doing
Part 5, 6

〜することを検討[熟慮、熟考]**する** ➕この意味では(×)consider to doとは言えない
名consideration：❶考慮、考察 ❷思いやり
形considerable：(数量などが)かなりの、相当な
形considerate：思いやりがある、理解がある

□ 0950
strive to do
Part 5, 6

〜しようと努力する(≒try to do) ➕この意味では(×)strive doingとは言えない
名strife：争い、紛争

□ 0951
refuse to do
Part 5, 6

〜することを拒む(≒decline to do) ➕この意味では(×)refuse doingとは言えない
名refusal：(〜することの)拒絶、拒否(to do)

□ 0952
mind doing
Part 2, 3

〜するのを嫌だと思う ➕この意味では(×)mind to doとは言えない
名mind：❶心、精神 ❷知力、知性

continued ▼

この型の表現は、TOEICで頻出！　不定詞・動名詞のどちらを使うか、もしくは、どちらも使えるかを正確に押さえておこう。

□ 聞くだけモード　Check 1
□ しっかりモード　Check 1 ▶ 2
□ かんぺきモード　Check 1 ▶ 2 ▶ 3

Check 2　Phrase	Check 3　Sentence 》MP3-120
□ hesitate to speak to her（彼女に話しかけるのをためらう）	□ Please don't hesitate to ask me if you have any other questions.（何かほかに質問がありましたら、ご遠慮なく私にお聞きください）
□ I regret to say [inform you, tell you] that ~.（残念ながら～ということを報告します）	□ We regret to tell you that the product you ordered is temporarily out of stock.（残念ながら、ご注文いただいた製品は一時的に在庫切れになっています）
□ tend to be late（遅れがちである） □ tend to overheat（［車などが］よくオーバーヒートする）	□ People tend to forget the past easily.（人々は過去のことを簡単に忘れる傾向がある）
□ attempt to climb the mountain（その山に登ろうと試みる）	□ The refugees attempted to cross the border.（難民たちは国境を越えようと試みた）
□ consider buying a new laptop（新しいラップトップコンピューターを買うことを検討する）	□ The company is considering selling its mobile phone division.（その会社は携帯電話部門を売却することを検討している）
□ strive to improve one's English（英語がうまくなろうと努力する）	□ The company has been striving to expand its business activities.（その会社は事業活動を拡大しようと努力を続けている）
□ refuse to discuss the issue（その問題について話し合うのを拒む）	□ He refused to answer my question.（彼は私の質問に答えるのを拒んだ）
□ Would [Do] you mind doing ~?（～していただけませんか？）➕「～するのを嫌だと思いますか？」という原意から転じた依頼の表現	□ I don't mind doing the laundry.（私は洗濯をするのは嫌いではない）

continued
▼

Check 1 Chants 》MP3-119

□ 0953
decline to do
Part 5, 6

～することを断る(≒refuse to do) ➕この意味では(×)decline doingとは言えない
名decline：減少、低下

□ 0954
quit doing
Part 2, 3

～することをやめる(≒stop doing) ➕この意味では(×)quit to doとは言えない

□ 0955
serve to do
Part 7

～するのに役立つ、～する役目をする ➕この意味では(×)serve doingとは言えない
名service：❶(～への)貢献、奉仕(to ～) ❷接客、サービス
名servant：召し使い、使用人

□ 0956
wish to do
Part 7

～したいと思う ➕この意味では(×)wish doingとは言えない ➕want to do、would like to doよりも丁寧な表現で、書き言葉で用いられることが多い
名wish：願い、希望、願望

□ 0957
volunteer to do
Part 7

～しようと進んで申し出る(≒offer to do)
名volunteer：無償奉仕者、ボランティア
形voluntary：ボランティアの、自発的な

□ 0958
bother to do [doing]
Part 2, 3

(通例否定文で)**わざわざ～する**
名bother：悩みの種、厄介(者)

□ 0959
resolve to do
Part 5, 6

～しようと決心[決意]**する**(≒decide to do, determine to do) ➕この意味では(×)resolve doingとは言えない
名resolve：決心、決意
名resolution：❶決議(案) ❷(問題などの)解決(of [to] ～) ❸(～しようという)決意、決心(to do)

□ 0960
admit doing
Part 5, 6

～したことを認める ➕この意味では(×)admit to doとは言えない
名admission：❶(～への)入場[入学、入社]許可(to [into] ～) ❷入場料 ❸(罪などの)自白、告白(of ～)

280 ▸ 281

Day 59 》MP3-117
Quick Review
答えは右ページ下

□ AをBに関連させる □ AをBの責任にする □ AのBを許す □ AからBを取り除く
□ AにBを積む □ AからBを取り除く □ AをBから守る □ AをBから救助する
□ AをBの理由でしかる □ AをBだとして退ける □ AをBから遠ざけておく □ AをBとして選出する
□ AをBと交換する □ AのBを許す □ AにBの名を取って名づける □ AにBを案内して回る

Check 2 Phrase

Check 3 Sentence 》MP3-120

□ decline to comment on the plan（その計画についてコメントするのを断る）
▸ □ The US declined to join the Kyoto Protocol in 2001.（アメリカは2001年に京都議定書に参加することを断った）

□ quit talking（話すのをやめる）
▸ □ Why don't you quit playing video games?（テレビゲームをするのをやめたらどうですか?）

□ serve to promote health and prevent disease（健康の促進と病気の予防に役立つ）
▸ □ Some economists say that economic development and growth will serve to reduce poverty.（経済の発展と成長が貧困の減少に役立つと言う経済学者もいる）

□ wish to apply for the position（その職に応募したいと思う）
▸ □ We wish to apologize for the inconvenience caused to you.（ご迷惑をおかけしたことをおわびしたいと思います）

□ volunteer to work on the weekend（週末に働こうと進んで申し出る）
▸ □ Over 500 people volunteered to donate blood.（500人を超える人々が献血を進んで申し出た）

□ bother to visit him（わざわざ彼を訪問する）
▸ □ I don't bother to cook when I'm alone.（1人のときは、私はわざわざ料理をしない）

□ resolve to marry him（彼と結婚しようと決心する）
▸ □ She resolved to dedicate the rest of her life to charity work.（彼女は残りの人生を慈善活動にささげることを決意した）

□ admit lying（うそをついたことを認める）
▸ □ He admitted making a mistake.（彼はミスをしたことを認めた）

Day 59 》MP3-117
Quick Review
答えは左ページ下

□ link A to B	□ blame A on B	□ forgive A for B	□ relieve A of B
□ load A with B	□ clear A of B	□ guard A against B	□ rescue A from B
□ scold A for B	□ dismiss A as B	□ keep A away from B	□ select A as B
□ trade A for B	□ excuse A for B	□ name A after B	□ show A around B

Day 61

動詞句10
「動詞＋to do [doing]」型2

Check 1　Chants 》MP3-121

□ 0961
recommend doing
Part 4

～することを勧める ➕この意味では(×)recommend to doとは言えない
名recommendation：❶推薦　❷推薦状　❸勧告、助言

□ 0962
regret doing
Part 4

～したことを後悔する、残念に思う ➕regret to doは「残念ながら～する」
名regret：後悔
形regrettable：残念[遺憾]な
副regrettably：遺憾ながら、残念なことには

□ 0963
scramble to do
Part 5, 6

～しようと先を争う ➕この意味では(×)scramble doingとは言えない
名scramble：(～しようと)先を争うこと(to do)

□ 0964
threaten to do
Part 5, 6

❶**～する恐れがある**　❷～するぞと脅す、脅迫する　➕これらの意味では(×)threaten doingとは言えない
名threat：❶脅迫、脅し、脅威　❷(悪いことの)兆し、前兆、恐れ(of ～)

□ 0965
bear to do [doing]
Part 5, 6

(通例canを伴い、否定・疑問文で)**～するのを我慢する**、耐える、辛抱する(≒stand to do [doing])

□ 0966
choose to do
Part 5, 6

❶**～することを決める**(≒decide to do)　❷～するほうを選ぶ(≒prefer to do)　➕これらの意味では(×)choose doingとは言えない
名choice：❶(～の／…の間の)選択の自由[権利](of ～/between . . .)　❷選択

□ 0967
claim to do
Part 5, 6

～すると主張する ➕この意味では(×)claim doingとは言えない
名claim：❶主張　❷要求

□ 0968
collaborate to do
Part 5, 6

共同で～する ➕この意味では(×)collaborate doingとは言えない
名collaboration：(～との／…の間の)協力、共同制作[研究](with ～/between [among] . . .)
名collaborator：協力者、共同制作[研究]者

continued ▼

本書もとうとう残り10日！　マラソンに例えるなら、35キロを過ぎた辺り。ここからラストスパートをかけて、ライバルを振り切ろう！

□ 聞くだけモード　Check 1
□ しっかりモード　Check 1 ▸ 2
□ かんぺきモード　Check 1 ▸ 2 ▸ 3

Check 2 Phrase		Check 3 Sentence ») MP3-122
□ recommend consulting an expert（専門家に意見を求めることを勧める）	▸	□ Most manufacturers recommend changing brake fluid every two years.（ほとんどのメーカーは2年おきにブレーキ液を換えることを勧めている）
□ regret lying to her（彼女にうそをついたことを後悔する）	▸	□ I regret not telling her I loved her.（私は彼女に愛していると言わなかったことを後悔している）
□ scramble to get good seats（いい席を取ろうと先を争う）	▸	□ Shoppers were scrambling to buy gifts.（買い物客たちは贈り物を買おうと先を争っていた）
□ threaten to rain（［itを主語にして］雨が降る恐れがある） □ threaten to file suit（訴訟を起こすと脅す）	▸	□ Global warming threatens to destroy various habitats.（地球温暖化はさまざまな生息環境を破壊する恐れがある）
□ can't bear to lose her（彼女を失うなんて耐えられない）	▸	□ I can't bear to see people suffer.（私は人々が苦しんでいるのを見るのが耐えられない）
□ choose to resign（辞職することを決める） □ choose to stay home rather than go out（外出するより家にいるほうがいい）	▸	□ She chose to run for election.（彼女は選挙に立候補することを決めた）
□ claim to know nothing（何も知らないと主張する）	▸	□ He claimed to have succeeded in the experiment.（彼は実験に成功したと主張した）
□ collaborate to write a book（共同で本を書く）	▸	□ The two automakers are collaborating to develop electric cars.（その2つの自動車メーカーは共同で電気自動車の開発を進めている）

continued
▼

Check 1　Chants 》MP3-121

□ 0969 **deserve to** do Part 5, 6	**～する価値がある**、～するのに値する　➕deserve doingは「～される価値がある」
□ 0970 **endeavor to** do Part 5, 6	**～しようと努力する**(≒try to do, attempt to do) ➕この意味では(×)endeavor doingとは言えない 名endeavor：(～しようとする)努力、試み(to do)
□ 0971 **go on to** do Part 5, 6	**続けて**[次に]**～する**　➕go on doingは「～し続ける」
□ 0972 **pledge to** do Part 7	**～することを誓う**、堅く約束する(≒promise to do, swear to do, vow to do)　➕この意味では(×)pledge doingとは言えない 名pledge：(～するという)誓約、堅い約束(to do)
□ 0973 **pretend to** do Part 5, 6	**～するふりをする**　➕この意味では(×)pretend doingとは言えない 名pretense：(～という)見せかけ、ふり(that節 ～) 名pretension：てらい、気取り
□ 0974 **propose** doing [to do] Part 5, 6	**～しようと提案する**、～することを提案する 名proposal：❶(～しようという)提案(to do)、(～の)計画(for ～)　❷結婚の申し込み、プロポーズ 名proposition：❶(～という)説(that節 ～)、陳述　❷提案、発議
□ 0975 **recall** doing Part 5, 6	**～したことを思い出す**(≒remember doing, recollect doing)　➕この意味では(×)recall to doとは言えない
□ 0976 **mean to** do Part 2, 3	**～するつもりである**、～しようと思う(≒intend to do)　➕この意味では(×)mean doingとは言えない 名meaning：❶意味　❷意義 形meaningful：意味のある、意義のある 形meaningless：意味のない、無益な

Day 60 》MP3-119
Quick Review
答えは右ページ下

□ ～するのをためらう	□ ～することを検討する	□ ～することを断る	□ ～しようと進んで申し出る
□ 残念ながら～する	□ ～しようと努力する	□ ～することをやめる	□ わざわざ～する
□ ～しがちである	□ ～することを拒む	□ ～するのに役立つ	□ ～しようと決心する
□ ～しようと試みる	□ ～するのを嫌だと思う	□ ～したいと思う	□ ～したことを認める

Check 2 Phrase

Check 3 Sentence MP3-122

Phrase	Sentence
□ deserve to win(勝つのは当然である)	□ He is a man who deserves to lead this company.(彼はこの会社を率いるのにふさわしい人物だ)
□ endeavor to improve the quality of products(製品の質を向上させようと努力する)	□ The government is endeavoring to foster the IT industry.(政府はIT産業を育成しようと努力している)
□ go on to say that ~(続けて~と言う)	□ After leaving the Navy he went on to become a police officer.(海軍を退役後、次に彼は警察官になった)
□ pledge to abandon one's nuclear weapons(核兵器を放棄することを約束する)	□ Both countries pledged to resolve their problems through bilateral negotiations.(両国は2国間交渉を通じて諸問題を解決することを誓った)
□ pretend not to know the truth(事実を知らないふりをする)	□ He pretended to be interested in her stories.(彼は彼女の話に関心があるふりをした)
□ propose going out for dinner(夕食を食べに外出しようと提案する)	□ The chairman proposed postponing the decision until next week.(議長は決定を来週まで延期することを提案した)
□ recall seeing him once(彼に1度会ったことを思い出す)	□ I recalled visiting the place when I was younger.(小さいころにその場所に行ったことを私は思い出した)
□ mean to resign(辞職するつもりである)	□ Sorry, I didn't mean to say that.(すみません、そんなことを言うつもりではなかったんです)

Day 60 MP3-119
Quick Review
答えは左ページ下

□ hesitate to do	□ consider doing	□ decline to do	□ volunteer to do
□ regret to do	□ strive to do	□ quit doing	□ bother to do
□ tend to do	□ refuse to do	□ serve to do	□ resolve to do
□ attempt to do	□ mind doing	□ wish to do	□ admit doing

Day 62 動詞句11
「動詞＋A＋to do [from doing]」型

Check 1 Chants ») MP3-123

□ 0977
require A **to** do
Part 5, 6

Aに〜するよう要求する、命ずる
名requirement：(〜の)必要条件、資格(for 〜)

□ 0978
cause A **to** do
Part 5, 6

Aに〜させる(原因となる)
名cause：❶原因 ❷根拠

□ 0979
inspire A **to** do
Part 7

Aを〜する気にさせる、Aを奮起させて〜させる
名inspiration：❶(〜に対して)鼓舞[刺激]する物[人](for 〜) ❷霊感、インスピレーション
形inspiring：(人を)鼓舞[触発]する

□ 0980
appoint A **to** do
Part 4

Aに〜するよう任命する、Aを任命して〜させる
名appointment：❶(面会の)約束、(医師などの)予約 ❷任命

□ 0981
assign A **to** do
Part 5, 6

Aを〜する任務[仕事]**に就かせる**、Aを〜するように選任する
名assignment：❶任務、(仕事などの)割り当て ❷宿題、研究課題

□ 0982
expect A **to** do
Part 5, 6

Aが〜するだろうと思う、期待する
名expectation：期待、予想
名expectancy：❶期待、予想 ❷(寿命などの)予測[期待]値
形expectant：❶(女性が)妊娠中の ❷期待に満ちた

□ 0983
motivate A **to** do
Part 7

Aに〜する動機[刺激]**を与える**
名motivation：(〜に対する／…する)動機づけ、刺激(for 〜/to do)
形motivated：意欲[やる気]のある

□ 0984
authorize A **to** do
Part 2, 3

Aに〜する権限[許可]**を与える**
名authority：❶(〜に対する)権威、権力(over 〜) ❷(〜する)権限(to do) ❸(the 〜ies)当局
名author：❶著者、作者 ❷立案者

continued ▼

今日は「動詞＋A＋to do [from doing]」型の熟語を中心にチェック！　Aを主語にした受け身の文の語順にも注意しよう。

□ 聞くだけモード　Check 1
□ しっかりモード　Check 1 ▸ 2
□ かんぺきモード　Check 1 ▸ 2 ▸ 3

Check 2 Phrase	Check 3 Sentence 》MP3-124
□ require guests to wear formal dress（来賓に正装するよう求める）	□ All applicants are required to send a résumé.（応募者は全員、履歴書を送付するよう求められている）
□ cause the economy to recover from a recession（［対策などが］経済を景気後退から回復させる）	□ The earthquake caused many buildings to collapse.（その地震が原因で多くのビルが倒壊した）
□ inspire children to write poetry（子どもたちを詩を書く気にさせる）	□ The movie *Amadeus* inspired him to become a musician.（映画『アマデウス』は彼を音楽家になる気にさせた）
□ appoint her to do the work（彼女にその仕事をするよう任命する）	□ She was appointed to be a high school principal.（彼女は高校の校長になるよう任命された）
□ assign him to lead the project（彼をそのプロジェクトを指揮する任務に就かせる）	□ Mr. Foster was assigned to investigate the corruption case.（フォスター氏はその汚職事件を調査する任務に就いた）
□ expect him to pass the exam（彼がその試験に合格するだろうと思う）	□ Few people expect the global economy to recover soon.（世界経済がすぐに回復するだろうと考えている人はほとんどいない）
□ motivate employees to work harder（従業員がより熱心に働く動機を与える）	□ Teachers need to motivate students to keep studying.（教師は生徒たちに勉強を続ける動機を与える必要がある）
□ authorize him to sign the contract（彼にその契約に署名する権限を与える）	□ Public schools are not authorized to provide religious instruction.（公立学校は宗教教育をする許可を与えられていない）

continued ▼

Check 1 Chants 》MP3-123

□ 0985
plead with A **to** do
Part 5, 6

Aに～してくれと訴える、Aに～してくれるよう懇願する
名plea：❶嘆願、請願 ❷(訴訟での事実の)申し立て、主張 ❸弁解、口実

□ 0986
preclude A **from** doing
Part 5, 6

Aが～するのを妨げる(≒prevent A from doing)

□ 0987
compel A **to** do
Part 5, 6

Aに無理やり[強いて]**～させる**(≒force A to do)
形compulsory：義務的な、強制的な

□ 0988
deter A **from** doing
Part 5, 6

Aに～するのをやめさせる、思いとどまらせる
名deterrence：制止[抑止](物)、戦争抑止力

□ 0989
forbid A **to** do [from doing]
Part 5, 6

Aに～することを禁じる(≒ban A from doing, prohibit A from doing)
形forbidden：禁じられた、禁制の

□ 0990
advise A **to** do
Part 5, 6

Aに～するように助言[勧告]**する**
名advice：(～についての)助言(on [about] ～)
名adviser：助言者、相談役、顧問
形advisable：望ましい、賢明な
形advisory：忠告[勧告]の

□ 0991
command A **to** do
Part 5, 6

Aに～するよう命令する(≒order A to do, direct A to do, instruct A to do)
名command：❶(言語の)運用力 ❷命令 ❸指揮、統率
名commander：指揮者、指導者、司令官

□ 0992
direct A **to** do
Part 7

Aに～するよう指示[命令、指図]**する**(≒order A to do, command A to do, instruct A to do)
名direction：❶(～s)道順、指示 ❷使用法 ❸方角
名director：❶取締役、重役 ❷(映画などの)監督
形direct：❶真っすぐな ❷直接の

Day 61 》MP3-121
Quick Review
答えは右ページ下

□ ～することを勧める	□ ～するのを我慢する	□ ～する価値がある	□ ～するふりをする
□ ～したことを後悔する	□ ～することを決める	□ ～しようと努力する	□ ～しようと提案する
□ ～しようと先を争う	□ ～すると主張する	□ 続けて～する	□ ～したことを思い出す
□ ～する恐れがある	□ 共同で～する	□ ～することを誓う	□ ～するつもりである

Check 2 Phrase

Check 3 Sentence 》MP3-124

Check 2 Phrase		Check 3 Sentence
□ plead with him to help me (彼に助けてくれと訴える)	▸	□ He pleaded with his wife to come back.(彼は妻に戻ってきてくれと訴えた)
□ preclude negotiations from proceeding([諸事情などが]交渉が進むのを妨げる)	▸	□ Bad weather precluded a welcoming ceremony from taking place.(悪天候が歓迎式典の開催の妨げとなった)
□ compel a suspect to confess (容疑者に自白を強要する) □ feel compelled to do ~(～せざるを得ないように感じる)	▸	□ The law compels parents to send their children to school between the ages of 6 and 12.(法律により、親は子どもを6歳から12歳までの間、学校に通わせる義務がある)
□ deter him from becoming an actor(彼に俳優になるのをやめさせる)	▸	□ The global economic crisis has deterred people from spending money.(世界的な経済危機が人々にお金を使うのを思いとどまらせている)
□ forbid students to bring cellphones to school(生徒たちに学校へ携帯電話を持ってくることを禁じる)	▸	□ Her parents forbade her to see her boyfriend.(彼女の両親は彼女がボーイフレンドに会うことを禁じた)
□ advise patients to exercise regularly(定期的に運動するよう患者に助言する)	▸	□ Passengers are advised to arrive at the airport three hours before the flight departure.(乗客たちは離陸の3時間前に空港に到着するよう求められている)
□ command subordinates to achieve objectives(部下たちに目標を達成するよう命令する)	▸	□ The general commanded his men to surrender.(その将官は部下に降伏するよう命じた)
□ direct him to attend the meeting(彼にその会議に出席するよう指示する)	▸	□ The judge directed the jury to give their verdict.(その裁判官は陪審員団に評決を出すよう指示した)

Day 61 》MP3-121
Quick Review
答えは左ページ下

□ recommend doing	□ bear to do	□ deserve to do	□ pretend to do
□ regret doing	□ choose to do	□ endeavor to do	□ propose doing
□ scramble to do	□ claim to do	□ go on to do	□ recall doing
□ threaten to do	□ collaborate to do	□ pledge to do	□ mean to do

Day 63

動詞句12
「be動詞＋形容詞＋前置詞」型1

Check 1 Chants MP3-125

□ 0993
be located in [at]
Part 7

(建物などが)**～に位置する**、ある(≒be sited in)
名location：場所、位置

□ 0994
be concerned about [for]
Part 5, 6

～を心配している ➕be concerned with [in]は「～に関係している」
名concern：懸念、関心事

□ 0995
be fluent in
Part 5, 6

(言葉)**を流ちょうに話せる**、(言葉)に堪能である
名fluency：(言葉の)流ちょうさ(in ～)
副fluently：流ちょうに、すらすらと

□ 0996
be optimistic about
Part 5, 6

～について楽観[楽天]的である(⇔be pessimistic about)
名optimism：楽観[楽天]主義、楽観論
名optimist：楽天家、楽天主義者

□ 0997
be committed to
Part 5, 6

～に専心[傾倒]している
名commitment：❶(～の／…するという)約束、誓約(to ～/to do) ❷(～への)献身(to ～)

□ 0998
be instrumental in
Part 7

～に役立っている、～の助けになっている
名instrument：❶楽器 ❷器具、道具

□ 0999
be dedicated to
Part 5, 6

～に専念[熱中]している
名dedication：(～への)献身(to ～)
形dedicated：❶熱心な、献身的な、ひたむきな ❷(装置などが)ある特定の目的用の、専用の

□ 1000
be stuck in
Part 4

～で立ち往生している

continued ▼

今日から2日間は、「be動詞＋形容詞＋前置詞」型の表現をチェック！　まずはチャンツを聞いて、表現を「耳」からインプット！

□ 聞くだけモード　Check 1
□ しっかりモード　Check 1 ▸ 2
□ かんぺきモード　Check 1 ▸ 2 ▸ 3

Check 2 Phrase	Check 3 Sentence 》MP3-126
□ be located in a suburb of Tokyo（東京の郊外にある）	□ Our headquarters is located in Chicago.（私たちの本社はシカゴにある）
□ be concerned about the future of the economy（景気の先行きを心配している）	□ Many people are concerned about global warming.（多くの人が地球温暖化を心配している）
□ be fluent in German（ドイツ語を流ちょうに話せる）	□ He is fluent in four languages.（彼は4カ国語に堪能だ）
□ be optimistic about the future（将来について楽観的である）	□ The market was too optimistic about the prospects of the global economy.（市場は世界経済の見通しについて楽観的過ぎた）
□ be committed to volunteer work（ボランティア活動に専心している）	□ The organization is committed to solving environmental problems.（その組織は環境問題の解決に打ち込んでいる）
□ be instrumental in improving economic conditions（[政策などが]経済情勢の改善に役立っている）	□ The new traffic laws have been instrumental in reducing the number of traffic accidents.（新しい道路交通法は交通事故数の減少に役立っている）
□ be dedicated to one's work（仕事に専念している）	□ For over 20 years, he has been dedicated to improving working conditions.（20年以上にわたって彼は職場環境の改善に打ち込んでいる）
□ be stuck in traffic（渋滞で立ち往生している、渋滞に巻き込まれている）	□ Many cars have been stuck in the snow.（多くの車が雪で立ち往生している）

continued
▼

Check 1 Chants 》MP3-125

□ 1001
be intended for
Part 5, 6

～向けである、～に用いられる予定である
名intent：(～する)意図、意志(to do)
名intention：(～する)意図、つもり(of doing [to do])

□ 1002
be entitled to
Part 5, 6

～の資格[権利]がある

□ 1003
be consistent with
Part 5, 6

(言行などが)**～と一致[調和、両立]している**(⇔be inconsistent with)
副consistently：一貫して、絶えず、いつも
名consistency：(～の)一貫性(in ～)

□ 1004
be indispensable to [for]
Part 7

～に不可欠である、絶対必要である(≒be necessary for [to], be essential for [to], be requisite for [to])

□ 1005
be composed of
Part 5, 6

～から成り立っている、できている(≒consist of, be comprised of, be made up of)
名composer：作曲家
名composition：❶組み立て、構成 ❷(音楽などの)作品

□ 1006
be concerned with [in]
Part 5, 6

～に関係している ➕be concerned about [for]は「～を心配している」
名concern：懸念、関心事
前concerning：～に関して、～に関する

□ 1007
be open to
Part 7

❶(行事などが)**～に開放されている**、～の参加を認めている ❷(人が)(提案など)を受け入れる用意がある
名opening：❶(職などの)欠員、空き(for ～)、就職口 ❷開始 ❸すき間、穴

□ 1008
be equivalent to
Part 7

～に相当する、～と同等である(≒be equal to)
名equivalent：相当するもの、同等[同量]のもの

Day 62 》MP3-123
Quick Review
答えは右ページ下

□ Aに～するよう要求する □ Aを～する任務に就かせる □ Aに～してくれと訴える □ Aに～することを禁じる
□ Aに～させる □ Aが～するだろうと思う □ Aが～するのを妨げる □ Aに～するように助言する
□ Aを～する気にさせる □ Aに～する動機を与える □ Aに無理やり～させる □ Aに～するよう命令する
□ Aに～するよう任命する □ Aに～する権限を与える □ Aに～するのをやめさせる □ Aに～するよう指示する

Check 2 Phrase

□ books intended for children（子ども向けの本）

□ be entitled to the promotion（昇格の資格がある）

□ be consistent with the facts（事実と一致している）

□ elements indispensable to success（成功に不可欠な要素）

□ be composed of two hydrogen atoms and one oxygen atom（[水は] 水素原子2つと酸素原子1つから成り立っている）

□ a book concerned with education（教育に関する本）

□ be open to the public（一般の人々に開放されている）

□ be open to suggestions（提案を受け入れる用意がある）

□ be roughly equivalent to 2.2 pounds（[1キログラムは] 約2.2ポンドに相当する）

Check 3 Sentence 》MP3-126

□ This software is intended for personal use only.（このソフトウエアは個人使用のみである）

□ Every child is entitled to public education.（すべての子どもは公教育を受ける権利がある）

□ Her deeds are consistent with her words.（彼女の行動は彼女の言葉と一致している）

□ Water is indispensable to life.（水は生命に不可欠だ）

□ The United States of America is composed of 50 states.（アメリカ合衆国は50の州から成り立っている）

□ The lecture was concerned with the phases of child growth.（その講義は子どもの成長段階に関するものだった）

□ The competition is open to anyone over the age of 18.（その競技会には18歳より上なら誰でも参加できる）

□ One kilometer is equivalent to 1,000 meters or 0.62 miles.（1キロメートルは1000メートルまたは0.62マイルに相当する）

Day 62 》MP3-123
Quick Review
答えは左ページ下

□ require A to do □ assign A to do □ plead with A to do □ forbid A to do
□ cause A to do □ expect A to do □ preclude A from doing □ advise A to do
□ inspire A to do □ motivate A to do □ compel A to do □ command A to do
□ appoint A to do □ authorize A to do □ deter A from doing □ direct A to do

Day 64

動詞句13
「be動詞＋形容詞＋前置詞」型2

Check 1　Chants 》MP3-127

□ 1009
be parallel to [with]
Part 1

～と並行している
名parallel：❶(～の間の／…との)類似点(between ～/with . . .)　❷平行線

□ 1010
be particular about
Part 7

～に(好みが)**うるさい**、細かい(≒be fussy about)
副particularly：特に
名particular：(～s)詳細、明細

□ 1011
be cautious about [of]
Part 5, 6

～に注意[用心]**深い**、慎重である
名caution：❶用心、注意、警戒　❷警告
動caution：❶(caution A about [against] Bで)AにBを警告する　❷(caution A to doで)Aに～するよう忠告する
副cautiously：用心深く、慎重に

□ 1012
be embarrassed about
Part 5, 6

～で恥ずかしい(思いをする)
名embarrassment：❶当惑、困惑　❷当惑の種
動embarrass：～に恥ずかしい思いをさせる
形embarrassing：恥ずかしい、ばつ[間]の悪い、厄介な

□ 1013
be typical of
Part 5, 6

～に特有である(≒be unique to, be characteristic of, be peculiar to, be proper to)
名type：❶型　❷典型　❸(集合的に)活字
副typically：❶概して　❷典型的に

□ 1014
be appropriate for
Part 7

～に適している、ふさわしい(≒be suitable for, be fit for, be proper for)(⇔be inappropriate for)
動appropriate：(appropriate A for Bで)A(金など)をBのために充てる、使用する

□ 1015
be based in [at]
Part 5, 6

(会社などが)**～に本拠を置いている**
名base：❶土台　❷基礎　❸(会社などの)本拠

□ 1016
be made up of
Part 5, 6

～から成り立っている(≒consist of, be composed of, be comprised of)
名makeup：❶化粧　❷構造、構成

continued ▼

この型の表現は、be動詞を抜いた「固まり」で名詞を後ろから修飾する場合も多い。Check 2で確認しよう。

□ 聞くだけモード　Check 1
□ しっかりモード　Check 1 ▶ 2
□ かんぺきモード　Check 1 ▶ 2 ▶ 3

Check 2 Phrase	Check 3 Sentence 》MP3-128
□ be parallel to the railroad（鉄道と並行している）	□ The road is parallel to the river.（その道は川と並行している）
□ be particular about one's clothes（服にうるさい）	□ Carol is very particular about what she eats.（キャロルは食べ物にとてもうるさい）
□ be cautious about using words（言葉遣いが慎重である）	□ You should be cautious about opening e-mail attachments from unknown senders.（不明な送信者からの電子メールの添付ファイルを開くのは注意するべきだ）
□ feel embarrassed about speaking English（英語を話すのを恥ずかしく感じる）	□ She was embarrassed about her child's behavior.（彼女は自分の子どもの振る舞いで恥ずかしい思いをした）
□ customs typical of the region（その地域に特有の習慣）	□ The painting is typical of Picasso's later work.（その絵はピカソの晩年の作品の特徴を示している）
□ be appropriate for cultivation（［土地などが］耕作に適している）	□ This film is appropriate for children aged 12 and up.（この映画は12歳以上の子ども向けだ）
□ a bank based in London（ロンドンに本拠を置いている銀行）	□ The firm is based in Chicago.（その会社はシカゴに本拠を置いている）
□ be made up of 12 months（［1年は］12カ月から成る）	□ The EU is made up of 28 countries.（EUは28カ国で構成されている）

continued ▼

Check 1 Chants))) MP3-127

□ 1017
be native to
Part 5, 6

～原産である(≒be indigenous to)
名native：(～の)出身者(of ～)

□ 1018
be situated in [at]
Part 7

～に位置する、ある(≒be located in [at])
名situation：❶状況、事態、立場　❷(建物などのある)場所、位置

□ 1019
be bored with
Part 5, 6

～にうんざり[退屈]している
動bore：～を(…で)退屈させる(with . . .)
形boring：退屈な、うんざりさせる

□ 1020
be associated with
Part 5, 6

～と関連[関係]している(≒be related to)
名associate：同僚、仲間
名association：❶(共通の目的のための)協会、団体　❷(～との)提携、つき合い(with ～)

□ 1021
be worthy of
Part 5, 6

～に値する、～を受ける価値がある
名worthy：名士、立派な人
名worth：価値、重要性
前worth：～の価値がある
形worthless：価値のない、役立たずの

□ 1022
be keen on
Part 5, 6

～に熱中している、～したがっている
副keenly：激しく、鋭く

□ 1023
be short of [on]
Part 5, 6

～が不足している(≒be lacking in)
名shortage：(～の)不足(of ～)

□ 1024
be sited in
Part 5, 6

(建物などが)**～に位置する**(≒be located in)
名site：❶(建物などの)場所、位置、(～の)用地(for ～)　❷(事件などの)現場　❸(インターネットの)サイト

Day 63))) MP3-125
Quick Review
答えは右ページ下

□ ～に位置する
□ ～を心配している
□ ～を流ちょうに話せる
□ ～について楽観的である
□ ～に専心している
□ ～に役立っている
□ ～に専念している
□ ～で立ち往生している
□ ～向けである
□ ～の資格がある
□ ～と一致している
□ ～に不可欠である
□ ～から成り立っている
□ ～に関係している
□ ～に開放されている
□ ～に相当する

Check 2 Phrase

□ vegetables native to South America（南米原産の野菜）

□ be beautifully situated in ～（～の美しい所に位置する）

□ be bored with school life（学校生活に退屈している）

□ practices associated with Christmas（クリスマスに関連した習慣）

□ a person worthy of praise（称賛に値する人物）

□ be keen on studying abroad（留学したがっている）

□ be short of funds（資金が不足している）

□ be sited in the middle of the city（街の中心部にある）

Check 3 Sentence 》MP3-128

□ The koala is native to Australia.（コアラはオーストラリア原産だ）

□ Our headquarters are situated in San Francisco.（当社の本社はサンフランシスコにある）

□ She is getting bored with her job.（彼女は仕事にうんざりしてきている）

□ In many cases, lung cancer is associated with smoking.（多くの場合、肺がんは喫煙と関係している）

□ His achievements are worthy of attention.（彼の業績は注目に値する）

□ My father is keen on golf.（私の父はゴルフに熱中している）

□ The candidate is short of political experience.（その候補者は政治経験が不足している）

□ The company's head office is sited in Paris.（その会社の本社はパリにある）

Day 63 》MP3-125
Quick Review
答えは左ページ下

□ be located in
□ be concerned about
□ be fluent in
□ be optimistic about
□ be committed to
□ be instrumental in
□ be dedicated to
□ be stuck in
□ be intended for
□ be entitled to
□ be consistent with
□ be indispensable to
□ be composed of
□ be concerned with
□ be open to
□ be equivalent to

Day 65

動詞句14
「be動詞＋形容詞＋to do」型

Check 1 Chants 》MP3-129

□ 1025 be **eligible to** do Part 7	**～する資格がある** 名eligibility：適格、適任
□ 1026 be **entitled to** do Part 5, 6	**～する資格**[権利]**がある** 名entitlement：(受給)資格[権利]
□ 1027 be **apt to** do Part 5, 6	**～しがちである**、～する傾向がある(≒be likely to do, be liable to do, be inclined to do, tend to do)
□ 1028 be **reluctant to** do Part 5, 6	**～したくない**、～することに気が進まない(≒be unwilling to do) 副reluctantly：嫌々ながら、渋々
□ 1029 be **determined to** do Part 5, 6	**～することを決意**[決心]**している** 名determination：❶(～しようという)決心(to do)　❷(物事の)決定
□ 1030 be **unlikely to** do Part 2, 3	**～しそうもない**(⇔be likely to do) 前unlike：❶～と違って　❷～らしくない
□ 1031 be **slated to** do Part 7	**～する予定である**(≒be scheduled to do)
□ 1032 be **thrilled to** do Part 2, 3	**～して**[～することに]**大喜びしている**、興奮している　➕be excited to doよりも強いニュアンス 名thrill：ぞくぞくすること、スリル

continued ▼

Quick Reviewは使ってる？　昨日覚えた表現でも、記憶に残っているとは限らない。学習の合間に軽くチェックするだけでも効果は抜群！

□ 聞くだけモード　Check 1
□ しっかりモード　Check 1 ▶ 2
□ かんぺきモード　Check 1 ▶ 2 ▶ 3

Check 2 Phrase	Check 3 Sentence 》MP3-130
□ be eligible to teach mathematics（数学を教える資格がある）	□ In Japan, people 18 years and older are eligible to vote.（日本では、18歳以上の人に選挙権がある）
□ be entitled to vote（投票する資格がある）	□ Employees are entitled to receive at least the minimum wage.（従業員は少なくとも最低賃金をもらう権利がある）
□ be apt to forget（忘れっぽい）	□ Children are apt to imitate the attitudes of their parents.（子どもは親の態度をまねる傾向がある）
□ be reluctant to go to work（仕事に行きたくない）	□ Lately foreign investors have been reluctant to invest in the US.（最近では、海外投資家はアメリカに投資するのを渋っている）
□ be determined to resign（辞職することを決意している）	□ He is determined to become a lawyer.（彼は弁護士になることを決意している）
□ be unlikely to rain（［itを主語にして］雨は降りそうもない）	□ The current economic environment is unlikely to improve soon.（現在の経済環境はすぐには改善しそうもない）
□ be slated to be the next CEO（次期CEOになる予定である）	□ The amusement park is slated to open this summer.（その遊園地はこの夏に開園する予定だ）
□ be thrilled to meet her（彼女に会えて大喜びしている）	□ She was thrilled to be invited to the party.（彼女はそのパーティーに招待されて大喜びした）

continued ▼

Check 1 Chants 》MP3-129

□ 1033
be liable to do
Part 5, 6

❶**～しがちである**、～しやすい(≒ be likely to do, be apt to do, be inclined to do, tend to do) ❷～すべき法的責任がある
名liability：❶(～に対する)法的責任(for ～) ❷(～ies)負債、債務

□ 1034
be poised to do
Part 5, 6

～する覚悟[用意]ができている(≒be ready to do, be prepared to do, be willing to do)
名poise：❶落ち着き、冷静 ❷身のこなし、姿勢

□ 1035
be inclined to do
Part 5, 6

❶**～したいと思っている**(≒want to do) ❷～しがちである(≒ be likely to do, be apt to do, be liable to do, tend to do)
名incline：傾斜(面)

□ 1036
be obliged to do
Part 5, 6

～せざるを得ない、～しなければならない
名obligation：(～に対する／…する)義務、責任(to ～/to do)
形obligatory：(～にとって)義務[強制]的な(for [on] ～)、必須の

□ 1037
be welcome to do
Part 4

自由に～してよい
名welcome：歓迎、歓待
動welcome：～を歓迎する
間welcome：ようこそ、いらっしゃい

□ 1038
be unwilling to do
Part 5, 6

～する気がしない(≒be reluctant to do)(⇔be willing to do)
副unwillingly：嫌々ながら、渋々

□ 1039
be licensed to do
Part 7

～する認可[許可]を与えられている
名license：免許証、認可証

□ 1040
be honored to do
Part 4

～することを光栄に思う
名honor：❶光栄 ❷名誉 ❸尊敬
形honorable：❶立派な、尊敬すべき ❷名誉ある ❸(the H～)閣下

Day 64 》MP3-127
Quick Review
答えは右ページ下

□ ～と並行している	□ ～に特有である	□ ～原産である	□ ～に値する
□ ～にうるさい	□ ～に適している	□ ～に位置する	□ ～に熱中している
□ ～に注意深い	□ ～に本拠を置いている	□ ～にうんざりしている	□ ～が不足している
□ ～で恥ずかしい	□ ～から成り立っている	□ ～と関連している	□ ～に位置する

Check 2 Phrase

Check 3 Sentence MP3-130

- □ be liable to get angry（怒りっぽい）
- □ be liable to pay the debt（その借金を支払う法的責任がある）

▸ □ People are liable to repeat the same mistakes.（人々は同じ間違いを繰り返しがちだ）

- □ be poised to start（出発する用意ができている）

▸ □ He is poised to take over the family business.（彼は家業を継ぐ覚悟ができている）

- □ be inclined to go to college（大学へ行きたいと思っている）
- □ be inclined to be lazy（怠けがちである）

▸ □ I'm not inclined to agree with him on this point.（この点に関しては、私は彼に賛成する気になれない）

- □ be obliged to apologize（謝罪せざるを得ない）

▸ □ The candidate was obliged to admit defeat in the election.（その候補者は選挙での敗北を認めざるを得なかった）

- □ be welcome to express one's opinion（自由に意見を言ってよい）

▸ □ If you have any questions, you are welcome to ask me.（何か質問がありましたら、自由に私に質問してください）

- □ be unwilling to study（勉強する気がしない）

▸ □ The government seems unwilling to address the issue of pensions.（政府は年金問題に取り組む気がないようだ）

- □ be licensed to carry a gun（銃を携行する認可を与えられている）

▸ □ The shop is licensed to sell alcohol.（その店はアルコール飲料を売る認可を与えられている）

- □ be honored to meet the president（大統領に会えることを光栄に思う）

▸ □ I'm honored to have all of you here today.（皆さんに今日、ここにお集まりいただいたことを光栄に思います）➕スピーチなどの冒頭での決まり文句

Day 64 MP3-127
Quick Review
答えは左ページ下

□ be parallel to	□ be typical of	□ be native to	□ be worthy of
□ be particular about	□ be appropriate for	□ be situated in	□ be keen on
□ be cautious about	□ be based in	□ be bored with	□ be short of
□ be embarrassed about	□ be made up of	□ be associated with	□ be sited in

Day 66

動詞句15
その他

Check 1 Chants 》 MP3-131

□ 1041
make sure
Part 2, 3

～を確かめる(that節 ～)、必ず[確実に]～する(to do [that節 ～])

□ 1042
take steps [measures]
Part 5, 6

(～するための)**処置**[措置、対策]**を取る**(to do)
名step/measure：処置

□ 1043
take effect
Part 4

❶(法律などが)**実施される**、発効する ❷効果を生じる、(薬などが)効く
名effect：❶影響、(原因に対する)結果 ❷(～に対する)効果(on [upon] ～) ❸(～s)個人資産、身の回り品

□ 1044
have yet to do
Part 5, 6

まだ～していない、これから～しなければならない

□ 1045
have trouble doing
Part 5, 6

～するのに苦労する
名trouble：困難

□ 1046
make the most of
Part 2, 3

～を最大限に利用する ➕通例「(有利な条件)を最大限に利用する」を表す。「(不利な条件)を最大限に利用する」はmake the best of

□ 1047
look no further than
Part 5, 6

～がベストである、～以外は探さなくていい ➕人に何かを勧める際の表現で、命令形で用いることが多い。「～より以上は探さない」→「～以外は探さなくていい」→「～がベストである」となる
副further：それ以上

□ 1048
make room for
Part 2, 3

～のためのスペースを作る、～のために場所を空ける
名room：空間、場所

continued ▼

今日でChapter 8は最後！　時間に余裕があったら、章末のReviewにも挑戦しておこう。忘れてしまった表現も結構あるのでは?!

□ 聞くだけモード　Check 1
□ しっかりモード　Check 1 ▸ 2
□ かんぺきモード　Check 1 ▸ 2 ▸ 3

Check 2 Phrase		Check 3 Sentence 》MP3-132
□ make sure to lock the door（必ずドアに鍵をかける）	▸	□ Please make sure that your seat belts are securely fastened.（シートベルトがしっかりと締まっているかお確かめください）➕機内アナウンス
□ take appropriate steps（適切な処置を取る）	▸	□ The government should take additional steps to prevent terrorism.（政府はテロを防止するためにさらなる対策を取るべきだ）
□ take effect immediately（すぐに実施される） □ wait a few minutes for the drug to take effect（薬が効くのを数分待つ）	▸	□ The new law will take effect next year.（その新法は来年実施される予定だ）
□ have yet to finish one's homework（まだ宿題を終えていない）	▸	□ The city council has yet to make a decision on the issue.（市議会はその問題についてまだ決定を下していない）
□ have no [little] trouble doing ～（～するのに[ほとんど]苦労しない）	▸	□ I often have trouble making myself understood in English.（私は自分の考えを英語で人に理解してもらうのによく苦労する）
□ make the most of one's talent（才能を最大限に利用する）	▸	□ You must make the most of your time to achieve results.（成果を上げるために、あなたは時間を最大限に利用しなければならない）
□ look no further than this hotel（このホテルがベストである）	▸	□ If you want to buy cheap Japanese souvenirs, look no further than 100-yen shops.（安い日本のお土産を買いたいなら、100円ショップがベストだ）
□ make room for a sofa（ソファのためのスペースを作る）	▸	□ I moved the house plants to make room for the Christmas tree.（クリスマスツリーのためのスペースを作るため、私は観葉植物を移動させた）

continued ▼

Check 1 Chants 》MP3-131

□ 1049 **make it** Part 2, 3	❶(～に)**到着する**、間に合う(to ～) ❷(～に)成功する(in ～)(≒succeed)
□ 1050 **think** [speak] **highly of** Part 2, 3	**～を高く評価する** 副highly：非常に、大いに
□ 1051 **acquaint oneself with** Part 7	**～に精通する**、慣れる 名acquaintance：知人、知り合い
□ 1052 **distance oneself from** Part 5, 6	**～から距離を置く**、～にかかわらない 動distance：～を遠ざける
□ 1053 **get** [go] **nowhere** Part 5, 6	**成功しない**、何にもならない、徒労に終わる(⇔get somewhere：成功[進展]する)
□ 1054 **have access to** Part 2, 3	**～を入手**[利用]**できる**、～に接近[面会]できる 名access：入手[利用]する権利[機会]
□ 1055 **make one's way** Part 5, 6	❶(苦労して)**進む** ❷出世[昇進]する、繁盛する
□ 1056 **take credit for** Part 4	**～の功績を認められる**、～を自分の手柄にする 名credit：功績

Day 65 》MP3-129
Quick Review
答えは右ページ下

□ ～する資格がある □ ～することを決意している □ ～しがちである □ 自由に～してよい
□ ～する資格がある □ ～しそうもない □ ～する覚悟ができている □ ～する気がしない
□ ～しがちである □ ～する予定である □ ～したいと思っている □ ～する認可を与えられている
□ ～したくない □ ～して大喜びしている □ ～せざるを得ない □ ～することを光栄に思う

Check 2 Phrase		Check 3 Sentence 》MP3-132
□ make it to the meeting(会議に間に合う) □ make it in business(事業に成功する)	▶	□ I couldn't make it to class in time for the exam.(私は試験の時間までに教室に到着できなかった)
□ think highly of her abilities(彼女の能力を高く評価する)	▶	□ Many critics think highly of the movie.(多くの評論家がその映画を高く評価している)
□ acquaint oneself with ancient history(古代史に精通する)	▶	□ You need to acquaint yourself with your new place of work.(あなたは新しい職場に慣れる必要がある)
□ distance oneself from the controversy(その論争にかかわらない)	▶	□ The politician has distanced himself from the party's conservatives.(その政治家は党の保守派たちから距離を置いている)
□ get nowhere fast(何の進展もない) □ get nowhere with this case(この事件に関して何の進展もない)	▶	□ A few years of peace talks got nowhere.(数年間にわたる和平交渉は失敗に終わった)
□ have access to classified documents(機密文書を入手できる)	▶	□ We have access to huge amounts of information on the Internet.(私たちはインターネット上で膨大な量の情報を入手できる)
□ make one's way through the dark(暗がりの中を進む) □ make one's way in the world(立身出世する)	▶	□ She made her way through the crowd to the store entrance.(彼女は人込みをぬって店の入り口へ進んだ)
□ take credit for the success of the project(そのプロジェクトの成功の功績を認められる)	▶	□ If the economy improves, the president will take credit for it.(経済が改善したら、それは大統領の功績になるだろう)

Day 65 》MP3-129
Quick Review
答えは左ページ下

□ be eligible to do	□ be determined to do	□ be liable to do	□ be welcome to do
□ be entitled to do	□ be unlikely to do	□ be poised to do	□ be unwilling to do
□ be apt to do	□ be slated to do	□ be inclined to do	□ be licensed to do
□ be reluctant to do	□ be thrilled to do	□ be obliged to do	□ be honored to do

Chapter 8 Review

左ページの(1)～(20)の熟語の同意熟語・類義熟語（または同意語・類義語）(≒)を右ページのA～Tから選び、カッコの中に答えを書き込もう。意味が分からないときは、見出し番号を参照して復習しておこう（答えは右ページ下）。

- ☐ (1) consist of (0821) ≒は?（　）
- ☐ (2) comply with (0823) ≒は?（　）
- ☐ (3) refrain from (0824) ≒は?（　）
- ☐ (4) count on (0827) ≒は?（　）
- ☐ (5) compensate for (0832) ≒は?（　）
- ☐ (6) turn down (0864) ≒は?（　）
- ☐ (7) set off (0870) ≒は?（　）
- ☐ (8) proceed with (0886) ≒は?（　）
- ☐ (9) assign A to B (0900) ≒は?（　）
- ☐ (10) convince A of B (0901) ≒は?（　）
- ☐ (11) confine A to B (0923) ≒は?（　）
- ☐ (12) trade A for B (0932) ≒は?（　）
- ☐ (13) attempt to do (0948) ≒は?（　）
- ☐ (14) volunteer to do (0957) ≒は?（　）
- ☐ (15) choose to do (0966) ≒は?（　）
- ☐ (16) compel A to do (0987) ≒は?（　）
- ☐ (17) be located in (0993) ≒は?（　）
- ☐ (18) be particular about (1010) ≒は?（　）
- ☐ (19) be apt to do (1027) ≒は?（　）
- ☐ (20) be slated to do (1031) ≒は?（　）

A. exchange A for B
B. limit A to B
C. abstain from
D. be sited in
E. appoint A as B
F. depart
G. tend to do
H. be comprised of
I. be fussy about
J. make up for
K. try to do
L. decide to do
M. rely on
N. offer to do
O. persuade A of B
P. reject
Q. continue
R. force A to do
S. be scheduled to do
T. follow

【解答】(1) H (2) T (3) C (4) M (5) J (6) P (7) F (8) Q (9) E (10) O (11) B (12) A (13) K (14) N (15) L (16) R (17) D (18) I (19) G (20) S

CHAPTER 9

形容詞句・副詞句

Chapter 9では、数語で1つの形容詞・副詞の働きをする熟語をチェック。どれも「固まり」で覚えるのがポイントです。本書も残りわずか4日。ゴールを目指してラストスパートをかけましょう！

TOEIC的格言

Heaven helps those who help themselves.

天は自ら助くる者を助く。

Day 67 形容詞句・副詞句1

Check 1 Chants 》MP3-133

□ 1057
in person
Part 4

(代理でなく)**自分で**、自ら(≒personally)

□ 1058
at all times
Part 5, 6

いつも、常に(≒always)

□ 1059
above all (things, else)
Part 5, 6

何よりも(まず)、とりわけ、中でも

□ 1060
free of charge
Part 4

無料で(≒for nothing, for free, free)
名charge：料金

□ 1061
at one's convenience
Part 5, 6

都合のよい時に
名convenience：便利、便宜

□ 1062
under [in] **no circumstances**
Part 7

どんなことがあっても～ない、決して～ない
名circumstance：状況

□ 1063
in return
Part 5, 6

(～の)**お返しに**、返事[返礼]として、代わりに(for ～)
名return：返すこと

□ 1064
under way
Part 7

進行中で、始まって(≒in progress) ✚underwayと1語でつづる場合もある

continued ▼

Chapter 9では、3日をかけて形容詞句・副詞句48をチェック。まずはチャンツを聞いて、表現を「耳」からインプットしよう。

□ 聞くだけモード Check 1
□ しっかりモード Check 1 ▶ 2
□ かんぺきモード Check 1 ▶ 2 ▶ 3

Check 2 Phrase	Check 3 Sentence 》MP3-134
□ apply in person（自分で申し込む）	□ You have to go to the bank in person to open the account.（口座を開くには自分で銀行に行かなければならない）
□ carry photo identification at all times（写真つきの身分証明書をいつも携帯する）	□ Dogs must be kept on a lead at all times in public places.（公共の場所ではイヌは常にひもにつながれていなければならない）
□ value honesty above all（何よりも誠実さを尊重する）	□ Above all, I want my family to be happy.（何よりも、私は家族に幸せでいてほしい）
□ deliver orders free of charge（注文品を無料で配達する）	□ My camera was fixed free of charge.（私のカメラは無料で修理された）
□ at your earliest convenience（ご都合のつき次第）	□ Please fill out the survey at your convenience and mail it to the address below.（ご都合のいい時に調査書にご記入いただき、下記の住所まで郵送してください）
□ Under no circumstances should you do ～.（どんなことがあっても～すべきではない）➕under no circumstancesが文頭に来ると、疑問文の語順に倒置される	□ Under no circumstances is war justified.（いかなることがあっても戦争は正当化されない）
□ demand nothing in return（お返しに何も要求しない）	□ I gave her a present in return for helping me.（手伝ってくれたお返しに、私は彼女にプレゼントをあげた）
□ get under way（始まる）	□ Construction of the hotel is already under way.（そのホテルの建設が既に進行している）

continued ▼

Check 1 Chants MP3-133

□ 1065 **as a whole** Part 5, 6	**全体として**(の) 名whole：全体
□ 1066 **by far** Part 5, 6	(比較級・最上級を強めて)**ずば抜けて**、はるかに、断然
□ 1067 **in order** Part 2, 3	❶**順番に** ❷整然と ❸調子よく(⇔out of order) ❹適切な、ふさわしい 名order：順番、整頓、調子
□ 1068 **with caution** Part 5, 6	**用心**[注意]**して**、慎重に(≒cautiously) 名caution：用心、注意
□ 1069 **in stock** Part 2, 3	**在庫があって**、仕入れて(⇔out of stock：品切れで) 名stock：在庫品
□ 1070 (all) **on one's own** Part 4	❶**1人で**、単独で(≒alone) ❷独力で
□ 1071 **after all** Part 2, 3	**結局**(のところ)
□ 1072 **at the moment** Part 4	(ちょうど)**今**、今のところ(≒now) 名moment：現在

Day 66 MP3-131
Quick Review
答えは右ページ下

□ ～を確かめる	□ ～するのに苦労する	□ 到着する	□ 成功しない
□ 処置を取る	□ ～を最大限に利用する	□ ～を高く評価する	□ ～を入手できる
□ 実施される	□ ～がベストである	□ ～に精通する	□ 進む
□ まだ～していない	□ ～のためのスペースを作る	□ ～から距離を置く	□ ～の功績を認められる

Check 2 Phrase

□ the world as a whole(世界全体)

□ by far the best(ずば抜けていい)

□ in chronological order(年代順に)

□ put one's thoughts in order(考えをまとめる)

□ with extreme caution(細心の注意を払って)

□ goods in stock(在庫品)

□ leave her on her own(彼女を1人にしておく)

□ finish the job on one's own(独力でその仕事を終える)

□ decide to marry him after all([いろいろあったが]結局、彼と結婚することにする)

□ be very busy at the moment(今はとても忙しい)

Check 3 Sentence 》MP3-134

□ The report is well-written as a whole.(その報告書は全体としてはよく書かれている)

□ Cathy is by far the most intelligent student in the class.(キャシーはクラスでずば抜けて頭のいい生徒だ)

□ The names of students are listed in alphabetical order.(生徒たちの名前はアルファベット順に記載されている)

□ If you have a stomach ulcer, you must use aspirin with caution.(胃潰瘍がある場合は、慎重にアスピリンを使わなければならない)

□ The product you ordered is no longer in stock.(あなたが注文した製品はもう在庫がない)

□ He likes living on his own.(彼は1人暮らしが気に入っている)

□ The economy will naturally stabilize with time after all.(結局、経済は時がたつにつれて自然に安定するだろう)

□ I'm not available at the moment. Please leave a message after the beep.(ただ今電話に出ることができません。発信音の後に伝言を残してください)

Day 66 》MP3-131
Quick Review
答えは左ページ下

□ make sure
□ take steps
□ take effect
□ have yet to do
□ have trouble doing
□ make the most of
□ look no further than
□ make room for
□ make it
□ think highly of
□ acquaint oneself with
□ distance oneself from
□ get nowhere
□ have access to
□ make one's way
□ take credit for

Day 68 形容詞句・副詞句2

Check 1 Chants 》MP3-135

□ 1073 **for free** Part 5, 6	**無料**［無償］**で**（≒for nothing, free of charge, free）
□ 1074 **in no time** Part 4	**すぐに**、直ちに
□ 1075 **on end** Part 2, 3	**続けて**、継続的に
□ 1076 **on the whole** Part 5, 6	**全体的に見て**、だいたいにおいて、概して（≒overall, all in all） ➕「総合的に考えてみると」といったニュアンス
□ 1077 **out of town** Part 2, 3	（出張などで）**町を離れて**
□ 1078 **with ease** Part 2, 3	**容易**［簡単］**に**、たやすく（≒easily） 名ease：容易さ
□ 1079 **under consideration** Part 5, 6	（事が）**検討**［考慮］**中で**［の］ 名consideration：考慮
□ 1080 **for a change** Part 2, 3	**たまには**、いつもと違って、気分転換に

continued ▼

形容詞句・副詞句は「固まり」で覚えよう。そのためには、読むだけでなく、「声に出す＝音読する」ことが必要不可欠！

□ 聞くだけモード　Check 1
□ しっかりモード　Check 1 ▸ 2
□ かんぺきモード　Check 1 ▸ 2 ▸ 3

Check 2　Phrase		Check 3　Sentence 》MP3-136
□ replace defective parts for free（欠陥部品を無料で交換する）	▸	□ My car was repaired under warranty for free.（私の車は保証期間中で無料で修理された）
□ will be back in no time（すぐに帰ってくる）	▸	□ He solved the math problem in no time.（彼はその数学の問題をすぐに解いた）
□ talk for hours on end（何時間も立て続けに話す）	▸	□ It's been raining for days on end.（何日間も雨が降り続いている）
□ be very good on the whole（全体的に見てとてもいい）	▸	□ On the whole, the concert was highly satisfying.（全体的に見て、そのコンサートは非常に満足のいくものだった）
□ be out of town this week（今週は町を離れている、今週は出張している）	▸	□ Mr. Miller is out of town on business today.（ミラー氏は今日、仕事で町を離れている）
□ with relative ease（比較的容易に）	▸	□ Usain Bolt won the men's 100m race with ease.（ウサイン・ボルトは男子100メートル走で楽勝した）
□ issues under consideration（検討中の課題）	▸	□ The bill was under consideration in the Senate.（その法案は上院で検討された）
□ wear jeans for a change（たまにはジーンズをはく）	▸	□ It's nice to read an optimistic article for a change.（たまに楽観的な記事を読むのはいいものだ）

continued
▼

Check 1　Chants 》MP3-135

□ 1081
with care
Part 5, 6

注意して(≒carefully)
名care：注意

□ 1082
all the way
Part 2, 3

はるばる、わざわざ、途中ずっと

□ 1083
at times
Part 2, 3

時々(≒occasionally, sometimes, now and then, from time to time)

□ 1084
by any chance
Part 2, 3

ひょっとして、もしかして
名chance：偶然

□ 1085
by no means
Part 7

決して～でない[しない](≒far from)

□ 1086
in bulk
Part 4

大量に、大口で
名bulk：大きいこと

□ 1087
in an attempt to do
Part 5, 6

～しようとして、～するために
名attempt：試み、企て

□ 1088
in one's opinion
Part 2, 3

(人)**の考え**[意見]**では**
名opinion：考え、意見

Day 67 》MP3-133 Quick Review
答えは右ページ下

□ 自分で
□ いつも
□ 何よりも
□ 無料で
□ 都合のよい時に
□ どんなことがあっても～ない
□ お返しに
□ 進行中で
□ 全体として
□ ずば抜けて
□ 順番に
□ 用心して
□ 在庫があって
□ 1人で
□ 結局
□ 今

Check 2 Phrase

Check 3 Sentence ◊ MP3-136

Check 2 Phrase	Check 3 Sentence
□ handle the vase with care(注意してその花瓶を扱う)	□ The roads are wet, so drive with care.(道路がぬれているので、注意して運転してください)
□ run all the way to the post office(郵便局までずっと走る)	□ Thank you for coming all the way from Australia.(オーストラリアからはるばるお越しくださいまして、ありがとうございます)
□ go to the gym at times(時々ジムへ行く)	□ At times she feels a little isolated from her colleagues.(彼女は時々、同僚たちから少し孤立していると感じることがある)
□ Do you know ~ by any chance?(ひょっとして~を知っていますか?)	□ Are you from Canada by any chance?(もしかしてあなたはカナダの出身ですか?)
□ be by no means satisfactory([結果などが]決して満足のいくものではない)	□ The fight against terrorism is by no means over.(テロとの戦いは決して終わってはいない)
□ order [buy] in bulk(大量に注文する[買う])	□ The company buys products in bulk from manufacturers and distributes them to retailers.(その会社はメーカーから製品を大量に買い、小売業者に配給している)
□ in an attempt to increase productivity(生産性を上げようとして)	□ The company has announced that it will cut 1,000 jobs in an attempt to reduce costs.(その会社は経費を削減するため1000人を解雇する予定だと発表した)
□ in my humble opinion(卑見では)	□ In his opinion, the project could not be completed by the end of the year.(彼の考えでは、そのプロジェクトは年末までに終わらないかもしれない)

Day 67 ◊ MP3-133
Quick Review
答えは左ページ下

□ in person	□ at one's convenience	□ as a whole	□ in stock
□ at all times	□ under no circumstances	□ by far	□ on one's own
□ above all	□ in return	□ in order	□ after all
□ free of charge	□ under way	□ with caution	□ at the moment

Day 69 形容詞句・副詞句3

Check 1 Chants 》MP3-137

□ 1089
in vain
Part 5, 6

無駄に、空しく(≒vainly)
形vain：無駄な

□ 1090
much less
Part 4

(否定文に続けて)**まして**[いわんや]**〜ではない**(≒let alone)

□ 1091
with confidence
Part 5, 6

自信[確信]**を持って** ➕in confidenceは「秘密に、内緒で」
名confidence：自信

□ 1092
without notice
Part 7

予告なしに、無断で
名notice：予告

□ 1093
all in all
Part 5, 6

全般的に見て、概して

□ 1094
at a time
Part 7

一度に、同時に

□ 1095
at any price [cost]
Part 7

どんな犠牲[代償]**を払っても**、ぜひとも ➕at a priceは「かなりの値段で」
名price/cost：犠牲

□ 1096
at risk
Part 5, 6

(〜の)**危険にさらされて**(of [from] 〜)
名risk：危険

continued ▼

今日でChapter 9は最後！　時間に余裕があったら、章末のReviewにも挑戦しておこう。忘れてしまった表現も結構あるのでは?!

□ 聞くだけモード　Check 1
□ しっかりモード　Check 1 ▸ 2
□ かんぺきモード　Check 1 ▸ 2 ▸ 3

Check 2　Phrase & Sentence	Check 3　Sentence 》MP3-138
□ end up in vain（無駄に終わる）	□ I tried to persuade him to change his mind, but in vain.（私は彼に考えを変えるよう説得したが無駄だった）
□ can't read French, much less write it（フランス語を読めないし、まして書くこともできない）	□ She can't make a sandwich, much less cook a meal.（彼女はサンドイッチを作れないし、まして料理を作ることもできない）
□ act with confidence（自信を持って行動する）	□ The candidate said with confidence that he would win the election.（その候補者は自分が選挙に勝つだろうと自信を持って言った）
□ dismiss employees without notice（予告なしに従業員を解雇する）	□ Prices are subject to change without notice.（価格は予告なしに変更されることがある）➕カタログなどの表現
□ All in all, his health is improving.（全般的に見て、彼の健康は回復している）	□ All in all, the project was a success.（全般的に見て、そのプロジェクトは成功だった）
□ deal with things one at a time（一度に1つずつ事を処理する）	□ We will interview applicants two at a time.（私たちは一度に2人ずつ応募者と面接する予定だ）
□ achieve victory at any price（どんな犠牲を払っても勝利を収める）	□ We must maintain the peace at any price.（私たちはどんな犠牲を払っても平和を維持しなければならない）
□ be at risk of bankruptcy（倒産の危険にさらされている）	□ One in four mammal species is at risk of extinction.（哺乳類の4分の1は絶滅の危機にさらされている）

continued ▼

Check 1 Chants 》MP3-137

□ 1097 **before long** Part 5, 6	**間もなく**、やがて(≒soon)
□ 1098 **by leaps and bounds** Part 7	**飛躍的に**、急速に、とんとん拍子に 名leap/bound:跳躍
□ 1099 **for now** Part 4	**今のところ**、当分は、差し当たり(≒for the present, for the time being)
□ 1100 **for the most part** Part 5, 6	**大抵は**、大部分は(≒mostly)
□ 1101 **hardly** [scarcely] **ever** Part 5, 6	**めったに**[ほとんど]**〜しない**(≒seldom, rarely)
□ 1102 **in force** Part 4	❶(法律などが)**有効で**、効力のある、実施中で ❷大挙して 名force:(法律などの)効力
□ 1103 **in full** Part 7	**全額**、全部
□ 1104 **no doubt** Part 5, 6	**恐らく**、多分、きっと、疑いなく(≒probably) 名doubt:疑い

Day 68 》MP3-135
Quick Review
答えは右ページ下

□ 無料で
□ すぐに
□ 続けて
□ 全体的に見て
□ 町を離れて
□ 容易に
□ 検討中で
□ たまには
□ 注意して
□ はるばる
□ 時々
□ ひょっとして
□ 決して〜でない
□ 大量に
□ 〜しようとして
□ 〜の考えでは

Check 2 Phrase & Sentence

Check 3 Sentence MP3-138

□ will be back before long(間もなく戻ってくるだろう)
▸ □ The construction of the facility will be completed before long.(その施設の建設は間もなく終わる予定だ)

□ advance by leaps and bounds(飛躍的に進歩する)
▸ □ The population of Internet users has grown by leaps and bounds.(インターネットの使用者人口は飛躍的に増加している)

□ be under construction for now(現在、工事中である)
▸ □ The shop is closed for now and will reopen sometime in the near future.(その店は今は閉まっているが、近い将来に営業を再開する予定だ)

□ work at home for the most part(大抵は家で働いている)
▸ □ The movie is boring for the most part.(その映画の大部分は退屈だ)

□ hardly ever read books(めったに本を読まない)
▸ □ My wife and I hardly ever go to the movies.(妻と私はめったに映画を見に行かない)

□ be no longer in force([法律などが]もはや効力を失っている)
□ show up in force(大挙して現れる)
▸ □ The patent is in force until 2030.(その特許は2030年まで有効だ)

□ pay the mortgage in full(住宅ローンを全額支払う)
▸ □ The bill must be paid in full by the due date.(請求金額は支払期日までに全額支払われなければならない)

□ will no doubt come(多分来るだろう)
▸ □ The slowing US economy will no doubt have a negative impact on the world economy.(減速するアメリカ経済は世界経済に恐らく悪影響を及ぼすだろう)

Day 68 MP3-135
Quick Review
答えは左ページ下

□ for free	□ out of town	□ with care	□ by no means
□ in no time	□ with ease	□ all the way	□ in bulk
□ on end	□ under consideration	□ at times	□ in an attempt to do
□ on the whole	□ for a change	□ by any chance	□ in one's opinion

Chapter 9 Review

左ページの(1)～(17)の熟語の同意熟語・類義熟語（または同意語・類義語）(≒)を右ページのA～Qから選び、カッコの中に答えを書き込もう。意味が分からないときは、見出し番号を参照して復習しておこう（答えは右ページ下)。

- □ (1) in person (1057) ≒は? ( )
- □ (2) at all times (1058) ≒は? ( )
- □ (3) free of charge (1060) ≒は? ( )
- □ (4) under way (1064) ≒は? ( )
- □ (5) with caution (1068) ≒は? ( )
- □ (6) on one's own (1070) ≒は? ( )
- □ (7) at the moment (1072) ≒は? ( )
- □ (8) on the whole (1076) ≒は? ( )
- □ (9) with ease (1078) ≒は? ( )
- □ (10) at times (1083) ≒は? ( )
- □ (11) by no means (1085) ≒は? ( )
- □ (12) in vain (1089) ≒は? ( )
- □ (13) much less (1090) ≒は? ( )
- □ (14) before long (1097) ≒は? ( )
- □ (15) for the most part (1100) ≒は? ( )
- □ (16) hardly ever (1101) ≒は? ( )
- □ (17) no doubt (1104) ≒は? ( )

A. cautiously
B. vainly
C. overall
D. always
E. mostly
F. now
G. far from
H. seldom
I. personally
J. alone
K. easily
L. from time to time
M. in progress
N. probably
O. for nothing
P. let alone
Q. soon

【解答】(1) I (2) D (3) O (4) M (5) A (6) J (7) F (8) C (9) K (10) L (11) G (12) B (13) P (14) Q (15) E (16) H (17) N

CHAPTER 10

群前置詞

Chapter 10では群前置詞をマスター。ここでも、「数語で1つの前置詞」といった具合に「固まり」で覚えることが重要です。このChapterで本書も終了！　800点を突破して「最後に笑う」のはあなたです！

TOEIC的格言

He laughs best who laughs last.

最後に笑う者が一番よく笑う。

Day 70 群前置詞

Check 1 Chants ⟫ MP3-139

□ 1105
in addition to
Part 5, 6

〜に加えて(≒besides, as well as)
名addition:追加

□ 1106
in light of
Part 7

〜を考慮して、〜を踏まえて(≒considering)
名light:考え方、見方

□ 1107
as for
Part 2, 3

(通例、文頭で用いて)**〜に関しては**、〜について言えば(≒as to, with regard to)

□ 1108
in opposition to
Part 5, 6

〜に反対[反抗]して
名opposition:反対

□ 1109
in preparation for
Part 5, 6

〜に備えて
名preparation:(〜の)準備、用意(for [of] 〜)

□ 1110
in recognition of
Part 4

〜を評価して[評価されて]、〜を認めて[認められて]
名recognition:評価、認識

□ 1111
in keeping with
Part 5, 6

(規則など)**に従って**、〜を順守して
名keeping:(規則などの)順守

□ 1112
on the verge of
Part 7

〜の寸前[間際]で
名verge:寸前、間際

continued ▼

今日で『キクタンTOEIC L&Rテスト SCORE 800』も最後。ここまで続けてくれて本当にありがとう！ We're proud of you!!

□ 聞くだけモード Check 1
□ しっかりモード Check 1 ▸ 2
□ かんぺきモード Check 1 ▸ 2 ▸ 3

Check 2 Phrase	Check 3 Sentence 》MP3-140
□ in addition to regular salary（基本給に加えて）	□ Employees receive up to nine paid holidays each year in addition to a day off for birthdays.（従業員は誕生日休暇に加えて9日まで有給休暇を毎年与えられる）
□ in light of this information（この情報を考慮して） □ in light of the fact that ～（～という事実を踏まえて）	□ We need to revise the policy in light of feedback from users.（ユーザーからの意見を考慮して、私たちは方針を修正する必要がある）
□ as for today's weather（今日の天気について言えば）	□ As for unemployment, it was up 0.2 percent in November, compared to October.（失業率に関しては、10月と比較して11月は0.2パーセント上昇した）
□ be in opposition to the plan（その計画に反対している）	□ The NGO has organized demonstrations in opposition to nuclear weapons.（そのNGOは核兵器に反対するデモを計画している）
□ in preparation for a major earthquake（大地震に備えて）	□ The team is now training hard in preparation for its next game.（そのチームは現在、次の試合に備えて猛練習している）
□ in recognition of outstanding achievements（顕著な業績を評価して）	□ He was presented with an award in recognition of his 40 years of service.（彼は勤続40年を評価されて賞を贈られた）
□ in keeping with the regulations（規則に従って）	□ In keeping with tradition, players are required to wear all white tennis clothes.（伝統に従って、選手たちはすべて白のテニスウエアを着ることを求められている）
□ an animal on the verge of extinction（絶滅寸前の動物）	□ The company is on the verge of bankruptcy.（その会社は倒産寸前だ）

continued
▼

Check 1 Chants 》MP3-139

□ 1113 **in exchange for** Part 4	**～と引き換え**[交換]**に**、～の代わりに 名exchange：交換
□ 1114 **in response to** Part 5, 6	**～に応えて**、～に応じて 名response：応答
□ 1115 **in need of** Part 5, 6	**～を必要として** 名need：必要(性)
□ 1116 **for want of** Part 5, 6	**～不足のために**、～がないので(≒for lack of) 名want：不足
□ 1117 **in pursuit of** Part 5, 6	**～を追求**[追跡]**して**、～を求めて、～を得ようとして 名pursuit：追求、追跡
□ 1118 **in the mood for** Part 2, 3	**～したい気分で**、～する気持ちになって 名mood：気分
□ 1119 **in the process of** Part 5, 6	**～の過程で**、～が進行中で 名process：過程、進行
□ 1120 **at the expense of** Part 5, 6	❶**～を犠牲にして** ❷～の費用[負担]で 名expense：犠牲、費用

Day 69 》MP3-137
Quick Review
答えは右ページ下

□ 無駄に
□ まして～ではない
□ 自信を持って
□ 予告なしに
□ 全般的に見て
□ 一度に
□ どんな犠牲を払っても
□ 危険にさらされて
□ 間もなく
□ 飛躍的に
□ 今のところ
□ 大抵は
□ めったに～しない
□ 有効で
□ 全額
□ 恐らく

Check 2 Phrase

□ in exchange for the information(その情報と引き換えに)

□ in response to her request(彼女の依頼に応えて)

□ a house in need of repair(修理が必要な家)

□ for want of evidence(証拠不足のために)

□ in hot pursuit of ~(~を激しく追跡して)

□ be in the mood for studying(勉強したい気分である)

□ be in no mood for doing ~(~する気がしない)

□ in the process of investigation(調査の過程で)

□ in the process of construction(建設中で)

□ at the expense of one's health(健康を犠牲にして)

□ at the expense of the government(国費で)

Check 3 Sentence ◉ MP3-140

□ The terrorists have demanded $1 million in exchange for the hostages.(テロリストたちは人質と引き換えに100万ドルを要求している)

□ The management granted a 5 percent pay raise in response to the union's demand.(経営陣は労働組合の要求に応じて5パーセントの賃上げを受け入れた)

□ The country is in need of food and medical aid.(その国は食料と医療の援助を必要としている)

□ The building of the mall has been stopped for want of funds.(そのショッピングモールの建設は資金不足のために中止されている)

□ The union has gone on strike in pursuit of a 15 percent pay raise.(その労働組合は15パーセントの賃上げを求めてストに突入した)

□ I'm not in the mood for joking now.(今は冗談を言う気分になれない)

□ The company is in the process of restructuring.(その会社はリストラの過程にある)

□ He pursued his career at the expense of his family.(彼は家族を犠牲にしてまで仕事を続けた)

Day 69 ◉ MP3-137
Quick Review
答えは左ページ下

□ in vain	□ all in all	□ before long	□ hardly ever
□ much less	□ at a time	□ by leaps and bounds	□ in force
□ with confidence	□ at any price	□ for now	□ in full
□ without notice	□ at risk	□ for the most part	□ no doubt

Chapter 10 Review

左ページの(1)～(4)の熟語の同意熟語・類義熟語（または同意語・類義語）（≒）を右ページのA～Dから選び、カッコの中に答えを書き込もう。意味が分からないときは、見出し番号を参照して復習しておこう（答えは右ページ下）。

- □ (1) in addition to (1105) ≒は？（　　）
- □ (2) in light of (1106) ≒は？（　　）
- □ (3) as for (1107) ≒は？（　　）
- □ (4) for want of (1116) ≒は？（　　）

Day 70 MP3-139
Quick Review
答えは右ページ下

□ ～に加えて	□ ～に備えて	□ ～と引き換えに	□ ～を追求して
□ ～を考慮して	□ ～を評価して	□ ～に応えて	□ ～したい気分で
□ ～に関しては	□ ～に従って	□ ～を必要として	□ ～の過程で
□ ～に反対して	□ ～の寸前で	□ ～不足のために	□ ～を犠牲にして

A. considering

B. for lack of

C. besides

D. with regard to

【解答】(1) C (2) A (3) D (4) B

Day 70))) MP3-139
Quick Review
答えは左ページ下

□ in addition to	□ in preparation for	□ in exchange for	□ in pursuit of
□ in light of	□ in recognition of	□ in response to	□ in the mood for
□ as for	□ in keeping with	□ in need of	□ in the process of
□ in opposition to	□ on the verge of	□ for want of	□ at the expense of

▶

Index

＊見出しとして掲載されている単語・熟語は赤字、それ以外のものは黒字で示されています。それぞれの語の右側にある数字は、見出し番号を表しています。赤字の番号は、見出しとなっている番号を示します。

Index

A

どれだけチェックできた？ 1 □ 2 □

どれだけチェックできた？ 1 ☐ 2 ☐

どれだけチェックできた？ 1 ☐ 2 ☐

どれだけチェックできた？ 1 ☐ 2 ☐

どれだけチェックできた？ 1 □ 2 □

どれだけチェックできた？ 1 □ 2 □

どれだけチェックできた？ 1 ☐ 2 ☐

どれだけチェックできた？ 1 □ 2 □

E

どれだけチェックできた？ 1 ☐ 2 ☐

どれだけチェックできた？ 1 ☐ 2 ☐

どれだけチェックできた？ 1 □ 2 □

J

K

L

どれだけチェックできた？ 1 ☐ 2 ☐

どれだけチェックできた？ 1 □ 2 □

どれだけチェックできた？ 1☐ 2☐

どれだけチェックできた？ 1 □ 2 □

どれだけチェックできた？ 1 ☐ 2 ☐

S

どれだけチェックできた？ 1 □ 2 □

どれだけチェックできた？ 1 □ 2 □

どれだけチェックできた？ 1 □ 2 □

キクタン TOEIC® L&Rテスト SCORE 800

本書は『改訂版 キクタンTOEIC® TEST SCORE 800』(2016年初版発行)に音声を追加した新装版です。見出し語、フレーズ、センテンスに変更はありません。

書名	**キクタンTOEIC® L&Rテスト SCORE 800**
発行日	2020年3月5日(初版) 2021年5月14日(第3刷)
編著	一杉武史
編集	株式会社アルク 出版編集部
校正	Peter Branscombe、Joel Weinberg、 Owen Schaefer、挙市玲子、鈴木香織
アートディレクション	細山田 光宣
デザイン	若井夏澄、相馬敬徳、柏倉美地(細山田デザイン事務所)
イラスト	shimizu masashi (gaimgraphics)
ナレーション	Julia Yermakov、Chris Koprowski、Emma Howard、 Carolyn Miller、Sorcha Chisholm、高橋大輔
音楽制作	H. Akashi
録音・編集	高木弥生、有限会社ログスタジオ
DTP	株式会社 秀文社
印刷・製本	図書印刷株式会社
発行者	天野智之
発行所	株式会社 アルク 〒102-0073 東京都千代田区九段北4-2-6 市ヶ谷ビル Website：https://www.alc.co.jp/

・落丁本、乱丁本は弊社にてお取り替えいたしております。
Webお問い合わせフォームにてご連絡ください。
https://www.alc.co.jp/inquiry/

・定価はカバーに表示してあります。
・製品サポート：https://www.alc.co.jp/usersupport/

Printed in Japan.
PC：7020011
ISBN：978-4-7574-3601-5